मत्स्यगन्धा

नरेन्द्र कोहली

वाणी प्रकाशन

वाणी प्रकाशन
4695, 21-ए, दरियागंज, नयी दिल्ली 110 002

फ़ोन : +91 11 23273167 फ़ैक्स : +91 11 23275710

शाखाएँ
अशोक राजपथ, पटना 800 004, बिहार

कॉफ़ी हाउस कैम्पस, महात्मा गांधी मार्ग, इलाहाबाद 211 001, उत्तर प्रदेश

महात्मा गांधी अन्तरराष्ट्रीय हिन्दी विश्वविद्यालय, वर्धा 442 001, महाराष्ट्र

www.vaniprakashan.com
marketing@vaniprakashan.in
sales@vaniprakashan.in

Matsyagandha
by Narendra Kohli

ISBN : 978-93-5000-779-2
Novel

संस्करण 2011, 2018
तीसरा संस्करण 2023

मूल्य : ₹ 395

आर. टेक ऑफ़सेट प्रिंटर्स, दिल्ली-110 032 में मुद्रित

वाणी प्रकाशन का लोगो मक़बूल फ़िदा हुसेन की कूची से

1

प्रातः बहुत जल्दी हस्तिनापुर का नगर-द्वार खुल गया और अश्वारोही सैनिकों के अनेक गुल्म द्वार से बाहर निकल कर मार्ग के दोनों ओर प्रयाण की आज्ञा की प्रतीक्षा में खड़े हो गये। सैनिक यद्यपि सशस्त्र थे, फिर भी वे युद्ध-वेश में न हो कर मांगलिक वेश में थे, जैसे किसी समारोह के लिए तैयार हुए हों। अश्वारोहियों के पश्चात रथों की बारी आयी। सबसे आगे वाले रथ पर युवराज देवव्रत विराजमान थे। दूसरा रथ सेनापति का था और तीसरा मन्त्री का। चौथा रथ सबसे बड़ा, सुविधासम्पन्न और अलंकृत था। किन्तु यह रथ ख़ाली था। उसमें दो दासियाँ अवश्य थीं; किन्तु स्पष्टतः यह रथ दासियों की सवारी के लिए नहीं था।

देवव्रत ने अपनी भुजा उठा कर प्रयाण का संकेत किया और उनका रथ सबसे आगे दौड़ चला। रथों के आगे बढ़ते ही, अश्वारोही उनके पीछे-पीछे चल पड़े। ऐसे अवसरों पर सामान्यतः सेना के साथ जो अन्न और वस्त्रों से भरे छकड़े चलते थे—वे इस छोटी-सी सेना के साथ नहीं थे।

हस्तिनापुर नगर गंगा के तट पर था; किन्तु हस्तिनापुर का राज्य मुख्यतः गंगा और यमुना के दोआब के बीच बसा हुआ था। गंगा के दोनों तटों के साथ-साथ राज्य के प्रमुख नगर बसे हुए थे; इसलिए गंगा का जल उनके पीने, नहाने तथा खेतों को सींचने का ही प्रमुख स्रोत नहीं था, उनकी परिवहन-व्यवस्था भी बहुत कुछ गंगा के जल पर निर्भर करती थी। गंगा के कारण ही उनके नगर एक सूत्र में जुड़े हुए थे और आवश्यकता होने पर, स्थल-मार्ग की तुलना में जल-मार्ग से त्वरित यात्रा की जा सकती थी। किन्तु यमुना के साथ अभी उनका इतना गहरा सम्बन्ध नहीं हुआ था। वैसे तो मथुरा जैसा प्रसिद्ध नगर, यमुना के तट पर ही बसा हुआ था; किन्तु उसमें परिवहन अधिक नहीं था। जलचरों की संख्या अधिक होने के कारण उसका जल बहुत सुरक्षित नहीं माना जाता था। यदा-कदा उसमें चलने वाली नौकाएँ किसी-न-किसी विपत्ति में फँस जाया करती थीं। फिर भी केवटों की विभिन्न जातियाँ किसी-न-किसी रूप में यमुना से अपनी आजीविका प्राप्त करने का प्रयत्न निरन्तर

कर ही रही थीं। यमुना में से मछलियाँ पकड़ने और नौकाएँ चलाने का अधिकांश कार्य ये केवट जन ही कर रहे थे।

मध्याह्न के आस-पास देवव्रत का रथ यमुना-तट के एक केवट-ग्राम के बाहर रुक गया। उनके रुकते ही अन्य रथ और पीछे आने वाले अश्वारोही भी रुक गये। यमुना-तट पर खेलने वाले कुछ बच्चे और घाटों पर नहाते या कपड़े धोते हुए स्त्री-पुरुष, सैनिकों को देख कर चौंक उठे। कुछ क्षण स्तम्भित रहने के पश्चात वे घबरा कर ग्राम की ओर भाग गये। नौकाओं में बैठे केवट स्त्री-पुरुषों ने अपनी नौकाएँ तटों से हटा कर मध्य धारा में डाल दीं, ताकि सैनिक उन तक न पहुँच सकें।

देवव्रत ने मुस्कुरा कर सेनापति की ओर देखा, "इन्हें अभय कर दो सेनापति।"

सेनापति के संकेत पर एक सैनिक ने उच्च स्वर में घोषणा की, "ग्राम-प्रमुख, पंच-गण तथा साधारण स्त्री-पुरुष सुनें। यह कोई सैनिक अभियान नहीं है, जिससे किसी को हानि की आशंका हो। यह हर्ष का अवसर है। कुरुओं के युवराज, राजकुमार देवव्रत, अपने एक निजी कार्य से आपके प्रमुख दासराज से मिलने के लिए पधारे हैं। वे सारी प्रजा को अभय दे रहे हैं। प्रजा निर्द्वन्द्व भाव से अपने कार्य में लगी रहे।"

देवव्रत ने मन्त्री की ओर देखा, "अमात्य नेतृत्व करें।"

मन्त्री राजा शान्तनु के साथ यहाँ आ चुके थे, इसलिए मार्ग से भली-भाँति अवगत थे। वे आगे-आगे चले और दासराज के कुटीर के सामने आ कर खड़े हो गये।

दासराज ने बाहर निकल कर स्वागत किया, "पधारें युवराज!"

"दासराज! मैं एक विशेष प्रयोजन से उपस्थित हुआ हूँ।" दासराज द्वारा दिये गये आसन पर बैठने के पश्चात देवव्रत बोले, "आशा है आप मुझे निराश नहीं करेंगे।"

"युवराज, आदेश करें।"

देवव्रत ने वृद्ध दासराज को देखा : उसके चेहरे पर न चिन्ता थी, न भय। वह अत्यन्त निर्द्वन्द्व भाव से बैठा प्रतीक्षा कर रहा था।

"मैं, अपने पिता चक्रवर्ती शान्तनु की रानी बनाने के लिए आपसे आपकी पुत्री देवी सत्यवती की याचना करने आया हूँ।"

"पुत्री है तो उसके लिए याचक भी आयेंगे ही।" दासराज हँसा, "वैसे यह मेरा सौभाग्य है कि याचना एक अत्यन्त सम्मानित कुल की ओर से आयी है।"

देवव्रत चुपचाप दासराज की ओर देखते रहे।

थोड़ी देर में दासराज ने सिर उठा कर देवव्रत को देखा, "यदि मैं कन्या-दान न करूँ तो याचना का स्वरूप क्या होगा—अपहरण?"

देवव्रत को लगा, अपमान से उनका रोम-रोम सुलग उठा है...अपहरण करना होता तो इतनी याचना की क्या आवश्यकता थी। राजा शान्तनु या देवव्रत के संकेत-भर से, कन्या का हरण हो जाता; किन्तु कुरुओं की मर्यादा उसकी अनुमति नहीं देती।

दूसरे ही क्षण देवव्रत को लगा...अपमान या क्रोध का कोई प्रसंग नहीं है। दासराज एक साधारण केवट है। बहुत सुशिक्षित भी नहीं है कि समझता हो कि उसके मुख से निकले शब्द किसी के मन में क्या भाव जगायेंगे।...वैसे भी बहुत सम्भव है कि अब तक उसके साथ राजाओं और सैनिकों का यही व्यवहार रहा हो।

...देवव्रत को अपने ऊपर भी कुछ आश्चर्य हुआ। इधर क्या हो गया है कि वे एक ही वस्तु, व्यक्ति या घटना के विषय में दो विरोधी दृष्टिकोणों से सोचने लगे हैं, जैसे वे एक व्यक्ति न हों...या उनके भीतर दो व्यक्ति बैठे हों और दोनों एक-दूसरे के निपट विरोधी ढंग से सोचते हों...

"नहीं! हरण नहीं होगा।" देवव्रत बहुत स्पष्ट शब्दों और दृढ़ स्वर में बोले, "पर आप ऐसा क्यों सोचते हैं, दासराज!"

"युवराज! मैं अपनी स्थिति को अच्छी तरह जानता हूँ।" दासराज ने बड़े निर्भीक स्वर में कहा, "सत्यवती मेरी कन्या है, पर उसकी रक्षा का मेरे पास कोई साधन नहीं है। आप समर्थ हैं। आपके पास सैनिक हैं, शासन-तन्त्र है। आप या राजा शान्तनु उसका हरण करना चाहें तो मैं कैसे रोक सकता हूँ।"

देवव्रत मुस्कुराये, "दासराज आश्वस्त रहें। कोई आपकी कन्या का हरण नहीं करेगा। क्षत्रियों में कन्या के हरण का प्रचलन अवश्य है, किन्तु हरण वहीं होता है, जहाँ कन्या की रक्षा के लिए उसके पक्ष से लड़ने-वाले सशस्त्र योद्धा हों। आपके पास अपने बचाव के लिए सशस्त्र योद्धा नहीं हैं : आपकी कन्या का हरण क्षत्रिय धर्म के अनुकूल नहीं है। आपने न कन्या के लिए स्वयंवर रचाया है, न आपकी कन्या वीर्यशुल्का है।"

"तो?"

"कन्या तभी हमारे साथ जायेगी, जब आप अपनी इच्छा से मेरे पिता की भार्या के रूप में उसका दान करेंगे।"

"और यदि मैं स्वेच्छा से कन्या-दान न करूँ तो आप लौट जायेंगे?"

"नहीं!" देवव्रत के मुख से अकस्मात ही निकल गया। उनका चेहरा आरक्त हो गया, जैसे शरीर का सारा रक्त मस्तक की ओर दौड़ पड़ा हो...पर दूसरे ही क्षण

जैसे ज्वार में भाटा आया। उनका मन कुछ शान्त हुआ और वाणी स्थिर, "मैं जानता हूँ, आप हमारी याचना अस्वीकार नहीं करेंगे।"

देवव्रत ने दासराज को देखा : इस बार प्रौढ़ वय का यह व्यक्ति उन्हें शालीन, दृढ़ और व्यावहारिक लगा। जाने प्रतिदिन कितने-कितने लोगों से उसे निपटना पड़ता होगा...और उनमें से अनेक लोग उससे कहीं अधिक समर्थ, बुद्धिमान, चतुर, ज्ञानी, धनवान, सत्तावान और शक्तिशाली होते होंगे। उन सबके साथ व्यवहार ने उसे सिखाया है कि किस प्रकार समर्थ लोगों को अप्रसन्न किये बिना, अपनी बात पर टिके रहना है और अपने स्वाभिमान की रक्षा करनी है।

"युवराज!" दासराज ने कहा, "मैं कुछ समझ नहीं पाया। मेरी अस्वीकृति की दशा में न आप वापस लौटेंगे और न बल-प्रयोग करेंगे।...तो क्या करेंगे आप?"

"दासराज! हम कन्या का मूल्य चुकायेंगे।" देवव्रत का स्वर दृढ़ किन्तु समझाने का भाव लिये हुए था, "आप कन्या के पिता हैं, कन्या-दान आप करेंगे ही। बात केवल इतनी-सी ही है कि वर आपको अनुकूल जँचना चाहिए। मैं जानता हूँ कि आपकी कसौटी पर खरे उतरने के मार्ग की जो बाधाएँ हैं, उन्हें दूर करने में मैं समर्थ हूँ। आप अपनी आपत्ति कहें।"

दासराज कुछ देर तक देवव्रत का चेहरा देखते रहे, फिर बोले, "किस मुख से कहूँ। मैं संकोच से गड़ा जा रहा हूँ। कहीं ऐसा न हो कि अपने हित की रक्षा करने के प्रयत्न में मैं किसी और के प्रति अन्याय कर बैठूँ। किसी और के प्रति... जो न दुष्ट है, न अन्यायी, और न ही मेरा शत्रु है। अपना हित करने में किसी दूसरे का अहित तो नहीं करना चाहिए न युवराज!"

"न्यायसंगत व्यवहार की माँग में किसी का भी अहित नहीं होता दासराज!" देवव्रत कुछ सोचते हुए बोले, "आप अपनी बात कहें।"

"युवराज! आप भी अनुभव कर रहे होंगे," दासराज पुनः बोला, "कि यह स्थिति सामान्य नहीं है।"

"जी!"

"एक ओर कुरुपति हैं और दूसरी ओर यह केवट।" दासराज हँसा, "वर और कन्या के वय में अन्तर भी असाधारण है। फिर वर का पिता, कन्या के पिता से याचना नहीं कर रहा, वरन वर का पुत्र कन्या के पिता से याचना कर रहा है।"

"इससे क्या अन्तर पड़ेगा दासराज?"

"बहुत!" दासराज बोला, "जब पिता अपने पुत्र के लिए कन्या की याचना करे तो कन्या के पिता को उसके भविष्य की चिन्ता नहीं होती। पिता अपनी सम्पूर्ण सम्पत्ति पुत्र को देगा ही। पर युवराज! वर्तमान स्थिति में मुझे अपनी पुत्री के भविष्य

की चिन्ता करनी ही होगी।"

"क्यों दासराज!"

"क्योंकि पुत्र की सम्पत्ति पिता के पास लौट जाये, इसका कोई विधान नहीं है।"

"पर उसकी आवश्यकता ही क्यों पड़ेगी?"

"पड़ेगी।"

"कैसे?"

"स्पष्ट कहूँ?"

"निःसंकोच!"

"राजा शान्तनु किसी भी रूप में मेरी पुत्री सत्यवती के लिए उपयुक्त नहीं हैं ...उनकी उपयुक्तता केवल इसी बात पर टिकी है कि वे देश के राजा हैं।" उसने रुक कर देवव्रत की ओर देखा।

देवव्रत कुछ नहीं बोले।

"सत्यवती केवल यह सोच कर राजा की भार्या बनेगी कि उसकी दरिद्रावस्था समाप्त होगी और उसका पुत्र यमुना में नौकाएँ खेने वाला केवट न होकर हस्तिनापुर का राजा होगा। पर..."

"पर क्या?"

"पर हस्तिनापुर के राज्य का युवराज विद्यमान है। वह बुद्धिमान, योद्धा, शक्तिशाली और लोकप्रिय है। अपने पिता के पश्चात वह राज्य, धन-सम्पत्ति, कुल-गोत्र सबका स्वामी होगा।" दासराज ने रुक कर देवव्रत की ओर देखा, "ऐसे में मेरी पुत्री और उसकी सन्तानों का भविष्य क्या होगा युवराज! दासी-पुत्र का जीवन बिताने से केवट बने रहना क्या बुरा है?"

"नहीं!" देवव्रत पूरी दृढ़ता से बोले, "वे दासी-पुत्र नहीं होंगे।"

"तो क्या होंगे?"

"जो आप चाहें।" देवव्रत सहज भाव से बोले।

"मैं तो केवल इतना चाहूँगा कि जब मैं अपनी कन्या का हाथ चक्रवर्ती के हाथ में दे रहा हूँ तो वह चक्रवर्ती की रानी बन कर ही रहे। उसकी सन्तान, राजा की सन्तान हो।"

"ऐसा ही होगा दासराज!"

"प्रमाण?"

"आप क्या प्रमाण चाहते हैं?"

"सत्यवती का ज्येष्ठ पुत्र हस्तिनापुर का युवराज हो।"

"स्वीकार है।" देवव्रत बोले, "ऐसा ही होगा।"

आश्चर्य से दासराज का मुख खुल गया, "आप समझ रहे हैं युवराज! कि मैं क्या माँग रहा हूँ।"

"पूरी तरह से समझ रहा हूँ दासराज!" देवव्रत न केवल शान्त थे, वरन मुस्कुरा रहे थे।

"आप युवराज नहीं रहेंगे। पिता के पश्चात आपको राज्य नहीं मिलेगा। आप एक साधारण जन हो जायेंगे। कुरुओं का यह विराट साम्राज्य आपका नहीं होगा...।"

देवव्रत को लगा कि वह दासराज की कुटिया में नहीं बैठे, वे जैसे किसी खुले स्थान में आ बैठे हैं, जहाँ कोई सीमा नहीं है, बन्धन नहीं है, स्वार्थ नहीं है, अर्जन नहीं है। यहाँ पृथ्वी का आकर्षण नहीं है, वायु का दबाव नहीं है। मन में लोभ नहीं है। ग्रहण नहीं है...

उनके मन में एक नारी-मूर्ति उभरी, जो फैलती-फैलती उनके सम्पूर्ण अस्तित्व में समा गयी और फिर दसों दिशाओं में उसका स्वर फैला, 'देवव्रत! तू बच गया। तेरा मन मुक्त हुआ। तू प्रपंच से छूट गया। तू सुखी रहेगा पुत्र! ग्रहण में केवल दुख है। त्याग सात्विक है पुत्र। मैं तो तुझे इस मोह-चक्र से तभी मुक्त कर देती, जब तेरा जन्म हुआ था, पर तेरे पिता ने मेरी इच्छा पूरी नहीं होने दी...'

देवव्रत को लगा, वह नारी-मूर्ति उनकी माँ ही थी...

दासराज देवव्रत को देखता रहा; शायद देवव्रत को समझ में आ जाये कि वे क्या छोड़ रहे हैं। पर देवव्रत में कोई प्रतिक्रिया नहीं जागी। उनका चेहरा अधिक-से-अधिक शान्त होता गया, उनकी आत्मा अधिक-से-अधिक प्रसन्न होती चली गयी...

"पर मैं कैसे इसका विश्वास करूँ" अन्त में दासराज चिन्तित स्वर में बोला।

"मैं आपको वचन दे रहा हूँ।"

"मेरे पास सिवाय आपका वचन मान लेने के और कोई उपाय भी तो नहीं है।..."

"दासराज!" देवव्रत का स्वर आवेश में कुछ ऊँचा हो गया, "कुरुवंशियों का वचन ही प्रमाण होता है। ऐसा न होता तो चक्रवर्ती स्वयं आपको वचन दे कर कन्या को ले जा सकते थे। तब देवव्रत के यहाँ आने की कोई आवश्यकता नहीं थी।"

"शान्त हों युवराज!" दासराज ने दीन मुद्रा बना कर हाथ जोड़ दिये, "दासराज ने अपना जीवन कुरुवंशियों में नहीं बिताया, जिनका वचन ही प्रमाण होता है। वह तो आठों प्रहर उन लोगों में रहता आया है, जिनका वचन केवल पाखण्ड है। वचन को सत्य मान लेने का मुझे अभ्यास नहीं है युवराज!" वह रुक कर सायास मुस्कुराया, "वैसे भी एक असहाय निर्बल वृद्ध की आशंकाओं का बुरा न मानें। जहाँ ममता होती

है, वहाँ आशंका होती है, और जहाँ आशंका होती है, वहाँ संदेह भी होता है।"

"आशंकाओं को किसी का विश्वास कर आश्वस्त भी तो होना चाहिए।" देवव्रत का स्वर अब भी आहत था।

"आश्वस्त हुआ।" दासराज ने अपने दोनों हाथ ऊपर उठा दिये, "किन्तु तर्क तो सुनेंगे आप?"

"क्यों नहीं!" देवव्रत ने तत्काल कहा, किन्तु उनका मन पुनः खटक गया...यह व्यवहारसिद्ध वृद्ध केवट अपने तर्कों से अब किस प्रपंच की रचना करने जा रहा है...

"कुरुवंशियों का वचन ही प्रमाण है।" दासराज बोला, "और यह भी आपने ही कहा है कि आपके स्थान पर चक्रवर्ती वचन नहीं दे सकते थे, इसलिए आपको आना पड़ा।"

"मैं सहमत हूँ।"

"तो इसका अर्थ है कि पुत्र के स्थान पर उसका पिता वचन नहीं दे सकता; क्योंकि यह सम्भावना हो सकती है कि पुत्र, पिता द्वारा दिये गये वचनों की रक्षा न करे..."

"कुरु-वंश में इसका अर्थ है कि पुत्र के स्थान पर वचन देकर पिता पुत्र के प्रति अन्याय नहीं करना चाहता।"

"यही सही।" दासराज हँसा, "कुरु-वंश में पिता, पुत्र के स्थान पर स्वयं वचन देना उचित नहीं समझता। इसलिए चक्रवर्ती ने आपके स्थान पर वचन नहीं दिया।"

"जी!"

"आप भी अपने भावी पुत्रों के स्थान पर स्वयं वचन देना उचित नहीं मानेंगे।"

"जी!"

दासराज कुछ क्षणों तक मौन बैठा रहा और देवव्रत उसके मौन में से उसका मन्तव्य पढ़ने का प्रयत्न करते रहे। अन्त में दासराज ही बोला, "आप सत्यवती के पुत्र के लिए अपना राज्याधिकार छोड़ रहे हैं।...मैं आपका विश्वास कर रहा हूँ; किन्तु कल आप विवाह करेंगे, आपके पुत्र होंगे, वे बड़े होंगे..." दासराज अपनी पूरी तन्मयता के साथ देवव्रत के चेहरे को देख रहा था, "सम्भव है कि वे आपसे सहमत न हों। सम्भव है कि वे अपना अधिकार माँगें। सम्भव है कि वे आपसे कहें कि आपको अपना राज्याधिकार, अपने जीवन का सुख और भोग छोड़ने का पूरा अधिकार है; किन्तु आपको क्या अधिकार है कि आप चक्रवर्ती शान्तनु के ज्येष्ठ पुत्र की ज्येष्ठतम सन्तान से हस्तिनापुर के राज्य का उत्तराधिकार छीन लें?...आप अपने पुत्र के स्थान पर यह वचन कैस दे रहे हैं कि वह अपने उचित, नैतिक, पारम्परिक और वैधानिक अधिकार की माँग नहीं करेगा?..."

दासराज ने अपनी बात समाप्त की और देवव्रत की ओर देखा। अपनी बात समाप्त करते-करते दासराज हाँफ गया था। उसे लग रहा था, जैसे मार्ग में बाधास्वरूप पड़ी भारी शिलाओं को हटा-हटा कर अपना मार्ग प्रशस्त कर आगे बढ़ने वाला व्यक्ति दस डग चलते-चलते हाँफ जाता है, वैसे ही उसकी वाणी अपने संकोच और मर्यादा की शिलाओं को तोड़ कर इतने शब्द कहने में ही हाँफ गयी थी...

उसकी दृष्टि देवव्रत पर टिकी थी : क्या कहते हैं देवव्रत? सम्भव है, वे मौन रह जायें, सम्भव है वे हँस कर टाल जायें, सम्भव है वे रुष्ट हो जायें...

और देवव्रत अपने मन के कल्पना-लोक में कहीं अपने पिता के चरणों में जा बैठे थे, 'पिता! मैंने आपको काम-सुख के अभाव में पीड़ित देखा।...मैंने आपको कामयातना में तड़पते देखा। मैंने आपके सारे जीवन को कामासक्ति की याचना में असन्तुलित होते देखा।...आपने मुझे दर्शाया कि काम-सुख, काम-सुख नहीं है, सुख का प्रपंच है। यह तो मृगतृष्णा है। प्राणी उसकी कामना में कष्ट पाता है, अपने विवेक का वध कर क्षणिक सुख भोगता है और फिर उस भोग के मूल्य 'दुख' को सहन कर, पुनः उस सुख की कामना में तड़पता है...आपने मुझे इस दुश्चक्र से मुक्त कर दिया पिता!...शायद मैं स्वयं अपने बल पर काम के बन्धन न तोड़ पाता। कदाचित मैं भी उसके पाश में बँधा, बलि-पशु के समान ऐंठता और तड़पता रहता. ..फिर पत्नी और सन्तान के मोह में कर्म के बन्धन में बँधता, और इस दुश्चक्र से कभी मुक्त न हो पाता।...पिता! आपने मुझे यह यातना प्रत्यक्ष दर्शायी, उसका स्वरूप समझने में सहायता दी; और अब अन्त में मुझे उस यातना से सदा के लिए मुक्त हो जाने का अवसर प्रदान कर रहे हैं।...पिता! मैं आपको प्रणाम करता हूँ...'

"युवराज!" अपने शब्दों की कोई प्रतिध्वनि न पाकर दासराज ने पुनः पुकारा।

देवव्रत की आँखों में शून्य के स्थान पर दासराज की पहचान लौटी। उनके मुख पर सहज मुस्कान आयी और उल्लसित होकर उन्होंने कहा, "दासराज! मैं आपको वचन देता हूँ कि मेरा पुत्र, पौत्र, प्रपौत्र...कोई भी, कभी भी, आपसे, मुझसे, और आपकी पुत्री की सन्तान से अपने पैतृक राज्याधिकारी की माँग नहीं करेगा..." वे बिना रुके ही कहते गये, "मैं सूर्य, पृथ्वी और पवन को साक्षी मानकर प्रतिज्ञा करता हूँ कि मैं आजीवन अविवाहित रहूँगा...।"

मन्त्री के शरीर पर जैसे बिजली गिरी, "गांगेय! युवराज! यह क्या किया आपने!"

देवव्रत के होंठों पर अपार्थिव मुस्कान थी, "मैंने स्वयं को बचा लिया अमात्य प्रवर! अब मेरे लिए जीवन न यम-फाँस है, न काम-पाश! मेरे मन में न स्त्री की कामना है, न सम्पत्ति की, न अधिकार की। माता मुझे जीवन-मुक्त कर आख़िर और किन दुखों से बचाना चाहती थीं...।"

देवव्रत उदास नहीं थे। उनके चेहरे पर न कोई पश्चात्ताप था, न द्वन्द्व का अन्धकार। उनके चेहरे पर सफलता और मुक्ति का उल्लास था।

दासराज ने हाथ जोड़ दिये, "युवराज! आप मनुष्य नहीं, देवता हैं। आप सचमुच पवित्र गंगा के पुत्र हैं, जो धरती के मल में से केवल इसलिए बहती है कि अपने दोनों किनारों को सींच सके। उन पर बसने-वाली भूखी प्रजा को अन्न, जल और जीवन दे सके। आप धन्य हैं देव।" उसका स्वर भर्रा आया, "और मैं ऐसा चाण्डाल हूँ, जिसने आप जैसे देव-पुरुष से उनके जीवन का सम्पूर्ण सुख छीन लिया। मैंने आपका सब कुछ छीन लिया...।"

देवव्रत ने दासराज के कंधे पर प्रेमभरा हाथ रखा, "आप नहीं जानते दासराज! कि आपने मुझे क्या-क्या दे दिया। उठिए! मोह त्यागिये और अपनी पुत्री और मेरी माँ देवी सत्यवती की विदाई का प्रबन्ध कीजिये।"

2

सत्यवती को उसकी सखियाँ लेकर बाहर आयीं तो देवव्रत ने पहली बार उसे देखा : उन्हें विश्वास नहीं हुआ कि दासराज के इस कुटीर में ऐसी कन्या रहती आयी होगी। दासराज की ऐसी पुत्री? न वैसा वर्ण, न वैसा रूप। दासराज की पत्नी भी साथ ही थी। उसके रूप में कुछ भी असाधारण नहीं था। सत्यवती सचमुच असाधारण सुन्दरी थी। केवट-कन्या तो वह लग ही नहीं रही थी। लगता था जैसे किसी राजकुमारी ने नाटक में अभिनय करने के लिए केवट-कन्या का नेपथ्य ग्रहण किया हो।...उसका वय पच्चीस वर्षों से ऊपर ही रहा होगा। सामान्यतः केवट-घरों में इस वय तक कन्याएँ अविवाहित नहीं रहतीं।...सम्भव है कि दासराज को कोई उपयुक्त वर न मिला हो...सम्भव है, सत्यवती किसी विशेष प्रकार के घर की इच्छा रखती हो...

"यह आपकी ही पुत्री है दासराज?" देवव्रत के मन का प्रश्न उनके अधरों तक आ ही गया।

"मैं इसका पिता हूँ युवराज। जनक नहीं।" दासराज न कहा, "मछलियाँ पकड़ने गये केवटों ने इसे भी यमुना की जलधारा में बहते पाया था। इसका रंग-रूप और तेज़ बताता है कि यह किसी क्षत्रिय राजा की कन्या है।"

सत्यवती अपनी सखियों से विदा होकर अपने पिता के पास आयी। कुछ बोली नहीं। उसने चुपचाप दासराज के कंधे से अपना माथा टिका दिया, जैसे लड़खड़ा कर गिर पड़ने से बचने के लिए व्यक्ति किसी स्तम्भ का सहारा लेता है।

दासराज ने अपनी बाँह में भर कर बेटी को सहारा दिया। उसका स्वर भर्रा आया था, पर शब्द स्पष्ट थे, "बेटी! मैं आजीवन तुझे अपने घर में नहीं रख सकता था। तुझे किसी क्षत्रिय राजा या राजकुमार के साथ जाना ही था। स्वेच्छा से न भेजता तो वे बलात ले जाते। इस सौदे में तेरे सुख के लिए जो मैं अधिक से अधिक माँग सकता था, वह मैंने माँग लिया है। अब तेरे लिए भगवान से यही माँगता हूँ कि तू अपने पति के घर सुखी रहे...।"

दासराज के शब्द खो गये। आगे की बात कहने के लिए उन्होंने अपनी हथेली से सत्यवती का कंधा थपथपा दिया, जैसे कह रहे हों, 'जा बेटी। जा। हमारे साथ तेरा सम्बन्ध यहीं तक का था।'...

सत्यवती ने एक बार आँखें उठा कर भरपूर दृष्टि से दासराज को देखा। उसकी आँखों में कोई भाव नहीं था—जैसे मनुष्य की आँखें न हों, देखने भर का कोई यन्त्र हों।

वह धीरे-धीरे चलती हुई रथ तक आयी। दासियों ने उसे सहारा दिया और वह अपने लिए लाये हुए ख़ाली रथ पर आरूढ़ हो गयी। उसे बैठ गयी देख देवव्रत अपने रथ में आ गये और बिना कुछ सोचे और कहे, अपने अभ्यास के अनुसार प्रयाण का संकेत देने के लिए अपनी बाँह उठा दी। रथ चल पड़े। उनके पीछे-पीछे अश्वारोही चले।...यमुना का तट छोड़ कर उनका दल कच्चे मार्ग पर आ गाया। कच्चा मार्ग समाप्त होते ही, रथ और अश्व राजमार्ग पर सरपट भाग चले।

सत्यवती के बाहर आते ही देवव्रत के मन में पहला भाव प्रसन्नता और उल्लास का ही जागा था। उससे भी ऊपर उनके मन में शायद कोई बहुत बड़ा असाधारण मूल्य चुका कर कुछ असम्भव उपलब्ध कर लेने का भाव था।... देवव्रत ने आज अपने सारे भौतिक सुखों को तिलांजलि देकर पिता के जीवन के इस खण्ड में, उनकी मनोकामना को पूरा किया था।...शायद यह अपने पूर्वज पुरु से भी बड़ा त्याग था। पुरु ने तो एक निश्चित अवधि के लिए पिता ययाति की वृद्धावस्था लेकर, उन्हें अपना यौवन दिया था। अपना यौवन देकर पुरु वृद्ध हो गये थे, शरीर से भी और मन से भी; इसलिए उनके मन में यौवन के सुखों की आकांक्षा भी नहीं रही होगी, किन्तु देवव्रत ने तो अपना यौवन रख लिया और उसके सुख त्याग दिये, सुखों के अभाव में जलने के लिए। पुरु ने बदले में, अनधिकारी होते हुए भी, अपने पिता से उनका राज्य पाया था। देवव्रत ने अधिकारी होते हुए भी अपना राज्य छोड़ दिया था।...देवव्रत ने अपने सारे बन्धन तोड़ दिये थे। उन्हें सुख का प्रपंच अब कभी

वंचित नहीं कर पायेगा। वे मुक्ति की आनन्दावस्था में विचरण करेंगे...

पर दासराज ने क्या कहा था अपनी पुत्री से...'तुझे किसी क्षत्रिय राजा या राजकुमार के साथ जाना ही था'...क्या दासराज अपनी पुत्री को चक्रवर्ती की पत्नी बना कर भी प्रसन्न नहीं हैं—इससे अधिक और क्या कामना हो सकती है एक पिता की? केवट की कन्या राजरानी बन गयी, कुरु राज्य के भावी शासकों की माता बन गयी...पर हाँ। समवयस्क, समविचार, समव्यवहार जीवन-संगी का सुख तो उसे नहीं मिलेगा। उसने केवल पाया ही नहीं, बहुत कुछ खोया भी है।...जब दशरथ और कैकेयी तक का जीवन सन्तुलित और सुखी नहीं रह सका, राम और भरत जैसे भाइयों को भी उस असन्तुलन का दुख उठाना पड़ा, तो और कोई कहाँ से सुख पायेगा।. ..क्या आज से कुरु वंश के महलों में भी वृद्ध राजा की युवती भार्या की कथा दुहराई जायेगी?...'तो क्या हो गया?' देवव्रत ने स्वयं ही प्रतिवाद किया, 'कैकेयी राम को वनवास ही तो देगी। मैं तो पहले ही स्वयं को वनवासित कर चुका।'

'ठीक है।' जैसे किसी और मन ने कहा, 'कभी सत्यवती के मन में भी बैठ कर देख—वह अपने लिए कैसे वर की कामना कर रही थी। उसने भी तो अपने वर, अपने प्रेमी, अपने पति का कोई चित्र बनाया होगा। और वह चित्र किसी भी दशा में महलों में सोने के पलंग पर पड़े एक कामातुर वृद्ध राजा का नहीं होगा, जो अपनी आसक्ति के कारण, अनेक लोगों की इच्छाओं और कामनाओं का दमन कर सकता है...'

देवव्रत के मन में अपराध-बोध जागा...वे एक ही दिशा में अपने चिन्तन के तुरंग क्यों दौड़ाये लिये जाते हैं? क्यों नहीं सोचते कि मार्ग दूसरी ओर से भी चलता है।...क्या कर बैठे वे! हो सकता है कि सत्यवती के प्रेम का लक्ष्य कोई युवक रहा हो—कोई केवट, कोई तपस्वी, नदी पार करने-वाला कोई व्यापारी, जब-तब मिल जाने-वाला कोई सेना-अधिकारी...तभी तो विदा करते समय दासराज के शब्दों में इतनी असहायता थी, इतनी हताशा थी।...तब क्यों देवव्रत को नहीं लगा कि दासराज के शब्दों में अपनी पुत्री को राजरानी बनाने का उल्लास कहीं नहीं है...तब क्यों नहीं सोचा उन्होंने कि भौतिक सुख ही जीवन का अन्तिम सुख नहीं है, राजा की रानी बनना ही किसी युवती के मन की अन्तिम अभिलाषा नहीं है...देवव्रत ने अपने लिए मान लिया कि सुख, धन में नहीं है, इसलिए उन्होंने राज्य का त्याग कर दिया; तो उन्होंने यह कैसे मान लिया कि सत्यवती का सुख धन में है?...केवल इसलिए क्योंकि सत्यवती एक निर्धन की कन्या है?...ऐसा क्यों नहीं सोचा उन्होंने कि केवट के घर से राजमहल में लाकर उन्होंने सत्यवती के वे सारे सुख छीन लिये हैं, जो उसे केवट की उस कुटिया में उपलब्ध थे। राजमहल में उसके लिए जिन सुखों की कल्पना

वे कर रहे हैं, सम्भव है कि सत्यवती के लिए वे सुख, सुख ही न हों...

देवव्रत को लगा, उनका एक और मन है, जो ढेर सारा आक्रोश संचित कर रहा है...। पर सत्यवती के मन में बैठकर वे बहुत नहीं सोच सके। उनका क्षत्रिय मन जैसे बहुत आवेश के साथ बोला, 'सारे शास्त्र कहते हैं कि माता-पिता की इच्छा का पालन, उनकी इच्छा की पूर्ति—मानव का पहला धर्म है। उन्हें आज तक यही उपदेश दिया गया था। आज जब उन्होंने अपने जीवन का सर्वस्व दे कर अपने पिता के लिए उनके जीवन का सबसे बड़ा सुख ख़रीद लिया है, तो इस प्रकार की आपत्तियों का क्या अर्थ?...श्रवण कुमार अपने माता-पिता की इच्छा-पूर्ति के कारण अमर हो गया। दशरथ-पुत्र राम इसी प्रकार अपने पिता की इच्छा पूरी करने के लिए वन चले गये और अपने यौवन का सर्वश्रेष्ठ काल, राजमहलों में नहीं, भयंकर वनों में बिता आये।...देवव्रत ने भी वही किया है...'

पर तर्क तो जैसे नाग-जाल हो रहा था। सहस्रों नाग एक-दूसरे से गुँथे पड़े थे। न किसी के शरीर का पता लगता था, न पूँछ का। बस फन-ही-फन दिखायी पड़ते थे। यदि कहीं किसी की पूँछ दिखायी भी पड़ती थी, तो जब तक देवव्रत उसे पहचान पाते थे, वह एक नया फन बन कर उठ खड़ी होती थी। और वही फन सबसे अधिक भयंकरता से फुफकारने भी लगता था कि सबसे पहले मुझसे ही निबट लो...

इस बार उन्हें लगा कि प्रश्नों का दोमुँहा नाग फुफकार रहा है : 'पहले यह निर्णय कर देवव्रत! कि तूने भौतिक कष्टों से बचने के लिए भौतिक सुखों को त्यागा है या पिता की कामना-पूर्ति के लिए अपने सुखों को तिलांजलि दे कर स्वयं को जीवन के प्रत्येक सुख से वंचित किया है?'...

उन्हें लगा कि इस दोमुँहे नाग के दोनों मुँहों को एक साथ पकड़ पाना शायद उनके लिए सम्भव नहीं है...वे तो जैसे इन दोनों ही प्रकार के गौरव से गौरवान्वित होने का सुख प्राप्त कर रहे थे। पर दोनों बातें कैसे हो सकती हैं? यदि धन, सत्ता और नारी से प्राप्त सुखों में सार नहीं है तो उन्होंने कोई त्याग नहीं किया : जो श्रेयस्कर था, वही किया।...पर यदि पिता की कामना का संयोग सामने खड़ा नहीं होता, तो क्या तब भी वे इन सुखों को असार मान कर त्याग देते?

और यदि ये सुख असार हैं तो वे पिता के लिए उन सुखों को क्यों जुटा रहे हैं? क्यों नहीं उन्हें भी इन सुखों की निस्सारता दिखाते।...क्यों उनके सामने प्रलोभन रखते हैं? क्यों उन्हें उन सुखों की ओर और भी प्रवृत्त कर रहे हैं? क्या पुत्र के रूप में वह अपने कर्तव्य का पालन कर रहे हैं?...

और सहसा उनका मन इन शब्दों पर अटक गया...कर्तव्य का पालन ही तो कर रहे हैं वे। पिता की आज्ञा का पालन तो अधम पुत्र भी करता है; वे तो पिता

की इच्छा का पालन कर रहे हैं।...यही उनका धर्म था। पुत्र के रूप में यही उनका परम धर्म था।

उन्हें लगा, उनके मन के सारे उद्वेग शान्त हो गये। थोड़ी देर पहले जो मन, सागर की उत्ताल तरंगों को झेल रहा था, जिसमें प्रत्येक क्षण एक ज्वार उठ रहा था, वह सहसा ही शान्त हो गया था। सारे संशयों ने पालतू कुत्ते के समान अपने स्वामी के सामने सिर टेक दिया था और पूँछ हिला रहे थे।...देवव्रत दिग्विजयी के समान उन्हें देख रहे थे...

पर सागर अधिक देर तक शान्त नहीं रहा। उसमें फिर से प्रश्नों की लहरें उठने लगीं : 'पिता और पुत्र का क्या सम्बन्ध है?'

देवव्रत जिस समाज में रहते हैं, वह समाज मानता है कि पिता ने पुत्र को जन्म दिया है। पिता ने पुत्र का पालन-पोषण किया है। इसलिए पुत्र पर पिता का पूर्ण अधिकार है। पुत्र, पिता की सम्पत्ति है। पुत्र, पिता के लिए जो भी कर दे, वह कम है। यह शरीर पिता का है, यह प्राण पिता के हैं...पर देवव्रत बहुत समय तक वनों और आश्रमों में रहे हैं। उन्होंने प्रकृति को बहुत निकट से देखा है—वनस्पति को भी और पशु-जगत को भी। वनस्पति की उत्पत्ति, विकास और अवसान—तीनों को देखने से प्रकृति का स्वरूप उनके सामने प्रकट हुआ है।...वर्षा ऋतु आती है तो धरती का कण-कण जैसे सृष्टि करने को आतुर हो उठता है। कहीं, किसी प्रकार बीज डाल दिया जाये, किसी पौधे की शाखा तोड़ कर लगा दी जाये, पृथ्वी उसे अपने गर्भ में धारण कर सप्राण कर देती है। उन पौधों का विकास होता है। उनमें फूल और फल आते हैं और वे पौधे फिर से अपने बीज में परिणत हो जाते हैं।...यह तो प्रकृति का चक्र है। इसे ही माया का प्रपंच कहते हैं क्या? शून्य में से आकार प्रकट होता है और फिर वह आकार सिमट कर शून्य में समा जाता है...

पिता भी तो उसी प्रकार सृष्टि को आगे बढ़ाने का उपकरण मात्र है। उस पूरे वृत्त की निकटतम कड़ी। वह भी तो किसी और पौधे का बीज है, जो कुछ और पौधे उगाने का माध्यम बनता है। जो कुछ उसे प्रकृति से मिला है, वह उसे वापस प्रकृति को दे रहा है।...फिर अधिकार किस बात का माँगता है वह?

प्रकृति ने उसके मन में ममता भरी है, ताकि सन्तान का पालन-पोषण हो। मनुष्य अपनी वंचना को दूर करने के लिए सन्तान की इच्छा करता है—वंचित सन्तान की सुविधा के लिए स्वयं शरीर धारण नहीं करता। सन्तान में वह अपना विकास पाता है, इसलिए उसकी रक्षा करता है। उसका पोषण करता है...किन्तु देवव्रत ने अनेक बार देखा है कि सन्तान के समर्थ होने पर, पिता उसे अपने सुख का उपकरण मानने लगता है। पिता क्यों चाहता है कि उसके असमर्थ बुढ़ापे को

सुखी बनाने के लिए, युवा सन्तान अपनी सारी जिजीविषा का दमन कर ले। अवसान की ओर बढ़ता हुआ पौधा क्यों चाहता है कि विकासोन्मुख पौधा पल्लवित और पुष्पित न हो?...पिता क्यों अपने पुत्र की ऊर्जा, प्राणवत्ता और उल्लास को स्वतन्त्र रूप से विकसित होने नहीं देना चाहता? क्यों वह चाहता है कि वह अपना सामर्थ्य, अपना उल्लास, अवसानोन्मुखी पिता की झोली में डाल दे...?

पिता भी तो मनुष्य है। उसमें भी मानवीय दुर्बलताएँ हैं। उसकी बुद्धि भी उसे धोखा दे सकती है। फिर उसकी ही इच्छाएँ, कामनाएँ, निर्णय क्यों सत्य हैं? पिता और पुत्र की इच्छाएँ दो स्वतन्त्र व्यक्तियों की इच्छाएँ होने के कारण समान रूप से महत्त्वपूर्ण हैं। फिर पिता की इच्छापूर्ति ही क्यों धर्म है?...

सहसा देवव्रत चौंके!...यह सब क्या चल रहा है उनके मन में—पितृद्रोह? क्या वे अपनी इच्छा से किये गये अपने निर्णय से असन्तुष्ट हैं? क्या उन्हें पश्चात्ताप हो रहा है?...

और देवव्रत ने जीवन में पहली बार अपना रूप पहचाना...उनके चिन्तन और कर्म के धरातल अलग-अलग हैं। गुरुकुलों में पढ़े हुए शास्त्र, गुरुजनों के उपदेश और नीतियाँ—बहुत गहरे उतर गये हैं ये सब, उनके रक्त में। कर्म करने की बारी आती है तो वे शास्त्र के नियमों को धर्म मानते हैं...पर चिन्तन के क्षणों में उनका मन उन नियमों के विरुद्ध अनेक प्रश्न उठाता है। शास्त्र के धर्म की मूलभूत सत्ता को चुनौती देता है।...कुछ कर नहीं पाते देवव्रत। उनका व्यवहार शास्त्र के धर्म को छोड़ नहीं पाता; और उनका मन अपने प्रश्नों से मुक्त नहीं होता।

इस द्वन्द्व से देवव्रत का निस्तार नहीं है।...

पिता ने सत्यवती को पाने की इच्छा की थी। पुत्र-धर्म का निर्वाह करने के लिए, वे अपने पिता की इच्छा-पूर्ति हेतु सत्यवती को उसके पिता से माँग लाये हैं। ...पर जब उनका मन प्रश्न उठाने लगता है कि पिता की एक अनुचित इच्छा की पूर्ति उनका धर्म क्यों है? सत्यवती को उसकी इच्छा जाने बिना, शान्तनु की पत्नी बनने के लिए, देवव्रत को सौंप देने का दासराज को क्या अधिकार था?...किन्तु उन्हें इन प्रश्नों का कोई उत्तर नहीं मिलता...धर्म क्या है? अधिकार क्या है? स्थापित अधिकार को चुपचाप मान लेना धर्म है या अधिकार के औचित्य का प्रश्न उठाना धर्म है?...देवव्रत का सिर जैसे प्रश्नों के ज्वार से फटने लगा—धर्म क्या है?...धर्म क्या है?...देवव्रत कुछ भी समझ नहीं पाते...उनका मन जैसे हार मान कर अपना सिर टेक देता है...धर्म की गति अति सूक्ष्म है देवव्रत!...

3

रथ चला तो सत्यवती ने पहली बार दृष्टि उठा कर देवव्रत को देखने का प्रयत्न किया : यह कौन पुरुष है, जो अपने जीवन का मूल्य दे कर अपने वृद्ध पिता का सुख ख़रीद कर ले जा रहा है?

आगे-आगे दो अश्वारोही दौड़े जा रहे थे; कदाचित वे हस्तिनापुर में पूर्व-सूचना देने के लिए जाने वाले धावक थे। उनके पीछे देवव्रत का रथ था। उसके पीछे-पीछे दो रथ और थे, और तब वह रथ चल रहा था, जिसमें सत्यवती बैठी हुई थी। रथ के पीछे-पीछे अनेक अश्वारोही दौड़ रहे थे...जाने वे रथ की रक्षा के लिए थे, या मात्र उसका पीछा करने के लिए थे, या शायद राजा लोग मानते हों कि उससे उनकी शोभा बढ़ती है...पर सत्यवती को तो ऐसा ही लग रहा था जैसे उसके ग्राम के बच्चे किसी बड़े वाहन को देख कर खेल-खेल में ही उसके पीछे दौड़ने लगते थे...

सत्यवती नहीं जानती थी कि इनमें किसका क्या पद है। पिछली बार जब स्वयं हस्तिनापुर के राजा शान्तनु आये थे, तब भी इसी प्रकार का जमघट लगा था उसके गाँव में। तब पहली बार उसने मन्त्री, अमात्य, सेनापति...और जाने ऐसे ही कितने नये-नये शब्द सुने थे। तब से वह इन शब्दों को सुनती आयी थी। उनके अर्थ वह कुछ-कुछ समझती भी थी और बहुत कुछ नहीं भी समझती थी।...इस बार भी वैसे ही बहुत सारे लोग, और बहुत सारे शब्द आये थे। अन्तर केवल इतना था कि इस बार राजा के स्थान पर युवराज आये थे।

युवराज की पीठ ही दिखायी पड़ रही थी, चेहरा नहीं दिख रहा था। सत्यवती के मन में बहुत इच्छा थी कि वह इस युवराज का चेहरा देखे। बाबा ने कहा था कि यह व्यक्ति दूसरों से एकदम भिन्न दिखायी देता है...उसका व्यवहार दूसरों से भिन्न था...पर क्या चेहरा भी...

सत्यवती का अपना रंग-रूप घर में न अम्मा से मिलता था, न बाबा से। बाबा ने बताया था कि मछलियाँ पकड़ने के लिए गये हुए कुछ निषादों को वह यमुना की धारा में बहती हुई मिली थी। उसका रंग-रूप और वस्त्र इत्यादि देख कर बाबा को विश्वास हो गया था कि वह किसी क्षत्रिय राजा की सन्तान थी। उसके वस्त्र, उसके बह कर आने की दिशा और विभिन्न राज-परिवारों के विषय में सुनी-सुनायी चर्चाओं के आधार पर बाबा यह अनुमान ही लगाते रह गये थे कि वह किस राजा की पुत्री है...उसके माता-पिता का कोई निश्चित प्रमाण नहीं मिला था और बाबा को, उसके राजकुमारी होने का कोई लाभ नहीं हुआ था। धीरे-धीरे बाबा के मन में

यह भी स्पष्ट हो गया था कि यदि यह पता लगा भी लें कि सत्यवती किसकी पुत्री है, तो भी वे उसे उस राजा को शायद सौंप न पाएँ। सौंप देंगे तो एक तो पली-पलाई सन्तान हाथ से निकल जायेगी, फिर राजा से पुरस्कार-स्वरूप जो धन मिलेगा, उस पर उन निषादों का अधिकार अधिक बनता है, जिन्हें वह नदी में बहती हुई मिली थी...न सत्यवती ने कोई ऐसा व्यक्ति देखा था, और न बाबा ने ही, जो लाभ या स्वार्थ का अवसर आने पर एक कौड़ी भी किसी के लिए छोड़ देगा। नदी में जाल तो सब मिल कर ही डालते हैं; पर जिसके हाथ जो मछली लगती है, उसका मूल्य वही हथिया लेता है। सत्यवती बाबा को इसलिए सौंप दी गयी, क्योंकि वह मछली नहीं थी; और उस बच्ची को हाट में बेच कर उसका कोई मूल्य प्राप्त नहीं किया जा सकता था...

जब राजा शान्तनु आये थे तो ग्राम में हल-चल मच गयी थी। सत्यवती को तो सारी बात उनके लौट जाने के बाद ही मालूम हुई थी। उनके लौट जाने के बाद बाबा ने कहा था, "बेटी! जब तू छोटी-सी थी, तब बहुत सोचा करता था कि तेरे जनक को खोज कर तुझे उन्हें सौंप दूँ और बदले में अपने लिए थोड़ी सुख-सुविधा जुटा लूँ। पर तब वह हो नहीं सका। अब तू सयानी हो गयी है, और मुझे भी तुझसे अपनी सन्तान से बढ़ कर मोह है।...अब तो तू पराये घर जायेगी ही; पर बेटी के रूप में नहीं, पत्नी और पुत्रवधू के रूप में। बेटी को ससुराल के लिए विदा करते हुए, माँ-बाप अपनी सुख-सुविधा का ध्यान नहीं करते। उस समय तो वे बेटी का ही सुख देखते हैं।"

सत्यवती चुपचाप बाबा को देखती रह गयी थी।

"तू राजा के घर से विदा होती बेटी! तो किसी युवराज से ब्याही जाती और ससुराल में राजरानी बनती। तेरा पुत्र बड़ा हो कर राजा बनता।" बाबा ने कहा था, "पर तू इस असहाय दासराज के घर से विदा होगी, इसलिए तेरा स्वयंवर नहीं हो सकता। हम तो मछली बेचने-वाले हैं बेटी। अपनी ओर से तो प्रयत्न करेंगे ही कि मछली महँगी-से-महँगी बिके। पर बेचनी तो उसी भाव पड़ेगी, जिस भाव का ग्राहक मिलेगा। मछली का भाव वही होता है बेटी! जिस भाव उसे ग्राहक ख़रीद ले...।"

"मैं समझी नहीं बाबा!" सत्यवती ने कहा था।

"मेरी दृष्टि में तेरा मूल्य बहुत ऊँचा है सत्यवती!" बाबा ने कहा था, "मेरा वश चले तो सारे संसार में से सबसे सुन्दर और बलिष्ठ क्षत्रिय राजकुमार को मैं तेरा वर चुनूँ...पर वे लोग हमारी पहुँच से परे हैं बेटी!...भाग्य से आज राजा शान्तनु तेरा हाथ माँगने आये हैं...।"

सत्यवती ने दासराज की ओर देखा था, जैसे पूछ रही हो, 'कौन शान्तनु?'

"हस्तिनापुर के राजा! कुरुराज शान्तनु!"

सत्यवती की दृष्टि झुक गयी थी। इस विषय में क्या कहती बाबा से।

"उनका वय तुमसे बहुत अधिक है पुत्री! तुम्हारी तुलना में उनको वृद्ध ही कहा जायेगा...।"

सत्यवती कुछ नहीं बोली थी।

"मैं इस सौदे में से ही अधिक-से-अधिक कमाना चाह रहा हूँ बेटी!" बाबा ने कहा था, "मैंने उनसे कहा है कि यदि वे वचन दें कि उनके पश्चात तुम्हारा पुत्र हस्तिनापुर का राजा होगा, तो मैं तुम्हारा विवाह उनसे कर सकता हूँ।"

इस सारे सौदे में सत्यवती क्या कहती!

बाबा ही कहते गये थे, "वैसे तो झूठ बोलने में किसी का क्या ख़र्च होता है। राजा कह दें कि हाँ! सत्यवती का पुत्र ही उनके बाद राजा बनेगा; और वह उसे राजा न बनायें, तो कोई क्या कर लेगा। सबसे बड़ी बात तो यह है बेटी!" दासराज का स्वर कुछ धीमा हो गया, "कि पुत्र तो राजा बनेगा, पिता के देहान्त के बाद! जब राजा, शान्तनु दिवंगत हो जाएंगे, तो उनसे कौन पूछने जायेगा कि उन्होंने अपने वचन को क्यों नहीं निभाया।...पर फिर भी यह राजा मुझे कुछ भला आदमी लगता है।"

"कैसे?" सत्यवती पूछे बिना नहीं रह सकी थी।

"उसने वचन नहीं दिया है। वह झूठा वचन नहीं देना चाहता, इसलिए चुपचाप लौट गया है।"

सत्यवती की समझ में यह गोरखधन्धा नहीं आ रहा था।

"शान्तनु का एक बेटा है देवव्रत!" बाबा ने बताया था, "वह युवक है और बलिष्ठ है। युद्ध प्रवीण और शूरवीर भी है। यदि राजा ने उसको युवराज-पद से वंचित किया, तो सम्भव है कि वह विद्रोह कर दे। और सत्या!" बाबा रुक कर जैसे कुछ सोचने लगे, "यदि राजा मान भी गये, तो भी उनके देहान्त के बाद तुम्हारा नन्हा बालक देवव्रत से लड़ कर अपना अधिकार ले पायेगा क्या?"

जिस देवव्रत से स्वयं राजा शान्तनु डर रह थे, उससे लड़ कर सत्यवती का पुत्र राज्य कैसे ले लेता।...राजा शान्तनु अपनी राजधानी लौट गये और दासराज सोचता ही रहा गया कि उसने अधिक के लोभ में कहीं कम को भी खो तो नहीं दिया।...

और तब स्वयं युवराज देवव्रत आये। उनसे बात कर जब बाबा ने सत्यवती को बताया कि पिता तो एक छोटा-सा वचन नहीं दे पाया था, पुत्र बड़े-बड़े दो वचन दे रहा है...सत्यवती को विश्वास नहीं हुआ था। पिता के दूसरे विवाह से देवव्रत को ऐसा कौन-सा लाभ होने जा रहा था, जिसके लिए देवव्रत ने आजीवन अविवाहित

रहने की प्रतिज्ञा कर ली थी? यह प्रतिज्ञा पिता को प्रसन्न करने के लिए ही तो की थी न। पर, पिता को प्रसन्न करके क्या मिलेगा देवव्रत को—राज्य ही तो? पर वही राज्य त्यागने की प्रतिज्ञा कर ली है उन्होंने। केवल राज्य ही नहीं—स्त्री-सुख भी। क्यों की यह प्रतिज्ञा? इससे देवव्रत को कौन-सा सुख मिलेगा?...

बाबा ने कहा तो कुछ नहीं था, पर मन-ही-मन वे सशंक थे। सत्यवती को तो एकदम विश्वास नहीं हो रहा था।...पर कठिनाई तो यह थी कि वे यह भी नहीं मान पा रहे थे कि देवव्रत की प्रतिज्ञा झूठी है। यदि देवव्रत वह सब-कुछ नहीं करना चाहता था, जो कुछ वह कह रहा था, तो उसके लिए कहीं अधिक सरल था कि वह प्रतिज्ञा करता ही नहीं। झूठी प्रतिज्ञा को तोड़ कर कलंकित होने से तो अप्रतिज्ञा अधिक सरल थी...

देवव्रत को समझ पाना न तो पिता के लिए सम्भव था, न पुत्री के लिए। विदा से पहले बाबा ने सत्यवती को इतना ही कहा था, "पुत्री! नींव मैंने डाल दी है, अब उस पर प्रासाद उठाने का काम तो यथासमय तुम्हें ही करना है। स्वयं अपने-आप पर भरोसा रखना और किसी पर भी पूरा विश्वास मत करना।" बाबा ने जैसे उसे अपने जीवन के अनुभव का सम्पूर्ण निचोड़ दिया था, "संसार में न सज्जनों का अभाव है, न दुष्टों का। कौन जाने देवव्रत से किस सुख के प्रलोभन ने ऐसे त्याग की प्रतिज्ञाएँ करवायी हैं।...बस तुम अपना अधिकार मत छोड़ना।"

पिता के अनुभव के सामने सत्यवती क्या कहती! उसे जीवन का अनुभव ही क्या था; और मनुष्य की परख ही कितनी थी। मनुष्यों से अधिक तो वह मछलियों को ही पहचानती थी...और मछलियों का तो नियम ही था...बड़ी मछली छोटी मछली को खा जाती है...पर मनुष्यों में? सत्यवती सोचती है तो उसे लगता है कि मनुष्यों के विषय में कोई एक सिद्धान्त नहीं बनाया जा सकता। मानव-समाज में भी अधिकांशतः मत्स्य-न्याय ही चल रहा है...अपने से छोटों को खा कर ही लोग बड़े बनते हैं शायद।

...अब शान्तनु भी तो देवव्रत को खा ही रहे हैं...पर मनुष्यों में बड़ी मछलियाँ, छोटी मछलियों की रक्षा करती भी देखी गयी हैं...जिसका जो अनुभव हो...

और सत्यवती को अपना अनुभव नहीं भूलता...

पहले तो अन्य निषाद कन्याओं के समान सत्यवती भी मत्स्यव्यवसाय में ही लगा दी गयी थी! कभी-कभी मछलियाँ पकड़ने भी जाती थी, पर अधिकांशतः उसका काम पकड़ कर लायी गयी मछलियों को सँभालना ही था। वह मछलियों के इतने निकट रही थी, मछलियों के इतने बीच रही थी कि उसके वस्त्रों में ही नहीं, उसके अंगो

में भी जैसे मछली की गन्ध समा गयी थी। और कोई कहता, सो कहता, उसे स्वयं अपने-आपसे ही गन्ध आने लगी थी—वह स्वयं अपने-आपको मत्स्य-गन्धा मानने लगी थी। तब बाबा ने मछलियों का काम उससे छुड़वा लिया था। उसे धर्मार्थ नाव पर भेज दिया था।

यमुना को पार करने के लिए दिन-भर यात्री लोग आया-जाया करते। निषादों की असंख्य नौकाएँ दिन-भर नदी में चलती ही रहती थीं। पर बाबा ने सत्यवती को यात्रियों की वैसी किसी नाव पर नियुक्त नहीं किया था, जो शुल्क ले कर यात्रियों को नदी पार कराती थीं। ऐसी किसी नाव पर अपनी असाधारण सुन्दरी, युवती पुत्री को नियुक्त करना दासराज को अच्छा नहीं लगा था।...उन नौकाओं में भिन्न-भिन्न प्रकार के लोग आते थे। साधारण यात्रियों के साथ धनी व्यापारी भी आते थे। देश-विदेश घूमे हुए लोग आते थे। उनके पास धन का आकर्षण था, चतुराई-भरी बातों का माया-जाल था...सत्यवती अभी भोली थी। जीवन तथा लोगों को अच्छी तरह समझती नहीं थी। ऐसे ही किसी प्रलोभन के भ्रमजाल में फँस जायेगी तो जाल में फँसी मछली का-सा कष्ट पायेगी...

दासराज ने अपनी प्रिय पुत्री को धर्मार्थ नौका पर नियुक्त किया था।...यमुना के तट पर अनेक ऋषियों के आश्रम थे। तपस्वियों की तपोभूमियाँ थीं। साधु-संन्यासी, ॠषि-मुनि, सिद्ध-साधक आते-जाते ही रहते थे। उनसे नदी पार कराने का क्या शुल्क लेना। उनके पास शुल्क देने के लिए होता भी क्या था। वन के कन्दमूल-फल। उनसे अधिक तो स्वयं निषादों के पास ही बहुत कुछ था...उन तपस्वियों को धर्मार्थ नौका पर ही नदी पार करायी जाती थी। उसी धर्मार्थ नौका पर नियुक्ति की थी दासराज ने सत्यवती की। तपस्वी नारी-सौन्दर्य से उदासीन थे। धर्म का धर्म रहेगा और युवती सत्यवती पुरुष की दृष्टि से सुरक्षित भी रहेगी...

उसी नौका पर एक दिन ऋषि पराशर आये थे। जब आये थे तो बहुत आत्मलीन थे, जैसे किसी गहरी समस्या में डूबे हुए हों। अपने परिवेश से असम्पृक्त। जैसे ब्रह्माण्ड उनके पिण्ड से बाहर नहीं, उनके भीतर ही हो। नौका में बैठते हुए उन्होंने यह भी नहीं देखा कि नाव में कोई और है या नहीं, या नौका को चला कौन रहा है। उन्होंने यह भी नहीं पूछा कि नौका चलेगी भी या नहीं, और चलेगी तो क़ब चलेगी...

जब काफी समय बीत गया, दूसरा कोई यात्री भी नहीं आया; और पराशर कुछ बोले भी नहीं तो सत्यवती को सब कुछ बड़ा अटपटा-सा लगने लगा। यमुना के एकान्त घाट पर लगी हुई नौका और उसमें बैठे हुए पराशर और सत्यवती! सत्यवती अपने नारीत्व अथवा यौवन के प्रति कभी इतनी सजग नहीं हुई थी।...

इस अटपटी अवस्था से मुक्त कैसे हो? दूसरा यात्री जाने कब आये? आये, न आये। आख़िर वह कब तक इस युवक तपस्वी के साथ, इस एकान्त स्थान में नौका पर बैठी रहेगी...ठीक है, तपस्वी उसे कुछ कह नहीं रहा। वह तो उसकी ओर देख भी नहीं रहा...पर सत्यवती का मन...उसका बोध...क्यों न सत्यवती उसे दूसरे किनारे पर छोड़ आये? दूसरे यात्रियों का होना क्यों आवश्यक है? यात्रियों की संख्या का तो कोई नियम नहीं है...

सत्यवती ने चप्पू सँभाल लिये।

नाव चली तो पराशर का ध्यान जैसे कुछ बँटा। उनकी उचटती हुई दृष्टि सत्यवती पर भी पड़ी और फिर जैसे फिसलती हुई आगे बढ़ कर यमुना के जल पर टिक गयी। दृष्टि टिकी तो जैसे उसे कुछ याद आया...उसके मार्ग में एक नारी-बदन आया था...तपस्वी की दृष्टि प्राकृतिक सौन्दर्य में लुब्ध न रह कर वापस नारी-सौन्दर्य पर लौट आयी। इस बार पराशर की जो दृष्टि सत्यवती की ओर लौटी थी, वह निर्वैयक्तिक नहीं थी, वह असावधान भी नहीं थी, वह मूक भी नहीं थी...वह एक पुरुष की दृष्टि थी, जो नारी के सौन्दर्य के भाव से दीप्त थी...दृष्टि आ कर सत्यवती की आँखों पर टिकी। सत्यवती की आँखें झुक गयीं। वह एकाग्र हो कर यमुना के जल को ताक रही थी, पर इस तथ्य के प्रति पूरी तरह सचेत थी कि युवक तपस्वी की दृष्टि ने अब संकोच छोड़ दिया है। वह ढीठ हो गयी है।...पराशर की दृष्टि सत्यवती की पलकों पर से जैसे फिसल कर गिरी और उसका आवरण क्षत हो गया। इस आवरण के भीतर सिमटे तरल पदार्थ को अब मर्यादित रखना कठिन था। वह सत्यवती के पूरे चेहरे पर फैल गया...वह सत्यवती की ग्रीवा से होता हुआ उसके कंधों पर थोड़ी देर टिका और फिर उसके सारे शरीर पर फैल गया। पराशर की दृष्टि जैसे देखती नहीं थी, छूती थी। वह जहाँ से हो कर बढ़ती थी, जैसे रोम-रोम को सहला जाती थी। सत्यवती का शरीर थर-थर काँप रहा था।...उसकी समझ में एकदम नहीं आ रहा था, कि उसका मन इतना घबरा क्यों रहा है। वह पहली बार नाव नहीं चला रही थी, न पहली बार कोई युवा पुरुष उसकी नाव में बैठा था। उसे किस बात की व्याकुलता थी? युवा तपस्वी की दृष्टि में प्रशंसा थी और वह प्रशंसा सत्यवती के शरीर को जितना पिघला रही थी, उसका मन उतना घबरा रहा था। वह लगातार अपने मन से पूछ रही थी कि यह सब क्या था?...पर मन था कि कोई उत्तर ही नहीं दे रहा था...

"तुम बहुत सुन्दर हो सुनयने!" तपस्वी पहली बार बोला।

"मेरा नाम सत्यवती है तपस्वी!" सत्यवती समझ नहीं पा रही थी कि तपस्वी उसका नाम बिना पूछे क्यों उसे अपनी इच्छा से 'सुनयने' कह रहा है।

"तुम बहुत ही सुन्दर हो सत्यवती!" इस बार तपस्वी निस्संकोच बोला, "तुम्हारे नयन, तुम्हारे अधर, तुम्हारी ग्रीवा, तुम्हारी आकृति, तुम्हारा अंग-संचालन...ओह सत्यवती! तुम नहीं जानतीं कि तुमने मेरे मन को किस प्रकार मथ कर रख दिया है।"

सत्यवती लगातार अपने-आपसे पूछ रही थी कि वह इतना डर क्यों रही है? ...अपने रूप की प्रशंसा सबको अच्छी लगती है, और फिर वह भी नारी...तपस्वी उसके रूप की प्रशंसा कर रहा था और वह इस प्रकार भयभीत हो रही थी, जैस सामने कोई भयंकर संकट आ खड़ा हुआ हो।...उसके रूप की प्रशंसा करता तपस्वी कितना कमनीय लग रहा था और उसका मन जैसे मुष्टि प्रहार कर-कर के उसे कह रहा था, 'सत्यवती! सावधान। सावधान सत्यवती!'

सहसा सत्यवती सचेत हुई। उसके हाथ काँप रहे थे। उसके चप्पू सीधे नहीं पड़ रहे थे। नाव डोल रही हो, तो भी कोई आश्चर्य की बात नहीं।...वह अपने मार्ग से भटक गयी थी। यह यमुना का कोई और क्षेत्र था...एक छोटा-सा द्वीप निकट था ...द्वीप में कमल-ही-कमल खिले हुए थे...सत्यवती को लगा, उसके मन में भी कमल-वन खिल आया है; किन्तु साथ ही उसके माथे पर पसीना भी उग आया था, जैसे कमल-दलों पर ओस की बूँदें आ टिकी हों...

तपस्वी अपने स्थान से उठ खड़ा हुआ, "संयम असम्भव हो गया है देवसुन्दरी! तुम अप्सरा होते हुए निषाद-कन्या का वेश बनाये क्यों बैठी हो।"

तपस्वी ने उसकी ओर पग बढ़ाया।

नाव डगमगा गयी। सत्यवती ने उसे द्वीप के साथ टिका दिया। उसके मुँह से जैसे अनायास ही निकल गया, "मैं निषाद-कन्या ही हूँ तपस्वी! मत्स्य-गन्धा हूँ मैं। मेरे शरीर से मत्स्य की गन्ध आती है।"

तपस्वी खुल कर हँस पड़ा और उसने जैसे स्वतःचालित ढंग से सत्यवती की बाँह पकड़ कर उसे उठाया, "मछलियों के बीच रह कर, मत्स्य-गन्धा हो गयी हो; पर हो तुम काम-ध्वज की मीन! मेरे साथ आओ। इस कमल-वन में विहार करो और तुम पद्म-गन्धा हो जाओगी।"

सत्यवती जैसे तपस्वी द्वारा सम्मोहित हो गयी थी। उसने अपनी बाँह छुड़ाने का प्रयत्न नहीं किया...पर उसका विवेक जैसे हाथ में कशा लिये लगातार उसे पीट रहा था, 'यह ठीक नहीं है सत्यवती! यह ठीक नहीं है। सँभल जा। तू जानती भी है, तेरे माता-पिता क्या कहेंगे। तेरा समाज क्या कहेगा। तेरा यह शरीर, तेरा अपना नहीं है। इस पर तेरे समाज का अधिकार है। उससे पूछे बिना न तू इससे सुख उठा सकती है, न किसी को इससे सुख दे सकती है।'...पर शरीर था कि विवेक की बात

पर कान ही नहीं धर रहा था। उसका रोम-रोम शिकायत कर रहा था कि तपस्वी ने उसकी बाँह ही क्यों थाम रखी है, वह उसके शरीर को क्यों नहीं थामता...क्रमशः शरीर के उद्घोष में विवेक का स्वर कहाँ डूब गया, उसे पता भी नहीं लगा...

दोनों द्वीप पर आये और बिना किसी योजना के अनायास ही एक-दूसरे की इच्छाओं को समझते चले गये। तपस्वी इस समय तनिक भी आत्मलीन नहीं था। उसका रोम-रोम सत्यवती की ओर उन्मुख ही नहीं था, लोलुप याचक के समान एकाग्र हुआ उसकी ओर निहार रहा था...सत्यवती को लग रहा था, जैसे वह मत्स्य-गन्धा नहीं, मत्स्य-कन्या है। यह सरोवर ही उसका आवास है। चारों ओर खिले कमल उसके सहचर हैं।...वे दोनों दो तितलियों के समान आगे-पीछे उड़ रहे थे, जो कभी किसी फूल की पँखुड़ी पर जा बैठती हैं, कभी किसी अधखिली कली पर...

उन्हें पता ही नहीं चला कि वे कब, कहाँ और कितनी देर तैरे। कितनी देर फूलों में रहे। कितने कमल उन्होंने तोड़े। कितने कमलों से तपस्वी ने सत्यवती का शृंगार किया।...सत्यवती के केशों में कमल के फूल गुँथे थे, उसके गले में कमलों के हार झूम रहे थे, इतने कि उसका वक्ष कमलमय हो गया था। उसकी कलाइयों में कमल-वलय थे, उसकी कटि में कमल की करधनी थी, उसके पैरों में कमल की पैंजनियाँ थीं और वह स्वयं कमल-सरोवर बनी हुई तपस्वी की भुजाओं के कगारों में इठला रही थी। तपस्वी उसे बार-बार प्यार कर रहा था, "मेरी पद्म-गन्धा, मेरी पद्म-गन्धा... ।"

सत्यवती को लग रहा था, उसके रोम-रोम में जैसे कमल-गन्ध समा गयी है, उसके श्वास जैसे कमल-गन्ध से महक रहे हैं और उसके हृदय का ज्वार, सागर की किसी भी उत्ताल-लहर से कम ऊँचा नहीं था...

रथ रुक गया। आगे जाते हुए रथ पहले ही रुक चुके थे, पीछे आने वाले दल ने भी रुकने के संकेत में अपनी दाहिनी भुजाएँ उठा रखी थीं।

सत्यवती जैसे स्वप्न से जागी...वह यमुना के उस द्वीप के कमल सरोवर के तट पर नहीं थी, वह कुरुकुल का अंग बनने के लिए रथ में हस्तिनापुर जा रही थी...

उसने औचक ही चरणों में बैठी दासियों की ओर देखा, जैसे पूछना चाह रही हो—'क्या हस्तिनापुर आ गया?' साथ ही लग रहा था कि उनके मुख से 'हाँ' निकलते ही, उसके शरीर से जैसे प्राण भी निकल जायेंगे...

"स्वामिनी! थोड़ा विश्राम कर लें!" सारथि ने बहुत आदरपूर्वक हाथ जोड़ कर कहा, "हस्तिनापुर पहुँचने में अभी प्रहर भर और लगेगा।"

सत्यवती कुछ समझ नहीं पा रही थी...आज तक वह एक निषाद-कन्या थी, जो यमुना में धर्मार्थ नाव चला कर यात्रियों को नदी पार कराती थी। लोग उसे आदेश देते थे : मीठा-कड़वा कुछ भी कह देते थे। ऐसा रथ, सारथि और रथी देखती तो भय से सत्यवती के प्राण सूख जाते थे...और आज यह सारथि, इतने विनीत भाव से उसे स्वामिनी कह रहा था और वह उसी सम्बोधन की मर्यादा में बँधी उससे यह भी पूछ नहीं पा रही थी कि उसे थोड़ा जल मिल सकेगा क्या?

वह कुछ कहती या कहने के लिए सोच पाती, उससे पहले ही उसे देवव्रत अपनी ओर आते दिखायी दिये।...इसी पुरुष को वह कितना देखना चाह रही थी। पर उसे अपनी ओर आते देख सत्यवती की आँखें ही नहीं उठ रही थीं : नहीं! यह नारी की लज्जा नहीं थी। उस लज्जा का अनुभव उसने केवल ऋषि पराशर के सम्मुख किया था। अन्य पुरुष जैसे उसके लिए पुरुष ही नहीं थे।...तो फिर क्यों नहीं देख पाती वह कौरवों के इस युवराज की ओर? उसके राज-वैभव का आतंक था या इस देव-पुरुष को सदा के लिए वंचित करने की अपराध भावना?

सेवकों ने एक घने वृक्ष की छाया में बैठने के लिए आसन लगा दिया। पीने के लिए जल और खाने के लिए कुछ फल रख दिये।

देवव्रत ने आ कर बहुत ही कोमल स्वर में कहा, "माता! कुछ जलपान कर लें।"

सत्यवती ने अकबकाकर देवव्रत की ओर देखा। इस वय के युवक के मुख से अपने लिए 'माता' सम्बोधन की उसने कभी कल्पना भी नहीं की थी। सम्भवतः वय की दृष्टि से युवराज उससे बड़े थे...किन्तु सम्बन्ध...हाँ! सम्बन्ध की दृष्टि से सत्यवती, देवव्रत के पिता की पत्नी होने जा रही है...तो पुत्र ही तो होंगे देवव्रत...

सत्यवती कुछ बोली नहीं। ...सम्बन्ध कुछ भी हो, किन्तु अभी तक भीतर से वह एक साधारण निषाद-कन्या ही थी, जिसने अपने जीवन में पाठशाला या गुरुकुल का कभी मुँह भी नहीं देखा था। घर में साधारण खाना पकाना सीखा था, बाहर निकली तो मछलियों और नौकाओं के विषय में ज्ञान प्राप्त किया...उसकी भाषा तो वैसी नहीं है, जैसी देवव्रत बोलते हैं, न ही उसका स्वर उतना शालीन हो पायेगा...वह चाहे भी, तो भी नहीं...फिर देवव्रत तो राजकुमार हैं, कुरु राज्य के युवराज! सत्यवती न उस राजसी वेशभूषा, राजसी व्यवहार, राजसी वैभव के आतंक को धो सकती है, न अपने मन को चुप करा सकती है।...उसके मन में जैसे कोई बूढ़ा सुग्गा जम कर बैठ गया था, जो देवव्रत का विचार आते ही अपना रटा हुआ वाक्य घोषणा के रूप में दुहराने लगता था, 'सत्यवती! तूने इसका सब कुछ चुरा लिया है।'...सच ही तो, देवव्रत अब युवराज कहाँ रहे? यह रथ, यह किरीट, ये आभूषण, ये राजसी ठाठ...यह सब तो अब सत्यवती की भावी सन्तान का है। यह तो देवव्रत तभी तक ढो रहे हैं, जब तक

सत्यवती की सन्तान जन्म नहीं लेती...

वह रथ से उतरी। दासियों ने सहारा दिया। पर रथ से उतर आने पर भी सत्यवती के मन में यह भय बना ही रहा कि कहीं उसके पैर लड़खड़ा न जायें।

सत्यवती आसन पर बैठ गयी तो देवव्रत अश्वारोहियों की ओर लौट गये। अब सत्यवती थी और दो दासियाँ। अपनी सामान्य स्थिति में सत्यवती को इन दासियों से तनिक भी भय नहीं लगता। वह बहुत सहजता से उनसे समानता का व्यवहार कर सकती थी। उनके गले में बाँहें डाल, उल्लास से नाच भी सकती थी; किन्तु जिस पद पर उसे ला बैठाया गया था—उसकी मर्यादा इसमें थी कि वह उनके साथ समानता का व्यवहार न करे। उनसे बड़ी बन कर दिखाये...स्वयं को ऊँचा और उन्हें नीचा माने...और यह सब उसे आता नहीं था...

प्यास लग रही थी। क्या करे वह? सत्यवती ने पात्र उठा कर पानी पी लिया ...यदि वह राज-परिवार की मर्यादा के उपयुक्त नहीं है, तो न सही। पानी तो उसे पीना ही है। प्यास तो राजाओं को भी लगती ही होगी और पानी तो वे भी अपने हाथ से उठा कर ही पीते होंगे। कोई बच्चे तो हैं नहीं कि दास-दासियाँ, माता-पिता के समान अपने हाथ में पात्र ले कर उन्हें पानी पिलाते होंगे...

पानी पी कर उसने पात्र चौकी पर रखा तो एक दासी ने अपने दोनों हाथों में फल उठा कर, अत्यन्त सम्मानपूर्वक उसकी ओर बढ़ाये।

सत्यवती ने एक फल उठा लिया। फल उसके लिए नया था। जाने क्या नाम था उसका। यमुना-तट के अपने परिचित वनों में से किसी वृक्ष पर उसने ऐसा फल नहीं देखा था। इन राज-परिवारों में फल भी जाने किन वृक्षों से आते हैं...

यात्रा पुनः आरम्भ हुई। जाने क्यों सत्यवती के कानों में देवव्रत का सम्बोधन 'माता' 'माता' बार-बार गूँजता ही चला गया...उसकी आँखों की पुतलियों से एक सद्यःजात बालक जैसे चिपक गया...नन्हा-सा बालक था—आँखें बड़ी-बड़ी, जैसे किसी मद में डूबी हुई हों। होंठ कोमल और सुन्दर आकार के थे, पर वह किसी गम्भीर वयस्क के समान उन्हें बन्द किये हुए था। साँवला रंग था।...नन्हे-से शिशु के समान न तो उसके चेहरे पर दिव्य मुस्कान थी और न वह किसी शारीरिक या मानसिक पीड़ा से रो रहा था...वह शान्त भी नहीं था...वह तो जैसे किसी गहन चिन्तन में डूबा हुआ था...

कमल सरोवर वाले यमुना के द्वीप से लौट कर सत्यवती घर आयी तो अम्मा ने हल्के

से पूछा था, "क्या बात है सत्या! आज बहुत देर कर दी।"

सत्यवती क्या कहती...उसे तो ध्यान ही नहीं था कि वह कहाँ गयी, किस समय गयी, किस समय लौटी...उसे तो अपने चारों ओर कमल-वन खिले हुए दिखायी पड़ रहे थे और उसकी नासिका में जैसे कमल-गन्ध स्थाई रूप से जम गयी थी। उसे स्वयं अपने आपसे अब भी मत्स्य-गन्ध नहीं, कमल-गन्ध आ रही थी। वह पद्म-गन्धा थी।...और इसका ध्यान आते ही भय से जैसे अपने भीतर सिमट गयी ...अम्मा ने भी यह पद्म-गन्ध सूँघ ली तो?...

"हाँ माँ! देर हो गयी।"

वह भीतर चली गयी। माँ भी अपने कामों में लग गयी। दो-एक बार किसी-न-किसी कारण से माँ ने पुकार कर उसे बाहर आने के लिए कहा भी, तो वह टाल गयी, "बहुत थक गयी हूँ माँ!"

माँ ने फिर नहीं पुकारा और सत्यवती अपने में डूबती चली गयी।

...आज जैसे सारा संसार ही बदल गया था उसके लिए। संसार इतना मादक है, यह उसने इससे पहले कभी नहीं जाना था। सुख मन में है, शरीर में है या बाहर संसार में है?...उसने कभी सोचा था यह! आज मन में जाने कैसा उल्लास था, शरीर का रोम-रोम पुलक से भर गया था। संसार के अनेक रहस्य अनायास ही उसके सामने खुल गये थे और जाने क्यों संसार और भी रहस्यपूर्ण हो गया था। भीतर जैसे एक चिनगारी-सी फूटी और 'अग्नि' को पाने की व्याकुलता में प्राण अधीर हो उठे थे...

किन्तु मादकता की इस घनी परत के नीचे कहीं बाबा का ध्यान भी सुगबुगा रहा था...यदि बाबा को इस बात की सूचना हो गयी तो? बाबा उसके इस सम्बन्ध को किस दृष्टि से देखेंगे?...प्रसन्न होंगे? दुःखी होंगे? या कुछ भी नहीं कहेंगे?...

प्रसन्न कैसे होंगे?...अपनी पुत्री के किसी पुरुष से विवाह-पूर्व सम्बन्धों को जान कर कोई पिता कभी प्रसन्न हुआ है कि बाबा होंगे। निषादों में तो आये दिन कोई-न-कोई ऐसा झगड़ा-टण्टा खड़ा होता ही रहता है...जब कभी किसी कन्या के इस प्रकार के सम्बन्ध का पता बाबा को लगा, बाबा ने बहुत निर्मम हो कर उसे दण्डित किया है। और अब अपनी ही पुत्री...

...और फिर एक निषाद-कन्या के एक निषाद-पुत्र से सम्बन्ध की बात कुछ भिन्न भी है। उनका तत्काल विवाह हो सकता है। उनके विवाह में न माता-पिता को विशेष आपत्ति होती है, और न निषाद समाज को।...किन्तु सत्यवती की बात और है...बाबा की दृढ़ धारणा है कि वह राज-कन्या है...किसी क्षत्रिय राजा की पुत्री! उसका विवाह, बाबा निषाद समाज में नहीं करना चाहेंगे। वे उसके लिए किसी

क्षत्रिय राजकुमार का स्वप्न देख रहे हैं...पर वह तपस्वी, निषाद नहीं है, तो क्षत्रिय राजकुमार भी नहीं है...बाबा किसी भी रूप में इस विवाह के लिए तैयार नहीं होंगे ...जीवन की कोई सुख-सुविधा नहीं है, उस तपस्वी के पास। होने की कोई सम्भावना भी नहीं है।

उसके मन ने करवट बदली...बाबा को बताना बहुत आवश्यक है क्या?...कल भी वह अपनी नौका ले कर तपस्वी के पास चली जाये और लौट कर न आये तो? ...वे, वहीं, उस द्वीप पर अपने लिए एक कुटिया बना सकते हैं। उनके खाने के लिए वन में बहुत फल हैं; पीने के लिए यमुना का जल है; क्रीड़ा के लिए वह कमल-सरोवर है...

उसका तन जैसे पुलक उठा।

पर कैसा हठी था मन। उसका सुख, मन से देखा ही नहीं जा रहा था। तत्काल मन ने एक दूसरी ही युक्ति सामने ला रखी...नाव खेना केवल सत्यवती को ही नहीं आता। सारे निषाद यही काम करते हैं। सत्यवती तो केवल यात्रियों को यमुना के आर-पार, लाने-ले जाने की ही अभ्यस्त है, निषाद युवक तो अपनी नौकाओं में बहुत दूर-दूर की यात्राएँ करते हैं। वह द्वीप उनकी पहुँच से बाहर नहीं है। सत्यवती और तपस्वी कितने दिन छिपे रह सकते हैं, उनकी आँखों से। वे सायास या संयोग से, किसी भी दिन उस द्वीप पर भी पहुँच सकते हैं।...नहीं। सत्यवती अपनी दुर्गति नहीं करवाना चाहती। वह अपने बाबा के मुख से अपने लिए वही दण्ड उच्चरित होते नहीं सुनना चाहती, जो ऐसी स्थिति में अन्य निषाद कन्याओं के लिए होता है...

प्रातः सत्यवती कुछ जल्दी ही तैयार हो गयी। वह जब बड़े उत्साह में गुनगुनाती घर से बाहर निकली तो अम्मा ने पीछे से टोका, "अरी इतनी मग्न हुई-सी कहाँ चली जा रही है, इतनी भोर को?"

सत्यवती चौंकी। बिना कुछ बताये ही अम्मा बहुत कुछ समझ रही हैं। वे जानती हैं कि वह मग्न है।...सत्यवती ने मन को चेताया, 'चौकस रहना। भोली नहीं हैं अम्मा हमारी। आकाश पर उड़ते पक्षी को पहचानने वाला धोखा खा भी जाये, पर अम्मा तो निषाद-पुत्री भी हैं और निषाद-पत्नी भी। निषाद-पुरुष तो केवल नाव चलाता है, या जाल फैलाता है। वह शरीर से बलिष्ठ हो सकता है, पर जल के भीतर की थाह तो निषाद-स्त्रियाँ ही पा सकती हैं। वे नाव में बैठी हुईं जल की ऊपरी थिरकन को देख कर बता सकती हैं कि उसके भीतर कौन-सी मछलियाँ हैं और कितनी संख्या में हैं। निषाद-पुरुष जाल फेंकने से पहल अपनी स्त्री की ओर अवश्य

देखता है। संकेत मिलता है तो जाल उछाल देता है, नहीं तो जाल उसके हाथ में ही सिमटा रहता है।...जिनकी आँखें, जल की अथाह गहराई में सब कुछ देख लेती हैं, उन निषाद-स्त्रियों की मुखिया—अम्मा—अपनी बेटी के चेहरे को देख यह नहीं भाँप पायेंगी कि उसके मन में क्या है? चेहरे से मन की दूरी ही कितनी है? और सत्यवती का मन उतना गहरा भी तो नहीं है, जितना कि यमुना का जल...अम्मा से कुछ छिपा कर रखना कठिन ही होगा...'

"अपनी नौका पर जा रही हूँ अम्मा!" सत्यवती ने सहज होने का प्रयत्न किया।

वह बाहर आ गयी थी और नहीं चाहती थी कि लौट कर अम्मा के सामने पड़े। ऐसा न हो कि अम्मा उसके चेहरे से कुछ और भी भाँप लें। "दो-चार फेरे अधिक लगा लेगी तो कौन बदले में राज्य पा जायेगी।" अम्मा ने पीछे से कहा, "धर्मार्थ नौका पर इतनी भोर जाने का कोई धर्म नहीं है। वहाँ कौन बैठा तेरी बाट जोह रहा है।"

"जाने कोई दुखिया रात से ही अटका हो कि भोर हो तो उस पार जाये।" सत्यवती स्वयं हैरान थी कि वह क्या कह गयी।

पर अम्मा इस सरलता से मानने-वाली थीं क्या, "पथिक है या चकवा।" वे बोलीं, "कि रात-भर चकवी से विलग हो रोता रहा हो।"

सत्यवती का मन कह रहा था, 'वह चकवा ही है अम्मा! रात-भर बापुरे की आँख नहीं लगी होगी।'...पर उसके विवेक ने जैसे जिह्वा को-सी दिया, 'चुप रह दुष्ट! तू तो सत्यानाश करा कर रहेगी।'

सत्यवती कुछ नहीं बोली, तो अम्मा ही बोली, "तेरे यात्री तो तापस-तपस्वी होते हैं। वे प्रातः अपनी पूजा-उपासना में लगे होंगे। इस ब्रह्म मुहूर्त में नदी पार करने को उत्सुक तो कोई तपोभ्रष्ट योगी ही होगा।"

सत्यवती का मन नाच-नाच कर कह रहा था, 'अम्मा! जाने वह कैसा योगी है, पर मैं उसी की जोगन हूँ। तू मुझे रोक कर अपने तप से भ्रष्ट मत कर।'

पर सत्यवती को रुकना पड़ा। न रुकती और अम्मा हठ पकड़ जातीं तो संकट और भी बढ़ जाता।...पर यह रुकना कितना तड़पा गया था सत्यवती को। जितनी देर घर में रही, जाल में फँसी मछली के समान तड़पती रही।...घर से जब चली तो ऐसे चली, जैस धनुष से बाण छूटा हो।...एक बार मन में आया भी कि वह तो ऐसे भागी जा रही है, जैसे सचमुच तपस्वी सारी रात वहीं बैठा रहा हो। जाने वह कहाँ होगा...जाने उसका स्थान कहाँ है। कहीं है भी या रमता जोगी...

पर उसने अपनी आशंकाओं को हठपूर्वक झटक दिया और जैसे उनसे खेल-सा करती हुई बोली, 'हाँ! हाँ! मेरे तपस्वी का स्थान यमुना के तट पर मेरी नौका के पास

है। वह तपस्या कर रहा होगा, मेरे दर्शनों के लिए।...'

पर उसका परिहास चल नहीं पाया। जाने अचानक क्या हुआ...हृदय धक-सा रह गया...वह तपस्वी है...ऋषि पराशर। तपस्वी को कोई मोह-ममता नहीं होती। किसी भी क्षण मन में समा गया कि यह सब मोह-माया है, तो सारे बन्धन तोड़ कर चल देगा योगी।...संसार के सारे सुख-वैभव को ठुकरा कर तपस्या करने वाले तपस्वी को सत्यवती का रूप बाँध लेगा क्या? उसका तपस्वी साधारण संन्यासी नहीं है कि गृहस्थी से परेशान हो कर, केश बढ़ा, आँखें मूँद कर बैठ गया हो...वह ऋषि पराशर है, वसिष्ठ का पौत्र, शक्ति का पुत्र, जिसकी राज-परिवारों में भी मान्यता है। ये क्षत्रिय राजा कितना सम्मान करते हैं ऋषियों का। एक बार किसी राजकुमारी को भी माँग लें, तो राजा के मुख से 'ना' नहीं निकलेगा...

आशा-निराशा के बीच ऊब-डूब करती सत्यवती, यमुना-तट पर अपनी नौका के पास पहुँची थी और देख कर अवाक् खड़ी रह गयी थी : तपस्वी उसकी नौका में समाधि लगाये बैठा था। सत्यवती का मन हुआ, दौड़ कर जाये और अपने तापस के गले में बाँहें डाल दे...पर आस-पास अनेक निषाद स्त्री-पुरुष थे। वैसे भी सत्यवती का मन तो बौराया हुआ था। उसकी मान कर चलती तो सब मटियामेट हो जाता।

उसने बहुत धीरे से नाव में पैर रखा ताकि न नाव डोले, न तपस्वी का ध्यान भंग हो। बिना शब्द किये, उसने चप्पू उठा लिए और नाव को खिसकाया। नाव डोली तो तपस्वी ने आँखें खोल दीं और उसके अधरों पर एक अलौकिक मुस्कान आ विराजी...

"बड़े कच्चे साधक हो।" सत्यवती वक्रता से मुस्कुरायी, "इतनी-सी बात से समाधि भंग हो गयी।"

"तपस्या के वरदान-सी तुम आयीं तो समाधि का सुख चाहिए किसको?" वह मुस्कुराया।

"यह क्यों नहीं कहते कि बगुले के समान आँखें मूँदने का नाटक कर, मछली के आने की राह देख रहे थे। मछली दिखी तो उचक ली। अब ध्यान कर करना ही क्या है।" जाने कौन-सी ऊर्जा उसे इतना वाचाल बना रही थी।

तपस्वी हँसा। उसके श्यामल चेहरे पर उसके उजले दाँतों की पंक्ति सत्यवती के मन में मेघों भरे आकाश में उड़ती बगुलों की पाँत का बिम्ब जगा गयी।

"तपस्वी! तुम्हें मेरी बात बुरी तो नहीं लगी?"

"बुरी क्यों लगेगी?"

"समाज में तुम्हारी प्रतिष्ठा है और मैं...।"

"तुम कवयित्री हो पद्मगंधा! तुम्हारे मुख से प्रकृति का संगीत झरता है।"

तपस्वी ने उसे मुग्ध दृष्टि से देखा, "तुम अपना महत्त्व नहीं जानतीं। कैसे जानोगी! तुम्हारे पास अपनी दृष्टि है, मेरी नहीं। मैंने आज तक केवल अपनी माँ का सौन्दर्य ही देखा था और उसी पर मुग्ध था...!"

"तुम्हारी माँ बहुत सुन्दर हैं?" सत्यवती ने उसे टोक दिया, "कहाँ रहती हैं तुम्हारी अम्मा?"

"मेरी माँ तो सब जगह रहती हैं।"

"सब जगह?"

"हाँ! सब जगह! मैं तो माता प्रकृति की बात कर रहा हूँ।" तपस्वी की आँखों का मुग्ध भाव क्रमशः उसके चेहरे पर संचित होता जा रहा था, "मैंने आज तक प्रकृति से सुन्दर कुछ भी नहीं देखा था। पर कल तुम्हें देखा, तो लगा, प्रकृति का सारा सौन्दर्य तुममें केन्द्रीभूत हो गया है। पद्मगंधे! तभी मेरी समझ में आया कि माँ की आवश्यकता पुरुष को तभी तक होती है, जब तक वह अबोध होता है। बोध होने पर उसे माँ की नहीं, प्रिया की आवश्यकता होती है, जिससे वह अपने वयस्क प्रेम की प्रतिध्वनि पा सके..."

"तपस्वी! तुम्हारी बात मेरी समझ में नहीं आ रही।"

"शब्दों का अर्थ समझना आवश्यक नहीं प्रिये! मेरे मन का अर्थ तुम समझ रही हो।" तपस्वी मुस्कुराया, "वयस्क होने पर पुरुष समझता है कि माँ प्रकृति का सारा सौन्दर्य नारी में संचित होता है; और नारी-सौन्दर्य का केन्द्रीयभूत स्वरूप तुम हो पद्मगंधे!"

सचमुच सत्यवती उसके शब्द नहीं समझ रही थी, पर उसके मन को समझ रही थी। उसके लिए इतना ही पर्याप्त था कि तपस्वी उसकी प्रशंसा कर रहा था। शब्द न भी समझे तो क्या। जब यज्ञ होता है और ऋषि लोग ऋचाओं का गायन करते हैं तो भी सत्यवती को शब्द समझ में नहीं आते, पर सत्यवती समझती है कि वे ईश्वर की उपासना कर रहे हैं।

नौका फिर उसी द्वीप में आ लगी थी। तपस्वी ने उसका हाथ पकड़ कर उसे नौका से उतारा।...पर आज सत्यवती का मन उल्लसित होते हुए भी आशंकित था। वह सरोवरों में कमल-दलों के बीच, तपस्वी के साथ मत्स्य-कन्या के समान तैरना नहीं चाहती थी...वह उद्यानों में दो तितलियों के समान पुष्प-पराग का पान करते हुए उड़ना नहीं चाहती थी...वह आज एकान्त वृक्ष की छाया में तपस्वी के पास बैठ कर शान्ति से कुछ गम्भीर बातें करना चाहती थी...जाने एक ही दिन में वह इतनी प्रौढ़ कैसे हो गयी थी...

"तपस्वी! तुम्हें यह तो नहीं लगता कि मैं तुम्हारी तपस्या के मार्ग में विघ्न

बन कर आयी हूँ?" वह अत्यन्त गम्भीर थी।

तपस्वी ने दोनों हाथों से उसके कंधे थाम लिए, "पद्मगंधे! तुम मेरी तपस्या की बाधा नहीं, तपस्या की परिणति हो...।"

सत्यवती नहीं समझ पायी कि वह उसकी प्रशंसा कर रहा है या नहीं।

"आज तुम कुछ न भी कहो," वह बोली, "पर कल तुम्हें लगने लगे कि मेरे कारण तुम तपोभ्रष्ट हो गये हो। तुम्हें मुझसे वितृष्णा हो जाये तो मैं कहीं की नहीं रहूँगी...बाबा मुझे ऋषि विश्वामित्र की कहानी सुनाया करते थे। ऋषि मेनका के साथ तो विहार करते रहे, पर जब शकुन्तला गोद में आ गयी तो उसे फेंक, वन में तपस्या करने चल दिये।"

तपस्वी मुस्कुराया, "चिन्ता मत करो प्रिये! प्रत्येक तपस्वी विश्वामित्र नहीं होता। तुमने हमारे उन महान् तपस्वियों के विषय में नहीं सुना, जो गृहस्थ हैं। अपनी पत्नी और सन्तान के साथ रह कर साधना करते हैं।..." तपस्वी ने सत्यवती को अपनी बाँहों में ले लिया, "और विश्वामित्र ने मेनका को नहीं छोड़ा था। मेनका ने ही विश्वामित्र को छोड़ दिया था। वह किसी की पत्नी नहीं हो सकती थी। वह तो इन्द्र के दरबार की अप्सरा थी। ऋषि की तपस्या भंग करने आयी थी। अपना लक्ष्य पूरी कर इन्द्रलोक लौट गयी।...क्या तुम भी मुझे छोड़ कर चली जाओगी?"

सत्यवती क्या कहती! वह स्वयं नहीं जानती थी कि उसके भाग्य में क्या है। वह अम्मा और बाबा पर इतनी आश्रित थी कि स्वयं स्वतन्त्र रूप से कोई निर्णय करने की बात वह सोच ही नहीं सकती थी। बाबा इस विवाह के लिए तैयार होंगे क्या?...

और तपस्वी अपनी मौज में कहता जा रहा था, "हम हिमालय की तलहटी में किसी ऐसे स्थान पर एक कुटिया बनाएंगे, जहाँ पास ही कोई स्वच्छ नदी बहती हो। हो सकता है कि मैं एकान्त साधना न कर कोई आश्रम स्थापित करूँ। शिष्यों की कोई कमी नहीं होगी। मैं शिष्यों को पढ़ाऊँगा। साधना कर अपना आध्यात्मिक अनुभव बढ़ाऊँगा और तुम गृहस्थी के छोटे-बड़े काम सँभालना। शेष समय में तुम भी अध्ययन करना। तुम्हारी बुद्धि तीक्ष्ण है। अधिक समय नहीं लगेगा। बहुत जल्दी विदुषी हो जाओगी। मैं तुम्हारे आनन से पढ़ सकता हूँ, तुम असाधारण महत्त्व की नारी हो। नौका खेने के लिए भगवान ने तुम्हें यह रूप नहीं दिया है...।"

सत्यवती के मन की आशंकाएँ अट्टहास कर हँस उठीं। सत्यवती का मन हुआ, चीत्कार कर कहे, "तपस्वी! ऐसे स्वप्न न दिखाओ, जिनके टूटने से हृदय से लहू टपकने लगे।"

एक ओर तपस्वी था, दूसरी ओर बाबा। जाने वे क्या कहें। यदि वे न माने

तो? सत्यवती के पास तो कोई विकल्प नहीं है। शायद तपस्वी के पास हो।

"और यदि बाबा हमारे विवाह के लिए न माने तो?" अन्ततः उसके मुख से निकल ही गया।

"तो हम गान्धर्व विवाह कर लेंगे।" तपस्वी तनिक भी विचलित नहीं हुआ।

"वह क्या होता है।" सत्यवती ने पूछा।

"जब वर और कन्या माँ प्रकृति को साक्षी मान किसी वृक्ष के चारों ओर सप्तपदी...।"

"नहीं! मुझे शकुन्तला और दुष्यन्त वाला विवाह नहीं करना है।" सत्यवती अनायास ही कह गयी, "मेरे बाबा कण्व ऋषि नहीं हैं। वे मुझे क्षमा नहीं करेंगे। और फिर तुम दुष्यन्त के समान मुझे छोड़ गये तो मैं कहाँ-कहाँ प्रमाणित करती रहूँगी कि मैं तुम्हारी पत्नी हूँ।"

तपस्वी ने शान्त दृष्टि से उसे देखा, "तुम क्या चाहती हो पद्मगंधे?"

"अपने बाबा का आशीर्वाद!"

"और यदि वह न मिला तो?"

"तो...तो...।" सत्यवती कुछ कह नहीं पायी।

"प्रिये!" तपस्वी का स्वर और भी मधुर हो गया, "वयस्क हो जाने पर जैसे पुरुष को माता की नहीं, पत्नी की आवश्यकता होती है।"

"मैं जानती हूँ तपस्वी!" सत्यवती बोली, "किन्तु बाबा से पूछे बिना नहीं।"

तपस्वी कुछ देर मौन रहा, जैसे किसी द्वन्द्व में उलझ गया हो। फिर धीरे-से बोला, "तो कमलनयने! अपने बाबा से पूछ लो कि वे कन्यादान करेंगे या नहीं। या कहो तो मैं उनसे तुम्हारी याचना करूँ?..."

"नहीं!" सत्यवती बोली, "मैं ही पूछूँगी।"

तपस्वी मौन रहा। कुछ नहीं बोला, उसकी आँखों से झरते अनुराग के सोते सूख गये थे। वहाँ चिन्ता की कँटीली झाड़ियाँ उग आयी थीं।

"मैं चलूँ?" सत्यवती ने पूछा।

"जाओ।" तपस्वी के स्वर में हल्की-सी थरथराहट थी, "मैंने इसी द्वीप का बन्दी होने का निर्णय किया है। मैं यहीं तुम्हारी प्रतीक्षा करूँगा। यहाँ अपनी कुटिया बनाऊँगा। यदि तुम्हारे बाबा ने मेरे साथ विवाह की स्वीकृति दे दी तो यहाँ हमारी गृहस्थी बसेगी; अन्यथा यह मेरी साधना-भूमि हो जायेगी।"

सत्यवती ने कुछ नहीं कहा। उसका मन रोने-रोने को हो रहा था। तपस्वी के मुख की ओर देखने का उसका साहस नहीं हो रहा था।...वह जानती थी, यदि अब भी तपस्वी उसे थाम लेता और कहता, 'सत्यवती! तुम मेरी हो।' तो शायद सत्यवती

घर भी न लौट पाती। किन्तु उसका विवेक उसे लगातार चौकस कर रहा था, 'सत्यवती! उठ! चल! इससे पहले कि तपस्वी फूट पड़े, तू चल पड़। नहीं तो बहुत देर हो जायेगी।...'

सत्यवती का ध्यान सहसा बहिर्मुखी हुआ।

रथ के आगे-आगे चलनेवाला दल धीमा हो गया था और हस्तिनापुर का नगर-द्वार दिखायी पड़ रहा था।

'लगता है कि हस्तिनापुर आ गया।...' जानते-बूझते हुए भी सत्यवती ने अपने मन को विश्वास दिलाने का प्रयत्न किया।

सत्यवती का मन जैसे अपने सारे विस्तार को अतीत में से समेट रहा था। इस समय वर्तमान बहुत महत्त्वपूर्ण था। दासराज का अपनी पोष्य पुत्री को क्षत्रिय राजा से ब्याहने का स्वप्न पूरा होने जा रहा था।...किन्तु सत्यवती ने तो इस प्रकार का कोई स्वप्न नहीं देखा था। उसके लिए तो वर्तमान का प्रत्येक क्षण एक चुनौती था। प्रत्येक निमिष उसकी परीक्षा ले रहा था। जाने कैसी-कैसी अपेक्षाएँ थीं उससे। जाने कुरुकुल की रानी बन कर उसे क्या-क्या करना था...आश्वासन था तो यही था कि राजा शान्तनु उसे देख चुके थे, उसे पसन्द कर चुके थे और याचना उनकी ओर से ही हुई थी। देवव्रत एक बहुत बड़ा मूल्य दे कर उसे लाये थे।...इस राजकुल में सहज ही उसकी अवहेलना नहीं हो सकती थी। उसका अपमान ही करना होता तो उसे इस प्रकार याचना करके क्यों माँगा जाता।...पर फिर भी उसे दास-दासियों और कर्मचारियों के उपहास का पात्र नहीं बनना था...

रथ रुक गया।

देवव्रत का अश्व आगे बढ़ा। द्वार के सैनिकों ने झुक कर उन्हें प्रणाम किया और युवराज देवव्रत की जय-जयकार के साथ द्वार खुल गया। साथ आये सैनिक सिमट कर एक टुकड़ी के रूप में सत्यवती के रथ के पीछे खड़े हो गये।

नगर के भीतर से सजी-धजी राजकन्याओं का एक दल प्रकट हुआ। उन्होंने युवराज की आरती उतारी और उनको तिलक लगाया। आगे आ कर उन्होंने उत्सुक नेत्रों से सत्यवती को भी देखा। उसका भी स्वागत कर, उस पर पुष्प-वर्षा कर वे लौट गयीं।

देवव्रत ने आगे-आगे नगर में प्रवेश किया। उनके पीछे-पीछे सत्यवती का रथ था। मार्ग के दोनों ओर उत्सव के माँगलिक वेश में सज्जित सैनिक खड़े युवराज की जय के गगन-भेदी उद्घोष कर रहे थे। दोनों ओर के भवनों की अटारियों पर स्त्रियाँ

सोलहों शृंगार किये खड़ीं अपनी उल्लसित हँसी के साथ-साथ फूलों की पँखुड़ियाँ बिखेर रही थीं...

सत्यवती ने ऐसा वैभवशाली नगर पहले नहीं देखा था...और यह तो नगर का वैभव था। राजा का वैभव कैसा होगा...

और तभी सत्यवती ने अपने मन को पहचाना...वह शायद देवव्रत के वैभव, सत्ता और लोकप्रियता से आतंकित हो उठा था।...ऐसा लग रहा था, जैसे यह सब कुछ देवव्रत का ही था। सैनिक अपने युवराज को देख कर कितने प्रसन्न थे। लोगों के मन में कितना स्नेह था उसके लिए।...जब लोगों को पता चलेगा कि सत्यवती के बाबा ने सत्यवती सौंप कर देवव्रत से उसके सारे अधिकार छीन लिये हैं, तो उनके मन में सत्यवती के लिए कैसा भाव जागेगा? सत्यवती हस्तिनापुर की महारानी बनने आयी है...शायद इतने में भी किसी को आपत्ति न होती। महारानी बन कर, सत्यवती देवव्रत का कुछ नहीं छीन रही थी; किन्तु सत्यवती की सन्तान तो देवव्रत से उसका युवराजत्व भी छीन लेगी। यह राज्य देवव्रत का नहीं रहेगा, यह नगर देवव्रत का नहीं रहेगा...तो यह प्रजा सत्यवती और उसकी सन्तान के विरुद्ध खड़ी नहीं हो जायेगी? ...बाबा ने कहा था, वह सत्यवती को, देवव्रत जैसे समर्थ व्यक्ति को वंचित करने के लिए भेज रहे हैं...

और यदि देवव्रत अपने अधिकारों के लिए अड़ जाये? उससे उसके अधिकारों को कौन छीन सकता है?...सत्यवती की दृष्टि देवव्रत की पीठ पर टिक गयी।... यह वीर मूर्ति...उनका धनुष...उनका खड्ग...सत्यवती का मन अपनी असहायता पर रोने-रोने को हो आया...

रथ राजभवन के द्वार पर आ कर रुक गया। दासियाँ रथ से नीचे उतर आयीं। प्रासाद से निकल-निकल कर दास-दासियों की एक पूरी सेना उनके स्वागत के लिए खड़ी हो गयी।

देवव्रत ने आ कर हाथ जोड़ कर निवेदन किया, "माता! पधारें! यह आपका प्रासाद है। आप विश्राम करें।"

अत्यन्त सुन्दरी दासियों ने आगे बढ़ कर हाथ जोड़े, "देवी! पधारें।"

सत्यवती रथ से उतर आयी। दासियाँ मार्ग दिखाती रहीं और वह चुपचाप आगे बढ़ती गयी।...

सब कुछ युवराज देवव्रत पर ही निर्भर है—सत्यवती का मन कह रहा था—वही उसका सबसे बड़ा सहायक हो सकता है और वही सबसे बड़ा विरोधी...पर बाबा ने उसे इसलिए कुरुकुल के राजप्रासाद में नहीं भेजा था कि वह देवव्रत को अपना विरोधी बना कर, प्रत्येक अधिकार और सुख-सुविधा से वंचित हो जाये...

सन्ध्या समय सत्यवती को एकदम अनमनी देख कर बाबा ने पूछा था, "क्या बात है सत्या! इतनी उदास क्यों हो?"

"कुछ नहीं बाबा! यूँ ही सोच रही थी।"

"ओह-हो! अब हमारी बिटिया सोचने भी लगी है।" बाबा हँसे थे, "क्या सोच रही हो सत्या?"

"यमुना-तट पर इतने तपस्वी रहते हैं। वे लोग अपना सब कुछ छोड़ कर अपने-आपको तपा रहे हैं। और दूसरी ओर हम लोग हैं, जो दिन भर–सूर्योदय से सूर्यास्त तक नौका चलाना, यमुना में जाल डालना, मछली पकड़ना, उसे सँभालना और फिर हाट में जा कर बेचना...हम एक दूसरे प्रकार से अपने-आपको तपा रहे हैं..."

बाबा ने चकित हो कर उसे देखा, "तो सचमुच सत्या बड़ी हो गयी है। वह तो बड़ी-बड़ी बातें सोचने लगी है।...पर तू यह सब क्यों सोचती है सत्या?"

मुस्कुराने के लिए सत्यवती को प्रयत्न करना पड़ा, "बाबा! जान-बूझ कर नहीं सोचती। जैसे किसी भी हलचल से नदी में लहरें उठती हैं, वैसे ही किसी भी दृश्य या ध्वनि से मेरे मन में विचार उठते हैं। सोचती हूँ...कौन अधिक सुखी है–दिन-भर मरते-खपते हमारे केवट-मछुए या सबकुछ त्याग, वनों में जा बैठे ये तापस-संन्यासी।"

बाबा स्पष्ट रूप से चिन्तित हो उठे थे, "बेटी! न मैं बहुत बुद्धिमान हूँ, न विद्वान् और न चिन्तक! मैंने तो जो सीखा है, अपने जीवन से सीखा है। तुमने अपनी तुलना संन्यासियों से की है; किन्तु मैंने आज तक अपनी तुलना राजाओं और राज-परिवारों से की है।" बाबा ने स्नेह-भरी एक दृष्टि सत्यवती पर डाली, "सुखी तो केवल राज-परिवार है। उसके पास सबकुछ है : धन-सम्पत्ति, अधिकार-सेवक, सैनिक-शस्त्र...सब कुछ! हम, वह सब प्राप्त करने का प्रयत्न कर रहे हैं। तपस्वी तो वे लोग हैं बेटी! जो उपलब्धियों से निराश हो चुके हैं। उन्होंने सुख-सुविधाएँ प्राप्त करने का प्रयत्न ही छोड़ दिया है। उन्होंने शस्त्र डाल दिये है; संघर्ष त्याग दिया है; महासमर से मुख मोड़ लिया है। वे लोग जीवन से हार चुके हैं पुत्री!"

पर सत्यवती को तो अपना तपस्वी कभी भी हारा हुआ, उदास, परेशान, हताश नहीं लगा था।...जब पहली बार उसकी नाव में आ कर बैठा था तो बड़ा आत्मलीन-सा था। कितना शान्त और आश्वस्त। उसके पश्चात् जब वह सत्यवती पर मुग्ध हुआ तो उसके नयनों का उल्लास तो कोई सीमा ही नहीं जानता था। उसे सत्यवती हताश और निराश कैसे मान ले। निराश तो वह तब हुआ था, जब सत्यवती ने कहा था कि शायद बाबा विवाह के लिए न मानें...

"बाबा!"

बाबा ने उसकी ओर देखा, "क्या बात है बेटी?"

"कहीं ऐसा तो नहीं कि हम उसके पीछे पड़े हैं, जो हमें नहीं मिल सकता और इसलिए हम सुखी नहीं हैं..."

बाबा हँस पड़े, "और तपस्वी इस सत्य को जान गये हैं कि हमें सुख नहीं मिल सकता, इसलिए उनके पास धन का सुख चाहे न हो, सन्तोष का सुख तो है...।"

"हाँ बाबा!"

बाबा गम्भीर हो गये, "तू जब नौका चलाती है तो तेरे शरीर को श्रम करना पड़ता है न?"

"हाँ बाबा!"

"तू उसे सुख मानती है या दुख?"

"वह तो मेरा सहज धर्म है बाबा! न सुख, न दुख!"

"उस समय तेरी नाव किसी नौका के आगे होती है, किसी के पीछे।"

"हाँ बाबा!"

"पर फिर भी आगे-पीछे किसी समय तू नदी पार कर ही जायेगी।"

"हाँ।"

"और यदि तू नाव चलाये ही नहीं। इसी किनारे बैठी रहे तो तू सुखी होगी या दुखी?"

"दुखी होऊँगी बाबा!"

"क्यों बेटी?"

"क्योंकि एक तो मेरा शरीर अपना श्रम-धर्म नहीं निभायेगा तो आलसी हो कर जुड़ता जायेगा और दूसरे मैं कभी नदी पार नहीं कर पाऊँगी।"

"ठीक है बेटी! बाबा बोले, "राजा लोग वे हैं, जो नदी के पार पहुँच गये हैं। हम वे लोग हैं, जो आगे-पीछे अपनी नौकाएँ चला रहे हैं। तपस्वी वे हैं, जो नदी के इस ओर, यह मान कर बैठ गये हैं कि हम नदी के पार पहुँच ही नहीं सकते।"

सत्यवती कई क्षणों तक चुपचाप बाबा को देखती रही, फिर जैसे साहस जुटा कर बोली, "एक बात पूछूँ बाबा!"

"पूछ बेटी!"

"आप बुरा तो नहीं मानेंगे?"

"तू इतनी बुरी बात पूछने वाली है क्या?"

"नहीं! पर आप कहीं यह न मान लें कि मैं अशिष्ट हो गयी हूँ। बड़ों के साथ विवाद करती हूँ।"

"नहीं बेटी! तू पूछ। क्या पूछती है।"

"बाबा! नौकाओं की दौड़ में चाहे कोई जीते या हारे; प्रत्येक नाविक हाँफ जाता है। पर किनारे पर खड़ा दर्शक किसी की भी जीत-हार में नहीं है, इसलिए प्रत्येक स्थिति में प्रसन्न है। सांसारिक जीव क्या नौका-दौड़ का प्रतिस्पर्धी और तपस्वी किनारे पर खड़ा दर्शक नहीं है?"

"साधारण गृहस्थ दौड़ का प्रतिस्पर्धी नहीं होता बेटी। वह तो चल रहा होता है। वह केवल अपना धर्म निभा रहा है, इसलिए दुखी नहीं है।" बाबा ने कहा, "मैं अपना धर्म निभा रहा हूँ। तू अपना निभा! निश्चित् रूप से तू राज-कन्या है सत्यवती। तू किसी राजा को ही प्राप्त करेगी। मैं पहुँचूँ-न-पहुँचूँ–तू नदी के पार पहुँचेगी; तू राज-वधू होगी पुत्री! यदि किसी संन्यासी को ही सौंपना होता, तो मैं कब से तेरा कन्यादान कर चुका होता बेटी!"

"मैं अपनी बात नहीं कह रही बाबा!" सत्यवती ने कुछ अतिरिक्त प्रयत्न के साथ कहा।

"तू अपनी बात नहीं कह रही, पर मैं तेरी बात कह रहा हूँ।" बाबा मुस्कुराये, "तू राज-कन्या है। तेरा धर्म त्याग में नहीं, ग्रहण में है। मछली पानी में ही जीवित रहती है सत्यवती! हवा में आते ही उसके प्राण निकल जाते हैं–हवा कितनी भी सुखद क्यों न हो। तू त्यागमय जीवन में जीवित नहीं रह पायेगी।" बाबा उठ कर बाहर जाने को तैयार हुए, पर द्वार के बाहर जाते-जाते वे फिर लौट आये, "और तू इतना सोचा मत कर बेटी! अभी सोचने का वय नहीं है तेरा! सोचने का काम तू मुझ पर और अपनी अम्मा पर छोड़ दे।..."

बाबा चले गये और सत्यवती सोचती ही रह गयी; क्या बाबा उसके विषय में सब कुछ जानते हैं? यदि जानते हैं तो इतने शान्त कैसे हैं? और नहीं जानते तो इतना सटीक कैसे बोल गये, जैसे सारी बात उसी के विवाह को ले कर चल रही हो...

बाबा कहते हैं कि वह राज-कन्या है–वह उसका विवाह किसी राजकुमार से ही करेंगे...तब कैसा होगा जीवन सत्यवती का?...दास-दासियाँ, हाथी-घोड़े, रहने के लिए प्रासाद...यात्रा के लिए रथ और साथ चलने के लिए अंग-रक्षक...सत्यवती की कल्पना में सब कुछ बहुत सजीव हो उठता है, पर जैसे ही अपनी कल्पना में वह राजकुमार की छवि आँकने का प्रयत्न करती है, तपस्वी पराशर की आकृति आ कर उसकी कल्पना के सारे चित्रों को वैसे ही ढँक लेती है, जैसे इन्द्रधनुष आ कर सारे आकाश पर आरोपित हो जाता है।

सत्यवती के कण्ठ से एक गहरा निःश्वास फूटा, 'कहीं मेरा तपस्वी ही कोई राजकुमार होता...'

अगले दिन से सत्यवती का नाव चलाना दूभर हो गया। वह नाव में बैठती तो उसे लगता कि उसकी नाव तपस्वी के टापू की ओर भागती जा रही है। हर समय उसके चप्पू अपनी नाव को उस टापू से दूर ठेलते रहते और सारे प्रयत्नों के बाद भी नौका उसी टापू की ओर बढ़ जाती। अन्ततः हार कर सत्यवती नाव को किनारे से लगा कर अपना सिर पकड़, रेत पर बैठ जाती...जाने नाव में ही कोई हठी प्रेत आ बैठा था, जो उसे किसी दूसरी दिशा में चलने ही नहीं देता था, या सत्यवती का अपना ही दिशा-ज्ञान खो गया था...या कभी-कभी उसे लगने लगता था कि उसकी नाव में दो लम्बी रस्सियाँ बँधी हुई हैं। एक का सिरा टापू में बैठे तपस्वी के हाथ में है और दूसरी का सिरा हाथ में पकड़े, बाबा अपने स्थान पर खड़े हैं। जैसे ही सत्यवती नौका में बैठती है, दोनों अपनी-अपनी रस्सियाँ खींचने लगते हैं। उसी क्षण से सत्यवती का मन काँपने लगता है...तपस्वी युवक है, बलवान है। बाबा बूढ़े हैं, निर्बल हैं।...कहीं तपस्वी जीत ही न जाये। तपस्वी को पा कर सत्यवती प्रसन्न होगी; किन्तु अपने बाबा को पराजित देख कर उसका मन टूट जायेगा...

अन्ततः उसे अपने-आपको साधना ही पड़ा : वह तपस्वी के पास नहीं जायेगी। वह तपस्वी से नहीं मिलेगी।...किन्तु उसे लगा, उसका तन और मन दोनों ही रुग्ण होते चले जा रहे हैं। तपस्वी के पास वह जायेगी नहीं और अन्यत्र कहीं जाने का उसका मन ही नहीं होता था। जीवन का रस जैसे सूख गया था।

अम्मा ने एक दिन गहरी दृष्टि से उसे देखा, "क्या हुआ है तुझे?"

"कुछ भी तो नहीं अम्मा!"

"तो होंठ क्यों सूख रहे हैं तेरे? चेहरा क्यों पीला पड़ गया है?"

"नहीं तो! ऐसा तो कुछ नहीं है।"

अम्मा चुपचाप उसे देखती रहीं और फिर उन्होंने बाबा को भी पुकार लिया।

बाबा आये तो अम्मा बोली, "देख रहे हो अपनी लाड़ली को? क्यों सूखती जा रही है यह?"

"द्वन्द्व है इसके मन में!" बाबा बहुत शान्त स्वर में बोले, "तपस्वी या राजकुमार?"

अम्मा की दृष्टि और भी तीखी हो गयी, "पुरुष-संग किया है तूने?"

सत्यवती क्या कहती। न स्वीकार कर सकती थी, न अस्वीकार। उसने चुपचाप सिर झुका दिया।

"कौन है वह?" अम्मा की आँखें लाल होने लगीं।

पर बाबा ने अद्भुत धैर्य का प्रमाण दिया। उन्होंने अम्मा के कंधे पर हाथ रखा, "शान्त रहें सत्या की माँ! बेटी है हमारी! शत्रु नहीं है।"

"काम तो उसने शत्रु का-सा ही किया है।" अम्मा शान्त नहीं हुई, "इसे तो चीर कर यमुना में डाल दो। मच्छ खा जायें इसे।"

"नहीं!" बाबा की शान्ति तनिक भी भंग नहीं हुई, "इसने बेटी का धर्म निभाया है। हमें माता-पिता का धर्म निभाना है।"

"क्या कहना चाहते हो?"

बाबा अपने गहरे स्वर में बोले, "एक तपस्वी में अनुरक्त हुई थी सत्या। मुझसे इसने संकेतों में पूछा और मैंने अपना निर्णय संकेतों में दे दिया। तब से सत्या एक बार भी नहीं मिली उस तपस्वी से।" बाबा की आँखों में स्नेह उमड़ आया, "इसने लाज रख ली मेरी। अब मुझे इसकी लाज रखनी है।"

"कानीन सन्तान को जन्म दे कर यह तुम्हारी लाज रख रही है," अम्मा सन्तुष्ट नहीं थीं।

"नहीं!" बाबा बोले, "तपस्वी तो कानीन सन्तान में भी अधर्म नहीं देखता। न ही वह गान्धर्व-विवाह को धर्म-विरुद्ध मानता। पर अब क्षत्रिय राजा कानीन सन्तान के पक्ष में नहीं हैं।...यदि सत्या का विवाह किसी राजकुमार से करना है तो इस तथ्य को अब छिपाना होगा। सत्या तपस्वी की भार्या नहीं बनेगी, कन्या ही रहेगी।...यह सबकुछ मान कर क्या सत्या ने मेरी लाज नहीं रखी?"

अम्मा कुछ नहीं बोली; पर उनके हाव-भाव बता रहे थे कि वह बाबा से सहमत नहीं है।

बाद की सारी व्यवस्था बाबा ने स्वयं ही कर दी थी। प्रसव के बहुत पहले से ही वह अपने ग्राम से हट गयी थी। प्रसव तपस्वी के उसी टापू में हुआ था और सत्यवती ने अपने हाथों से वह बालक अपने तपस्वी, ऋषि पराशर को सौंपा था, "इसका ध्यान रखना।"

तपस्वी के मुखड़े पर अब वह बावरापन दिखायी नहीं देता था, न सत्यवती का सान्निध्य उसे उन्मादी बनाता था। इस अवधि में जहाँ इधर सत्यवती ने अपने-आपको साध लिया था, उधर तपस्वी ने भी स्वयं को कस लिया लगता था।

तपस्वी ने बड़ी स्निग्ध मुस्कान बिखेरी थी शिशु पर, "निश्चिन्त रहो। तुम नहीं मिलीं तो अब मेरा सबकुछ यही है—कृष्ण द्वैपायन।"

सत्यवती ने एक दृष्टि बालक पर डाली : उसकी सोयी-सोयी गम्भीर-सी आँखें। उसका वह श्यामल वर्ण। हलके अरुण होंठ और आकर्षक मुस्कान! फिर तपस्वी की ओर देखा, "इसे कानीन सन्तान मान कर धिक्कारोगे तो नहीं?"

तपस्वी मुस्कुराया, जैसे सत्यवती ने कोई पागलपन की बात कही हो, "सृजन पुण्य है देवि! सृष्टि का लक्ष्य ही सृजन है। सृजन में सहायक हो कर हम स्रष्टा की आज्ञा का पालन करते हैं। धरती में से जब भी कोई पौधा जन्म लेता है, तो क्या हमने कभी सोचा कि इसके जन्म के पूर्व सामाजिक विधि-विधान का पालन किया गया अथवा नहीं। हम प्रत्येक पौधे का स्वागत करते हैं; क्योंकि वह स्रष्टा की मुस्कान है।...और यह तो मानव-सन्तान है...।" पराशर ने स्नेह से शिशु के माथे पर हाथ रखा।

"तो हमारा समाज उसे क्यों बुरा मानता है?" सत्यवती पूछे बिना नहीं रह सकी।

तपस्वी की मुस्कान को परे धकेल, आवेश की आभा झलकी, "प्रभु की धरती को क्षत्रिय राजा न केवल आपस में बाँट लेना चाहते हैं, वरन अनन्त काल तक उसे अपनी सम्पत्ति बनाये रखना चाहते हैं। जब तक धरती रहेगी, तब तक वे जीवित रह नहीं सकते, इसलिए उसे अपने उत्तराधिकारियों को सौंपने से पहले प्रमाणित कर लेना चाहते हैं कि उत्तराधिकारी उनका वैध आत्मज ही है, औरस सन्तान।" पराशर की मुस्कान ने उनके आवेश को जीत लिया, "तपस्वी के पास क्या है देवि! जिसे सौंपने के लिए वह प्रकृति की प्रक्रिया में अपना विधान अड़ाये। सृष्टि प्रकृति का विधान है, मनुष्य का विधान तो उसका अहंकार है।..."

सत्यवती चुपचाप खड़ी अपने तपस्वी को देखती रही : कैसा महान है यह तपस्वी। संकीर्णता और संकुचितता का नाम भी नहीं। उदार जैसे कि आकाश...

बड़ी देर के बाद इतना ही पूछ पायी, "मुझसे रुष्ट तो नहीं हो?"

तपस्वी फिर मुस्कुराया, "तुम मिलतीं तो गृहस्थी बसती। न मिलीं तो साधना विकसी। तपस्वी के लिए तो सब ओर उपलब्धि ही है। वंचना कहीं नहीं है।"

सत्यवती लौट आयी। और आज तक वह एक क्षण के लिए भी भूल नहीं पायी कि उसका तपस्वी उसे इसलिए नहीं मिला क्योंकि वह राजकुमार नहीं था। उसका नन्हा कृष्ण द्वैपायन उससे छूट गया क्योंकि राजा कानीन पुत्र को स्वीकार नहीं करता, ऋषि ही स्वीकार कर सकता है।...राजवधू बनने के लिए बहुत बड़ा मूल्य चुकाया था सत्यवती ने...और जब उसने मूल्य चुकाया ही है तो वह अपने अधिकार डंके की चोट पर लेगी...बाबा ने यदि उसे राजरानी बनाना चाहा है तो अब वह राजरानी भी बनेगी और राजमाता भी...तपस्वी ने तो कहा था कि उसके लिए सब ओर उपलब्धि ही उपलब्धि है। कहीं ऐसा न हो कि सत्यवती के लिए सब ओर वंचना ही वंचना हो...

4

शान्तनु ने कक्ष में प्रवेश किया।

सत्यवती ने खड़ी हो, हाथ जोड़ कर उनका स्वागत किया। शायद उसके अधरों ने हल्के-से हिल कर कहा भी, "पधारें महाराज!" पर वह इतना अस्पष्ट था कि कहा-अनकहा, एक जैसा ही रह गया।

शान्तनु सत्यवती को एकटक देखते रह गये : अपूर्व सौन्दर्य था। ऐसी स्त्री को देख कर, शान्तनु के मन में उसकी कामना जाग उठे, तो शान्तनु क्या करें?...

"बैठो देवि!" उन्होंने सत्यवती के कंधे पर हथेली से हल्का-सा दबाव डाल कर बैठने का आग्रह किया।

सत्यवती की इच्छा हुई कि चिहुँक कर पीछे हट जाये, या आँखें तरेर कर राजा को देखे। पर इस इच्छा के साथ-साथ उसका विवेक भी जागा : अब राजा उसके पति थे। उसका पति विवाह के पश्चात् प्रथम मिलन में अपने प्रेम को स्पर्श के माध्यम से संप्रेषित कर रहा था; और सत्यवती चाह रही थी कि वह उसके हाथ को झटक दे...अच्छा हुआ कि उसे ठीक समय पर विवेक ने टोक दिया, नहीं तो कहीं सचमुच ही वह कुछ कर बैठती, तो कितना अशोभन होता...पर सत्यवती भी क्या करे... तपस्वी उसे छूता था तो लगता था किसी ने उसके शरीर पर कमल की पाँखुड़ी रख दी है, और साथ-ही-साथ मन में कमल-वन खिल आता था...और राजा शान्तनु ने क्षण-भर को उसके कंधे पर हाथ रखा तो उसे लगा कि कंधे पर बिच्छू रेंग रहा है...

पर सत्यवती को यदि राजरानी बने रहना है और राजमाता बनना है तो उसे इस बिच्छू को भी कमल की पँखुड़ियों का-सा सम्मान देना होगा...

सत्यवती ने अपने शरीर को देखा : आज तक यह शरीर सुख का माध्यम था—उसके लिए भी और तपस्वी के लिए भी! उस 'सुख' के साथ न समाज था, न पद, न धन, न भविष्य...कुछ नहीं।...पर आज इस शरीर का रूप बदल गया है... वह स्वयं सुख पाये, न पाये; पर यदि राजा को सुख दे सके तो हस्तिनापुर का राज्य उसी का है।

सत्यवती बैठ गयी और शान्तनु ने ध्यान दिया कि ऐसे समय में सत्यवती की ओर से अपेक्षित वाक्य, "आप भी विराजें आर्य!" नहीं कहा गया। निश्चित रूप से उसकी शिक्षा-दीक्षा, राज-परिवारों के अनुरूप नहीं हुई थी।...पर यह तो शान्तनु को पहले

ही सोचना चाहिए था। उन्होंने सत्यवती की शिक्षा-दीक्षा, शील-शिष्टाचार अथवा कोई अन्य गुण देख कर उसकी कामना नहीं की थी...या फिर यह सत्यवती का संकोच मात्र ही था...

सत्यवती के प्रबल आकर्षण और मन में उठते हुए उत्ताल धिक्कार में बँधे शान्तनु पल-भर के लिए किंकर्तव्यविमूढ़-से खड़े रह गये। सत्यवती राज वैभव से आतंकित सिमटी-सी बैठी थी और शान्तनु उसके रूप से त्रस्त याचक-से बने खड़े थे।

अन्ततः शान्तनु ही बोले, "सत्यवती! किसी प्रकार का कोई कष्ट तो नहीं हुआ?"

सत्यवती ने नकार में सिर हिला दिया।

"मेरे प्रति कोई विरोध, कोई रोष, कोई उपालम्भ तो नहीं मन में?" शान्तनु का स्वर बहुत ही धीमा हो गया था।

सत्यवती ने फिर नकार में सिर हिला दिया।

"मैं बहुत ही अभागा व्यक्ति हूँ, सत्यवती।"

सत्यवती ने पहली बार चौंक कर सिर ऊपर उठाया, कुरुराज अभागे कैसे हैं? मेरे बाबा ने तो कहा था कि पूर्व जन्मों के संचित अनन्त पुण्यों के फलस्वरूप मनुष्य राजपरिवार में जन्म लेता है। और फिर पुरुओं का-सा राजपरिवार!

शान्तनु को लगा, सत्यवती उतनी मितभाषिणी नहीं है, जितनी वह समझ रहे थे। अब तक न बोलने के पीछे कदाचित् उसका संकोच ही था। संकोच का अवरोध एक बार हट जायेगा, तो प्रवाह का अभाव नहीं रहेगा।

"शायद तुम ठीक कह रही हो सत्या!" शान्तनु रुके, "तुम्हारे बाबा तुम्हें इसी नाम से पुकारते हैं न?"

सत्यवती के चेहरे पर उल्लास दमका—बाबा द्वारा पुकारे जाने वाले नाम में कितनी आत्मीयता थी। उसके मन में कहीं एक अनाम-सी इच्छा उठ रही थी कि वह कहे कि उसका तपस्वी उसे 'पद्मगंधा' कह कर पुकारता था...पर शायद कुरुराज को उसके शरीर में से पद्मगंध नहीं आ रही थी। वैसे भी सैरिन्ध्रियों ने उसे कैसी-कैसी तो तरल सुगन्धों से नहला दिया था। उसके शरीर की वह नैसर्गिक पद्मगंध अब रह ही कहाँ गयी होगी। राजप्रासाद में कमल-ताल की गंध आ भी कैसे सकती है...तपस्वी कहता था, सत्यवती माता प्रकृति के सौन्दर्य का पुँजीभूत स्वरूप है...कुरुराज क्या कहेंगे...वह सैरिन्ध्रियों की कला की पराकाष्ठा है...

"पर फिर भी मैं अभागा हूँ।" शान्तनु पुनः बोले, "मेरी कामना और कर्म में सन्तुलन नहीं है। मेरी कामना का अतिरेक इतना प्रचण्ड है कि उसका कोई तर्क और विवेक नहीं रह जाता; और मेरा कर्म बहुत भावुक, न्यायी और तर्कशील है।"

वे रुके, "मेरी बात समझ रही हो?"

"नहीं!" सत्यवती ने ईमानदारी से स्वीकार कर लिया। वह तपस्वी की भी आधी बातें समझ नहीं पाती थी। राजा की बात भी समझ नहीं पायी, तो क्या आश्चर्य है।

शान्तनु मुस्कुराये, "यह भी विचित्र स्थिति है, मेरी जीवन-संगिनी, मेरे दुर्भाग्य को नहीं समझ पा रही।..."

"मैं...मैं..." सत्यवती अपनी स्थिति स्पष्ट करना चाह रही थी।

"कोई बात नहीं सत्या!" शान्तनु पुनः मुस्कुराये, "इस प्रकार समझ लो कि जिस स्त्री की मैंने अपनी पहली पत्नी के रूप में आकांक्षा की थी, वह मुझे मिल तो गयी; किन्तु उससे दाम्पत्य सुख नहीं मिला।...अब दूसरी बार जिसकी आकांक्षा की, वह भी मिल गयी, किन्तु उसे शायद मैं दाम्पत्य सुख दे न पाऊँ।"

"क्यों? ऐसा क्यों?" सत्यवती अचकचा गयी।

शान्तनु ने उसे देखा, "तुम नहीं समझतीं?"

"नहीं।"

"हमारे वय का अन्तर!" शान्तनु धीरे-से बोले, "यद्यपि कामेच्छा मुझमें अब भी कम नहीं है। तुम्हें देख कर मैं विह्वल भी बहुत हो गया था। तुम्हें पा कर मैं प्रसन्न भी बहुत हूँ। किन्तु, मैं यह भूल नहीं सकता कि वय में मैं तुमसे बहुत बड़ा हूँ। तुम्हारी युवावस्था के लिए, मैं प्रायः वृद्ध हूँ। मेरा विवेक नहीं मानता कि मैं तुम्हारे लिए उपयुक्त वर हूँ। मेरे लिए तुम उपयुक्त पत्नी हो—यह भी मैं नहीं मानता। यह तो मेरे पुरुष की, तुम्हारी स्त्री के प्रति आसक्ति मात्र है। पति और पत्नी—स्त्री और पुरुष ही नहीं होते। वे उससे बहुत कुछ अधिक होते हैं। स्त्री-पुरुष सम्बन्ध अल्पकालीन हैं। पति-पत्नी सम्बन्ध दीर्घकालीन हैं। पति-पत्नी सम्बन्ध में अनेक समझौते करने पड़ते हैं। स्त्री-पुरुष सम्बन्ध में कोई समझौता नहीं होता—यदि कोई होता भी है, तो वह दाम्पत्य-सम्बन्धों की दृष्टि से होता है।...मैं यह सब कुछ जानता था...।" उन्होंने रुक कर सत्यवती की ओर देखा, "समझ रही हो?"

सत्यवती उनकी ओर देखती-भर रही, बोली कुछ भी नहीं।

"यह सब मैं उस समय भी समझता था, जिस समय मैंने तुम्हारे पिता से तुम्हारी याचना की थी। इसलिए मैंने तुम्हारे पिता की शर्तें नहीं मानीं। शर्तें अनुचित थीं, क्योंकि मेरी याचना अनुचित थी।...इच्छा अनुचित थी।...पर उस पर मेरा कोई वश नहीं था। किन्तु कर्म पर मेरा वश था। इसलिए मैंने अपना कर्म अनुचित नहीं होने दिया।..." उन्होंने अपनी बात रोक कर, पूरे कक्ष का एक चक्कर लगाया, "भीष्म ने मेरी इच्छा देखी।..."

"भीष्म कौन?" सत्यवती ने अनायास ही पूछ लिया।

"देवव्रत।" शान्तनु बोले, "मैंने उसका नया नामकरण किया है—भीष्म। उसने काम ही ऐसा किया है।...जो कुछ उसने किया, वह उसी के योग्य है। पर मैं नहीं जानता कि जो कुछ उसने किया है, वह हमारे लिए हितकर भी है या नहीं—हमारे लिए, अर्थात मेरे लिए, भीष्म के लिए, तुम्हारे लिए।...मुझे कई बार लगा है सत्या! कि प्रकृति ने मनुष्य को पूर्ण बनाया है, पर उसका नाश आवश्यक है—अन्यथा वह अनश्वर हो जायेगा।...और उसके नाश के लिए प्रकृति ने मनुष्य में किसी-न-किसी एक अविवेकी इच्छा को स्थापित कर दिया है, ताकि अपने नाश का दायित्व भी मनुष्य के अपने ही सिर पर रहे। मनुष्य के मन में जब इच्छाएँ जन्म लेती हैं, तो वह नहीं जानता कि वे उसके लिए हितकर हैं या नहीं। किन्तु प्रकृति जानती है। इसलिए वह मनुष्य की इच्छाएँ पूरी नहीं करती। तब मनुष्य प्रकृति से रुष्ट हो कर स्वयं कर्म करता है। कर्म का फल प्रकृति रोक नहीं सकती।...तब अपने अहित का दायित्व भी मनुष्य के अपने कंधों पर ही होता है।" शान्तनु रुक गये, "तुम्हारा क्या विचार है।"

सत्यवती के कण्ठ में कुछ अटका; और फिर प्रयत्नपूर्वक उसने कह ही दिया, "मैं आपकी बात ठीक-ठीक समझ नहीं पा रही हूँ महाराज!"

शान्तनु कुछ निराश हुए : क्षण-भर को लगा कि कैसी पत्नी चुनी है उन्होंने। गंगा ने तो उन सारे वर्षों में एक बार भी नहीं कहा था कि वह उनकी बात नहीं समझती।...और यह इस पहली भेंट के एक खण्ड में ही कई बार कह चुकी है कि वह उनकी बात नहीं समझ रही है।

पर दूसरे ही क्षण, उन्होंने स्वयं को सँभाला...सत्यवती को उसके रूप के लिए ही चुना है उन्होंने। वह रूप उसमें अभी है, और उनके जीवन-पर्यन्त रहेगा।...उसकी समझ के विषय में कुछ भी जानने का प्रयत्न नहीं किया था उन्होंने...और सहसा उन्हें लगा, कि दूसरों को भ्रम में रखने के लिए वह जो भी कहें, किन्तु अपने-आप से, स्वयं को नहीं छिपा सकेंगे वे। उसका कोई लाभ भी नहीं है। वह आत्मसाक्षात्कार कर रहे थे, उसके वास्तविक और नैसर्गिक रूप में...सत्यवती को उन्होंने उसके रूप पर आसक्त हो कर चाहा था...केवल रूप...माँसल रूप...कामेच्छा ही थी इस इच्छा के मूल में...उन्होंने दूसरा पुत्र पाने के लिए उसे नहीं चाहा था...उसे उन्होंने जीवन-संगिनी के रूप में नहीं चाहा...वस्तुतः उन्होंने उसे 'मनुष्य' के रूप में नहीं, एक 'वस्तु' के रूप में चाहा है...केवल भोग के लिए।...इस वय में पुरुष, धर्मपत्नी या जीवन-संगिनी को पाने के लिए विवाह नहीं करता। वह विवाह करता है अभुक्त काम के लिए। उसे पत्नी नहीं चाहिए, उसे चाहिए रमणी।...और रमणी में रूप ही पर्याप्त है, अन्य गुणों की अपेक्षा नहीं है...और वह यह क्यों कहते हैं कि भीष्म ने

उनकी इच्छा देखी, कर्म नहीं,...उन्होंने स्वयं भीष्म से कहा था कि एक-ही पुत्र का पिता सन्तानहीन व्यक्ति के समान होता है, अतः वे दूसरी सन्तान पाना चाहते हैं ...क्या भीष्म के लिए, यह पिता का आदेश नहीं था?...

सत्यवती की इच्छा हुई कि वह सो जाये। कैसी तो नींद आ रही थी उसे। शरीर को तो यात्रा ने थका दिया था और मस्तिष्क को राजा की बातों ने...पर वह सो कैसे सकती थी। शान्तनु राजा ही नहीं, उसके पति भी थे। वे उससे बातें कर रहे थे, और वह सो जाये।...पर यदि राजा उसे अनुमति दे भी दें तो क्या वह सो पायेगी? कैसा अंटपटा-सा लग रहा था उसे। एक सर्वथा अपरिचित व्यक्ति, न केवल उसके कक्ष में उपस्थित था, बल्कि उसके पलंग के एकदम पास खड़ा था...यदि इस व्यक्ति के स्थान पर उसका तपस्वी होता, तो वह उसकी गोद में सिर रख कर सो जाने में एक निमिष का भी विलम्ब न करती...पर यह राजा...

"तुम्हें नींद आ रही है क्या?" सहसा शान्तनु ने पूछा।

"पर मैं सोऊँगी नहीं।" सत्यवती ने निर्द्वन्द्व उत्तर दिया, "बाबा ने कहा था कि जब तक राजा सो न जाये, मुझे सोना नहीं चाहिए।"

"ओह!" शान्तनु बोले, "तुम्हारे बाबा बहुत समझदार व्यक्ति हैं।"

शान्तनु आ कर सत्यवती के पास बैठ गये। सत्यवती कुछ और सिमटी। पर अब शान्तनु की शिराओं में काम-मद लहरा रहा था।...सत्यवती की मनोदशा जानने का उनके पास अवकाश नहीं था। उनके लिए यही पर्याप्त था कि सत्यवती उनके पास थी और वह उनके अनुकूल हो या न हो, पर उनके प्रतिकूल नहीं थी।

शान्तनु ने जब सत्यवती को अपनी बाँहों में लिया, तो एक क्षण को उन्होंने अनुभव किया कि सत्यवती की त्वचा उनके स्पर्श से समर्पण के लिए शिथिल न हो कर, विरोध में कुछ संकुचित हुई थी...पर यह भाव उनके आवेग में वैसे ही बह गया, जैसे कोई छोटी-सी टहनी गंगा की लहरों के साथ बह जाती है...

शान्तनु सो गये; किन्तु सत्यवती को बहुत देर तक नींद नहीं आयी।...

थोड़ी देर पहले तक यह पुरुष उसके लिए अपरिचित था...राजा था, कुरुकुल का सम्राट! उससे बहुत धनी, सत्ता-सम्पन्न, विद्वान् और शायद महान्! सत्यवती क्या थी उसके सामने : एक निर्धन केवट-प्रमुख की पुत्री। न शिक्षित, न राज-परिवारों के विधि-विधान को जानने वाली—पर इस सम्राट के भीतर बैठे पुरुष ने, सत्यवती के नारी-सौन्दर्य के सम्मुख घुटने टेक दिये थे—और अब सत्यवती, शान्तनु के समान

हो गयी थी—कहीं अधिक शक्तिशालिनी भी।...उसके पास रूप और यौवन था। बाबा कहते थे, पूर्णचन्द्र को देख कर सागर विह्वल हो उठता है और उसकी उद्दाम तरंगें चन्द्रमा के चरण छूने को लोटती हैं, बार-बार ऊपर उचक-उचक कर धरती पर अपना सिर फोड़ती हैं। वैसे ही सत्यवती पर दृष्टि पड़ते ही शान्तनु की धमनियों में काम-ज्वार उठेगा। राजा सत्यवती के चरणों में सिर पटकेगा...और उस समय वह इतना दुर्बल हो जायेगा कि सत्यवती की आँख के संकेत पर पालतू कुत्ते के समान दौड़ता फिरेगा। सत्यवती ने अपनी शक्ति का प्रभाव देख लिया है। उसे अब यह मालूम होना चाहिए कि किस कार्य में उसका हित है, कार्य तो वह करवा ही लेगी...

...क्या कह रहे थे राजा कि जो इच्छा हमारे हित में नहीं होती, प्रकृति उसे पूरा नहीं करती है...क्या तपस्वी का सत्यवती को न मिलना उसके हित में है? उस प्रिय-दर्शन पुरुष का सत्यवती को न मिलना, सत्यवती के हित में कैसे हो सकता है...शायद, सारा जीवन सत्यवती के नयनों में, उसकी कल्पना में पराशर की छवि तैरती रहेगी और उसके हृदय को पीड़ा देती रहेगी...अब तो पराशर ही नहीं, नन्हा कृष्ण द्वैपायन भी तो है।...अपने प्रियजनों का किसी से जीवन-पर्यन्त छिन जाना उसके लिए कैसे हितकर हो सकता है?...राजा जाने क्या-क्या सोचते और कहते हैं...

पर सत्यवती का चिन्तन एक ही स्थान पर स्थिर नहीं रह सका...उसके अपने ही मन में एक विरोधी स्वर उठा : वह यह क्यों मानती है कि उसकी इच्छा होने पर भी प्रकृति ने उसे पराशर से नहीं मिलाया।...बाबा से बात कर, उसकी अपनी इच्छा ही तो शिथिल हो गयी थी...उसने बाबा की इच्छा के साथ अपनी इच्छा का तादात्म्य कर दिया था...बाबा मानते थे कि धन के अभाव में तपस्वी के साथ उसका जीवन सुखद नहीं होगा...सम्भव है कि ऐसा ही होता। यदि सत्यवती और पराशर का विवाह हो जाता और कालान्तर में धन के अभाव में उसे कोई असुविधा होती तो उसका सारा रोष अपने तपस्वी पर ही बरसता। तब यदि उनमें झगड़ा होता...दोनों का साथ रहना यातनापूर्ण हो जाता...तो क्या उसके स्थान पर प्रकृति ने ठीक निर्णय नहीं किया? उसका प्रिय उसे नहीं मिला, किन्तु उसका प्रिय, अप्रिय तो कभी नहीं होगा।

तो क्या शान्तनु की रानी बनना ही उसके लिए हितकर था?...एक समवयस्क, सम्बुद्धि और सजातीय वर उसके हित में नहीं था?...शायद नहीं...बाबा के ही समान, सत्यवती के मन में भी कहीं गहरे वैभव और सत्ता की भूख थी...प्रकृति ने उसे वही दे दिया, जो सत्यवती ने चाहा था...कुछ पाने के लिए उसका मूल्य भी चुकाना ही पड़ता है। सत्यवती ने सुख-सुविधाओं के लिए अपने प्यार का मोल

चुकाया है...

प्रकृति ने उसकी इच्छा पूरी की है या उसका हित साधा है? या उसकी इच्छा और हित-साधन मिल कर एक हो गये हैं?...और देवव्रत भीष्म!...क्या इस प्रौढ़ पति के पुत्र के रूप में भीष्म को पाना भी उसके हित में था?...

बाबा ने कहा था, 'भीष्म से सावधान रहना। वही तुम्हारा सबसे बड़ा शत्रु हो सकता है।...'

उसकी इच्छा पूरी हुई या प्रकृति की?

सत्यवती कुछ भी समझ नहीं पा रही थी।

5

"हमारी सन्तान को शस्त्रों और शास्त्रों की शिक्षा कौन देगा?" सत्यवती ने इतने सहज रूप में पूछा, जैसे दैनिक कार्यक्रम सम्बन्धी कोई प्रश्न हो।

कुछ क्षणों तक शान्तनु कुछ समझ ही नहीं पाये : किसकी बात कर रही है सत्यवती? भीष्म को अब क्या शस्त्रों और शास्त्रों के शिक्षण की आवश्यकता है?...पर सहसा उनकी दृष्टि सत्यवती के चेहरे पर टिक गयी : सत्यवती अब साधारण निषाद-कन्या नहीं रह गयी थी। सैरिन्ध्रियों की कला तो अपना कार्य करती ही रही थी; पर शिक्षिकाओं ने उसकी रुचि के परिष्कार और विकास में भी कम श्रम नहीं किया था। और सबसे महत्त्वपूर्ण तो सत्यवती की अपनी ग्रहण-शक्ति थी। जिस तीव्रता से उसने स्वयं को अपने नये वातावरण में ढाला था, वह अद्भुत थी। कुछ वर्षों में तो शायद कहने पर भी कोई विश्वास न करे कि सत्यवती का जन्म राज-परिवार में नहीं हुआ था और उसका पालन-पोषण एक निषाद के आँगन में हुआ था।...और उसके चेहरे का यह उल्लास...क्या कहा था उसने...हमारी सन्तान को...

"सत्या! क्या तुम माँ बनने-वाली हो?"

सत्यवती ने कटाक्ष से शान्तनु को देखा और स्वीकृति में सिर झुका लिया।

शान्तनु का मन हुआ, तत्काल भीष्म को बुलायें और उसे पिता के सच्चे हृदय से आशीर्वाद दें।...उन्होंने उससे कहा था, 'एक पुत्र का पिता, सन्तानहीन व्यक्ति जैसा होता है।'...उसने अपना सर्वस्व त्याग कर उन्हें दूसरी सन्तान प्राप्त करने का अवसर उपलब्ध करा दिया।...उन्हें लगा कि उनका मन, भीष्म के आभार में इतना विगलित हो गया है, कि कहीं भीष्म उनके सामने आ खड़ा होता तो राजा और

पिता—दोनों की मर्यादा भूल कर, वह पुत्र के चरणों में ही लोट जाते।

"आपने बताया नहीं।" सत्यवती ने अपना झुका हुआ सिर उठाया।

शान्तनु ने अनुभव किया, हृदय की गद-गदावस्था से उनकी आँखें भीग आयी हैं।

"मैं अभी दूसरी सन्तान का मुख देखने की सम्भावना की विह्वल अवस्था से ही उबर नहीं पाया और तुम सन्तान की शिक्षा-दीक्षा तक पहुँच गयीं।"

"आपकी होगी दूसरी सन्तान।" सत्यवती अनियन्त्रित आवेग के साथ बोली, "मेरी तो पहली ही है न!"

कहने को तो वह कह गयी, पर कहते ही जैसे उसके दाँतों ने उसकी जीभ काट ली : 'मूर्खे! कृष्ण द्वैपायन को भूल गयी तू? इतनी जल्दी?'

सत्यवती का हृदय उमड़ा। मन में आया कि तत्काल राजा को बता दे, कि उसका एक कानीन पुत्र भी है—कृष्ण द्वैपायन! वहाँ, यमुना के उस द्वीप पर, तपस्वी की कुटिया में पल रहा है। राजा उसका मस्तक सूँघ कर उसे अपना पुत्र स्वीकार कर लें। आख़िर वह उन्हीं के क्षेत्र से उत्पन्न सन्तान है; फिर वह शान्तनु का पुत्र क्यों नहीं हो सकता?

पर जैसे उसी क्षण उसके विवेक ने उसे फटकारा, 'सत्यवती! पागल मत बन! तू राजा के औरस पुत्र, कुरु-वंश के युवराज, भीष्म को अपना पुत्र नहीं मान पायी, तो राजा तेरे कृष्ण द्वैपायन को कैसे अपना पुत्र स्वीकार कर लेगा।...कहीं यह न हो कि राजा कुपित हो जायें; और तेरी इस अजन्मी सन्तान को भी अपनी सन्तान न मानें। ऐसा न हो कि अपनी पहली सन्तान को राज-वैभव दिलाने के प्रयत्न में वह अपनी दूसरी, इस अजन्मी सन्तान को भी वंचित कर दें...तपस्वी ने कहा था, क्षत्रिय राजा कानीन सन्तान को सम्मानजनक नहीं मानते। बाबा ने भी संकेत किया था कि वह राजप्रासाद में अपनी कानीन सन्तान की चर्चा न करे...यदि कहीं राजा को संदेह हो गया...और संदेह उसे हो सकता है। राजा लोग इस विषय में तनिक भी उदार नहीं हैं। ईर्ष्या उनका सर्वप्रथम गुण है...उसे संदेह हो गया, तो वह यही मानेगा कि सत्यवती की इस अजन्मी सन्तान का पिता भी वही तपस्वी है...'

"तुम क्या चाहती हो प्रिये!" शान्तनु बोले, "जो चाहोगी, वही प्रबन्ध हो जायेगा।"

राजा ने जैसे आदेश पाने के लिए सत्यवती की ओर देखा।

सत्यवती ने राजा की याचक दृष्टि को पहचाना। उस दृष्टि ने सचमुच शान्तनु को याचक और सत्यवती को राजरानी बना दिया था।...सत्यवती ने बहुधा पाया था कि उसका अपना मन चाहे उसे आज भी निषाद-कन्या ही मानता रहे, किन्तु शान्तनु की दृष्टि उसे भूमि से उठा कर महारानी के समान कुरुओं के राजसिंहासन पर बैठा देती है; और स्वयं हाथ जोड़ कर याचक के समान उसके सामने खड़ी हो जाती है।

"मेरा पुत्र शिक्षा ग्रहण करने ऋषि कुलों या आश्रमों में नहीं जायेगा।"

शान्तनु ने उसे आश्चर्य से देखा, "क्या कह रही हो सत्यवती? क्षत्रिय राजकुमार वनों में जा कर ऋषियों के शिष्यत्व में उनके आश्रमों में ही विद्या ग्रहण करते हैं। यही परिपाटी है।"

"परिपाटी विधाता का अन्तिम विधान नहीं है।" सत्यवती कुछ उग्रता से बोली, "परिपाटी को स्वीकार या अस्वीकार किया जा सकता है। उसका संशोधन किया जा सकता है। हम नयी परिपाटी का निर्माण कर सकते हैं। यदि राजकुमार आश्रम तक जा सकता हैं, तो गुरु राजमहल तक भी आ सकता है। मेरा पुत्र आश्रम में नहीं जायेगा।"

शान्तनु ने कुछ रोष और कुछ दुख के साथ सत्यवती की ओर देखा : जब उन्होंने इस निषाद-कन्या से विवाह किया था, तो उन्होंने सोचा भी नहीं था कि इसके मुख में जिह्वा भी होगी। और आज यह इस प्रकार बोल रही है कि राजा शान्तनु को ही जैसे चुप करा देगी। शताब्दियों के अनुभव, चिन्तन और प्रयोग के पश्चात् सहस्रों ऋषियों ने मिल कर कुछ परिपाटियाँ स्थापित की हैं।...और वह स्वयं, अकेली, एक ही क्षण में नयी परिपाटी बनाने का दम्भ कर रही है। नयी परिपाटी बनाना तो बहुत बड़ी बात है, यह पुरानी परिपाटी को समझती भी है?...या यह निषाद-कन्या समझती है कि राजप्रासाद में चरण पड़ जाने से यह सम्पूर्ण सृष्टि में सबसे अधिक समझदार प्राणी हो गयी...यदि ऐसा समझती भी हो तो क्या बड़ी बात है—अज्ञान ही तो अहंकार को स्फीत करता है...

"तुम अपने पुत्र को आश्रम में नहीं भेजना चाहती।" शान्तनु जैसे अपने चिन्तन के बीच अनायास ही कह गये, "किन्तु यह तुम्हारे पुत्र के हित में नहीं होगा।"

"अपने पुत्र का हित और अहित मैं अच्छी तरह समझती हूँ।" सत्यवती का स्वर पर्याप्त आक्रामक था।

शान्तनु का मन हुआ कि उसे डाँट दें : क्या समझती है वह अपने पुत्र का हित और अहित! उसके ममता के वृत्त में स्थान ही कितना है, विवेक के लिए। अपनी जड़ता को वह अपनी बुद्धिमत्ता समझती है...

पर सत्यवती के साथ बिताये गये इतने दिनों में ही वे अपने विषय में बहुत कुछ नया जान गये थे—स्वयं को कुछ अधिक ही पहचान गये थे।...

इन दिनों में उन्हें गंगा भी बहुत याद आयी थी। गंगा के छोड़ जाने के बाद से शान्तनु भीतर से बहुत ही दीन हो गये थे, ऊपर से चाहे वे कितने कठोर बने रहे हों...मन कुछ इतना उद्विग्न रहता था कि सत्यवती का रोष क्या, उसकी हल्की-सी उपेक्षा भी उन्हें विचलित कर देती थी। वे जानते थे, उसके रुष्ट होते ही, उनकी अपनी शान्ति नष्ट हो जायेगी; और वह तब तक सहज नहीं हो पाएँगे, जब तक

कि सत्यवती को प्रसन्न ही न कर लें।...सत्यवती के विवेक पर उन्हें तनिक भी भरोसा नहीं था। वे जान गये थे कि उसकी आत्मा बहुत उदात्त भी नहीं है। अपने सीमित स्वार्थों में प्रसन्न है सत्यवती!...पर अब जैसी भी है उनकी पत्नी है। उसे वे त्याग नहीं सकते थे। जाने क्यों उससे अलग होने की कल्पना के जागते ही उनके पैरों तले की भूमि निकल जाती थी।...और अब तो उसके गर्भ में उनकी अपनी सन्तान पल रही है...सन्तान-सम्बन्धी विवाद के कारण ही तो गंगा उनको छोड़ गयी थी। और अब फिर सन्तान के विषय में विवाद...तब प्रश्न सन्तान के जीवन का था, अब उसकी शिक्षा का है...

"देखो!" शान्तनु ने उसे समझाना चाहा, "आश्रम में गुरु ही स्वामी होता है, पालक होता है, आश्रयदाता और अभिभावक होता है। इसलिए वहाँ उसका गुरुत्व जागता है। उसकी आत्मा उदात्त होती है। उसका विवेक और शिष्य के प्रति स्नेह, सब कुछ सचेत होता है। आश्रम में शिष्य, गुरु के सान्निध्य में रह कर, इन सारे भावों को ग्रहण करता है..."

"शिष्य को ज्ञान ग्रहण करना है या गुरु के भाव को?" सत्यवती ने उनकी बात काट दी, "शास्त्रों से बुद्धि जागती है, ज्ञान-वर्धन होता है, तो ऐसा आश्रम में भी होगा और राजप्रासाद में भी। शास्त्रों के विषय में राजकुमारों को सूचना वन के आश्रम में भी दी जा सकती है और राजमन्दिर में भी। शस्त्रों का अभ्यास राजकुमार वन के वृक्षों की छाया में करें या राजा के उद्यान में—क्या अन्तर है।" सत्यवती ने बात बदली, "और मैं तो चाह ही रही हूँ कि मेरा पुत्र गुरु से ज्ञान ग्रहण करते हुए भी यह न भूले कि स्वामी वही है। गुरु उसे शिक्षा देने-वाला राज-कर्मचारी-भर है। गुरु में उदात्त तत्त्व जागता है या नहीं—मेरे लिए यह महत्त्वपूर्ण नहीं है। मेरे लिए तो महत्त्वपूर्ण यह है कि मेरे पुत्र का शौर्य बढ़ता है। उसमें रजस-तत्त्व जागता है। वह जानता और मानता है कि वह राजा है, स्वामी है। उसका शस्त्र-ज्ञान बढ़ता है, वह अपने शत्रुओं का दमन करने में सफल होता है..."

"सत्यवती!" शान्तनु के स्वर में अधैर्य का आभास होने लगा था, "ज्ञान और बल, बुद्धि और वीरता—ये सब सात्विकता के साथ ग्रहण किये जायें तो मनुष्य उदात्तता की ओर बढ़ता है और देवत्व को प्राप्त करता है। ये ही गुण यदि निकृष्ट भावों के साथ ग्रहण किये जायें तो मनुष्य का अहंकार स्फीत होता है और उसका पशुत्व जागता है। विद्या और ज्ञान, कला और कौशल, चिन्तन और मनन, शस्त्र और शास्त्र—ये सब हमारे ऋषियों ने मनुष्य को देवता बनाने के लिए रचे हैं, उसे सम्पूर्ण पशु बनाने के लिए नहीं।" उन्होंने रुक कर क्षण-भर सत्यवती को देखा, "और जो गुरु राजप्रासाद के कर्मचारी के रूप में तुम्हारे पुत्र को शिक्षा देगा, उसके भीतर गुरुत्व

के स्थान पर क्षुद्रत्व जागेगा। आठों याम जो गुरु वैभव के सान्निध्य में रहेगा—वह हीन भावना से पीड़ित होगा और अर्जन की प्रवृत्ति से ग्रस्त होगा। वह अपनी विद्या, ज्ञान, कला-कौशल और बुद्धि का व्यवसाय करना चाहेगा। अपने ज्ञान और क्षमताओं का मुक्त हस्त दान कर, अपने शिष्यों को आगे बढ़ता देख कर, कृतकृत्य नहीं होगा। वह अपने शिष्य को जो कुछ देगा, वह उत्कोच होगा; और जो कुछ अपने पास ही रोक रखेगा, वह उसका व्यवसाय-कौशल या रण-नीति होगी। ऐसा गुरु आकाशवत् अपने शिष्यों का विकास नहीं होने देगा, अपने लाभ-हानि को देखते हुए, उनका रक्षण और पोषण करेगा। वह गुरु नहीं होगा अधीनस्थ कर्मचारी होगा—वह न्याय-अन्याय, विवेक-अविवेक, उचित-अनुचित, धर्म-अधर्म का भेद नहीं करेगा—वह स्वार्थ-नीति से परिचालित होगा।...और यह अनिष्टकारी होगा। हमारे चिन्तकों ने बुद्धिजीवी को राजनेता से श्रेष्ठ माना है। राजा को ऋषि की बुद्धि से परिचालित होना चाहिए; जो ऋषि राजाओं के आदेशों की परिधि में घिर कर चिन्तन करता है, वह ज्ञान की नहीं, पाखण्ड की वृद्धि करता है।..."

शान्तनु ने रुक कर सत्यवती की ओर देखा : उसकी आँखों में उन्होंने अपने लिए तिरस्कार का भाव पाया। उन्हें लगा, जैस सत्यवती ने उनकी बात सुनी ही न हो; सुनी हो तो ग्रहण न की हो। वस्तुतः सत्यवती के मन में तर्क-पद्धति नहीं थी, दृढ़-बद्ध धारणाएँ थीं। वह तर्क के मार्ग की यात्रा नहीं करती थी, अपने लक्ष्य पर धारणाओं के बाण चलाती थी। जाने बूढ़ा दासराज इसे किस प्रकार समझाता होगा ...पर शायद दासराज की बुद्धि के साथ इसका जो तादात्म्य है, वही इन दोनों के चिन्तन के साम्य का आधार रहा होगा। आख़िर दासराज ने अपनी देख-रेख में अपने ढंग से ही तो इसका बौद्धिक विकास किया होगा। तभी तो इन पिता-पुत्री को, भीष्म को उसके समस्त अधिकारों से वंचित करते हुए क्षण-भर भी नहीं लगा।...फिर पिता और पति में भेद होता है। नारी-मन कहीं पिता को समर्थन दे कर और पति का उल्लंघन कर तुष्टि पाता है। पति ही उसका निकटतम मित्र है, और वही उसका घोरतम शत्रु। पति-विजयिनी नारी ही तो स्वयं को सारे नियमों से मुक्त पाती है...यही गंगा ने किया और वही अब यह सत्यवती भी करना चाहती है।...

विचित्र स्थिति है—शान्तनु सोच रहे थे—सत्यवती की सन्तान उनकी भी सन्तान थी—जैसे गंगा की प्रत्येक सन्तान, उनकी सन्तान थी। पर गंगा ने भी अपनी सन्तानों पर सर्वाधिकार की घोषणा की थी और अब यह सत्यवती भी वही कर रही है। वे जनक भी हैं और पिता भी...किन्तु उनके हाथों में केवल दायित्वों के बन्धन हैं, अधिकार-दण्ड उनके पास नहीं है।

"ठीक है।" सहसा वे बोले, "तुम्हारे पुत्र की शिक्षा-दीक्षा राजप्रासाद में ही

होगी। भीष्म को अब शासन नहीं करना है; वह गुरु-कार्य ही करे! वह शस्त्र और शास्त्र—दोनों की ही शिक्षा देने में समर्थ है।"

"क्यों? भीष्म क्यों?" सत्यवती, शान्तनु से सहमत नहीं हो सकी, "भीष्म राजकुमार है, राजगुरु नहीं। उसमें गुरु की योग्यता कहाँ है?"

"उसमें विश्व-गुरु होने की योग्यता है।" शान्तनु की दृष्टि आकाश की ओर उठ गयी और स्वर स्वप्निल हो गया, जैस वे पृथ्वी पर नहीं, किसी और लोक में जी रहे हों, "जो व्यक्ति अपना और अपनी अगली पीढ़ियों का समग्र लौकिक सुख, किसी एक व्यक्ति के सुख के लिए इतनी सरलता से त्याग सकता है, उससे बड़ा अनासक्त और कौन होगा। अनासक्ति गुरु का पहला गुण है।...और फिर तुम्हारा राजकुमार..."

"युवराज!" सत्यवती ने तत्काल संशोधन किया।

"हाँ! हाँ! युवराज!" शान्तनु बोले, "तुम्हारा युवराज राजप्रासाद में शिक्षा ग्रहण करेगा; उसके गुरु के मन में राज-वैभव के सान्निध्य के कारण क्षुद्रत्व भी विकसित नहीं होगा—क्योंकि वह राजसेवक कर्मचारी नहीं होगा, स्वामी होगा। उसके पास राजकुमार का अधिकार भी होगा, गुरु का भी... ।"

"नहीं!" सत्यवती का स्वर कुछ आदेशात्मक हो गया था, "मैं यह नहीं भूल सकती कि मेरे कारण भीष्म वंचित हुआ है।...और वह भी इसे कभी नहीं भुला पायेगा।...और इस वंचना के कारण वह मेरे पुत्र को वंचित करे—इस सम्भावना को मैं कभी जन्म नहीं लेने दूँगी।"

"वह सम्भावना कहाँ है सत्यवती?"

"भीष्म मेरे युवराज का गुरु होगा, तो इसी की सम्भावना है। मैं इस षड्यन्त्र में आपकी सहायक नहीं हो सकती।"

अवाक् शान्तनु, सत्यवती को देखते ही रह गये।

जब और चुप नहीं रह सके तो बोले, "तुम्हें अपने पुत्र के सन्दर्भ में भीष्म से किसी प्रकार के अनिष्ट की आशंका है?"

"अनिष्ट की नहीं, प्रतिशोध की!" सत्यवती के स्वर में कहीं संकोच का एक कण भी नहीं था।...उसके लिए यह अनुमान या आशंका न हो कर, पूर्ण सत्य था।

"भीष्म ऐसा व्यक्ति नहीं है।" शान्तनु दृढ़ता से बोले, "तुम उसे आज तक समझ नहीं पायीं।"

"अपना दाना छीनने वाले को तो चींटी भी काट लेती है, भीष्म तो मनुष्य है।" सत्यवती स्थिर वाणी में बोली, "मछली के एक बोझ के पीछे मैंने मछुआरों को एक-दूसरे की हत्या करते हुए देखा है।"

"तो सत्यवती! तुमने आज तक मछुआरे ही देखे हैं, क्षत्रिय राजकुमार नहीं

देखे।" शान्तनु रोषपूर्वक बोले, "जो निर्बलों की रक्षा के लिए अपने प्राण दे देते हैं। तुम हीन कोटि के मनुष्यों में पली हो तो इसका अर्थ यह नहीं है कि सृष्टि में उत्कृष्ट कोटि के लोगों का अस्तित्व ही नहीं है।"

"हम निर्धन हैं, इसलिए हीन हैं?" सत्यवती जैसे तड़प कर बोली।

"निर्धन हीन नहीं होते।" शान्तनु बोले, "निर्धन तो ऋषि-मुनि-तपस्वी भी हैं। मैं तो जीवन-मूल्यों की बात कर रहा हूँ। मानव के रूप में व्यक्ति धन से हीन या श्रेष्ठ नहीं होता। व्यक्ति श्रेष्ठ होता है, अपने आचरण से; और उसके आचरण की पृष्ठभूमि में होते हैं उसके मूल्य! भीष्म का आचरण देखो। कुरु-राज्य उसके लिए कोई अर्थ नहीं रखता। जीवन के सुख-भोग उसके लिए कोई महत्त्व नहीं रखते; और तुम्हारा विचार है कि वह तुम्हारे पुत्र से—अपने भाई से प्रतिशोध लेगा?"

"देखिए! आप कुछ भी कहें।" सत्यवती का स्वर शान्तनु के लिए स्पष्ट उपेक्षा लिए हुए था, "इस विषय में मैं अपनी बुद्धि पर ही विश्वास करना चाहूँगी। अपनी सन्तान के जीवन और भविष्य के विषय में निर्णय करने का अधिकार मैं अपने पास ही रखना चाहूँगी। और मेरा स्पष्ट निर्णय है कि मैं अपने पुत्र की शिक्षा-दीक्षा का दायित्व भीष्म पर नहीं छोड़ना चाहती। जिससे मेरे पुत्र के अनिष्ट की सर्वाधिक आशंका है, उसे मैं अपने पुत्र का गुरु नियुक्त नहीं कर सकती।"

शान्तनु ने क्रोध-भरी दृष्टि से सत्यवती को देखा, जैसे अभी कोई बहुत ही कड़वी बात कह देंगे; और फिर अकस्मात ही जैसे ज्वार का भाटा आरम्भ हो गया। क्रोध को वह गरल-घूँट के समान पी गये। इस बार बोले तो उनका स्वर अत्यन्त शान्त था, "तेरी ही इच्छा पूर्ण हो सत्यवती! मैं समझ लूँगा कि तेरे पुत्र के भाग्य में अच्छा गुरु नहीं था।...मैं तुमसे विवाद नहीं करना चाहता। निर्णय तुम्हारा ही रहेगा; किन्तु तुम्हें कुछ सूचनाएँ अवश्य देना चाहता हूँ। सुनोगी?"

"कहिए।" सत्यवती ने कहा; किन्तु उसकी भंगिमा स्पष्ट कह रही थी कि शान्तनु की बात सुनने की उसे तनिक भी इच्छा नहीं है। जो कुछ भी वह सुनेगी उपेक्षा की रुई से मुँदे कानों से ही सुनेगी।

"भीष्म मनुष्य नहीं, देवता है।" शान्तनु बोले, "वह मेरा पुत्र है; किन्तु मेरे मन में उसका सम्मान किसी महापुरुष से कम नहीं है। यदि कहीं वह तुम्हारे पुत्रों का गुरु बन जाता, तो उनमें भी देवत्व जगा देता। वह धर्म का आधार है। उसके स्पर्श मात्र से तुम्हारे पुत्रों की आत्मा स्वर्णमयी हो जाती।...भीष्म से अपने पुत्रों को दूर कर उनको वंचित करोगी। भीष्म का तो अब बिगड़ने को कुछ शेष रहा ही नहीं। उससे तो अब संसार को पाना-ही-पाना है, वह संसार से कुछ ग्रहण तो करेगा ही नहीं।"

"कह चुके?" सत्यवती ने पूर्ण उपेक्षा से पूछा।

"हाँ!"

"तो मेरी बात भी सुन लीजिए।" वह दृढ़तापूर्वक बोली, "यदि मैं आपकी बात मान भी लूँ कि भीष्म मेरे पुत्रों की हत्या नहीं करेगा, उनकी रक्षा करेगा। यदि मैं विश्वास कर भी लूँ कि भीष्म देवता है—त्याग, दया, ममता और क्षमा की मूर्ति है; और मेरे पुत्र उसके सान्निध्य से वैसे ही हो जायेंगे," उसका स्वर और भी प्रखर हो गया, "तो मैं अपने पुत्रों को उसकी छाया से भी दूर रखना चाहूँगी।"

"क्यों?" शान्तनु के लिए यह सब अत्यन्त अप्रत्याशित था।

"क्योंकि मैं अपने पुत्रों को भीष्म जैसा त्यागी-संन्यासी नहीं बनाना चाहती, जिसे तनिक-से प्रयत्न से ही कोई पूर्णतः वंचित कर जाये।" वह बोली, "मैं चाहूँगी, मेरे पुत्र राजकुमार बनें, संन्यासी नहीं। मैं चाहूँगी कि वे अपना अधिकार त्यागने के स्थान पर अपने अधिकारों के लिए लड़ मरें। यह संसार जूझ मरने-वाले लोगों का क्षेत्र है। मैं भीष्म जैसे कापुरुष को अपने पुत्रों का गुरु नियुक्त नहीं करूँगी।"

शान्तनु ने सत्यवती की आँखों में भयंकर हिंसा देखी।

"मैंने तो सुना था कि स्त्री दया, माया, ममता, करुणा और उदारता की मूर्ति होती है।" शान्तनु जैसे अपने-आप से कह रहे थे।

"मैं वैसी नारी नहीं हूँ। और न ऐसा कोई आदर्श पालने की मेरी इच्छा है, जिसमें बाँधकर मुझे मूर्ख बनाया जा सके।" सत्यवती बोली, "आपने यह भी सुन रखा होगा कि नारी वासना भी है और माया भी। उसमें इच्छाएँ होती हैं। वह पृथ्वी के मृण्मय तत्त्वों से बनी है, इसलिए उसमें भोग और भोग के अधिकार की लालसा होती है। वह पृथ्वी के समान प्रत्येक वस्तु पर अपना अधिकार चाहती है। धन, वैभव, सत्ता—सबकी माया व्यापती है मुझे। मैं कुरुकुल की रानी हूँ और हस्तिनापुर के सम्राट की माँ के रूप में राजमाता भी बनना चाहती हूँ। निवृत्ति, अध्यात्म, त्याग, बलिदान की बातें नहीं भातीं मुझे।...और मैं चाहूँगी कि मेरे पुत्र भी ऐसे ही हों।"

शान्तनु अवाक्-से सत्यवती को देखते रह गये। जिस स्पष्ट रूप से उसने अपने स्वरूप को स्वीकार किया था, उसके बाद कहने को कुछ रह ही कहाँ जाता था। शान्तनु का मन हुआ कि कहें कि 'यदि तुमने अपने विषय में सच-सच बताया है, तो देवि! तुम्हें पा कर अपनी कल्पनाओं में जिस स्वर्ग का मैंने निर्माण किया था, वह ध्वस्त हो चुका।'...पर कहने का कोई अवसर तो होता...

"तुम्हारी इच्छा पूरी होगी।" शान्तनु बोले, "तुम्हारे पुत्रों की शिक्षा का दायित्व भीष्म पर नहीं होगा। तुम्हारे पुत्र ऋषिकुलों या गुरुओं के आश्रमों में भी नहीं जायेंगे। तुम्हारे पुत्रों की शिक्षा-दीक्षा, राजप्रासाद में ही होगी।"

"उनका गुरु कौन होगा?"

"कोई असाधारण मनीषी, कोई ऋषि तो राजप्रासाद का कर्मचारी बन कर आयेगा नहीं।" वे बोले, "राजाश्रित कोई ब्राह्मण उनके आचार्य का कार्य सँभालेगा।"

"ठीक है।" सत्यवती कुछ सन्तुष्ट-सी हुई, "मैं नहीं चाहती कि मेरे पुत्र ऋषियों और गुरुओं के अधिक प्रभाव में आयें। मैं तो यह समझती हूँ कि भीष्म का बचपन भी यदि आश्रमों में न बीता होता, तो वह सांसारिक सुखों से इस प्रकार विरक्त न होता।...इसलिए मैं नहीं चाहती कि वह मेरे पुत्रों के अधिक सम्पर्क में आये।"

"तुम्हारी यह इच्छा भी पूरी होगी।"

शान्तनु उठ कर कक्ष से बाहर चले गये।

6

सन्ध्या समय शान्तनु प्रासाद में लौटे। सबसे पहले वह सत्यवती के पास गये।

"कैसी हो सत्या?"

"ठीक हूँ! आपका दिन कैसा बीता?"

"सभा में बहुत काम था। थक गया हूँ।" शान्तनु ने किरीट उतार कर दासी के हाथों में पकड़ा दिया, "भीष्म बहुत सारा काम सँभाल लिया करता था, पर इधर वह एक प्रकार से वैरागी हो गया है—दिन-भर अध्ययन, चिन्तन और मनन में डूबा रहता है।... वैसे उसका दोष भी क्या है," शान्तनु आ कर सत्यवती के पास बैठ गये, "जब मैंने ही उसका युवराजत्व छीन लिया; जब उसे कौरवों का राजा ही नहींबनना है; जब उसे प्रजा का पालन ही नहीं करना है, तो वह कार्य किसके लिए करे। राज-काज में अपना मस्तिष्क क्यों खपाये। ऐसे में उसमें ज्ञान और साधना की प्रवृत्ति बढ़ रही है, तो अनुचित भी क्या है।..."

सत्यवती बोली तो उसका स्वर कुछ अधिक ही उत्तेजित था, "मुझे बार-बार न सुनायें। उसने स्वयं वचन दिया था। उसे किसी ने बाध्य नहीं किया था।"

"सत्या!" शान्तनु जैसे अपने क्षोभ को सन्तुलित कर रहे थे, "तुम्हें कौन सुना रहा है। मैंने तो एक बात कही है।"

"हाँ! कही तो बात ही है, पर मैं उसका अभिप्राय समझती हूँ।" वह बोली, "यदि आप समझते हैं कि यह सब सुन कर, मैं दया से विगलित हो कर, उसे उसके वचन से मुक्त कर दूँगी, तो यह आपकी भूल है।...मैं इतनी कोमल-हृदया नहीं हूँ।"

शान्तनु हँसे; पर उस हँसी का खोखलापन स्वयं उन्हें ही चौंका गया, "तुम्हें ऐसी ही परिस्थितियों से मुक्त रखने के लिए, वह तुमसे दूर रहता है। और शायद सब कुछ भूलने के लिए ही इस प्रकार चिन्तन-मनन में लगा रहता है।"

"कोई नहीं लगा रहता वह चिन्तन-मनन में," सत्यवती तमक कर बोली, "और न वह मुझसे दूर ही रहता है।...वह आज यहाँ आया था।"

शान्तनु चौंके, "भीष्म यहाँ आया था?"

"हाँ!"

"क्या बातें हुईं?"

"मैं उससे नहीं मिली।"

"क्यों?"

"मेरी इच्छा।" सत्यवती कुछ और तीखी पड़ी, "और भविष्य में भी उससे नहीं मिलूँगी। आप अपने भीष्म से कह दें, कि वह मेरे प्रासाद में न आया करे। मुझे उससे मिलने में कोई रुचि नहीं है।"

शान्तनु ने कुछ रोष से सत्यवती को देखा, फिर जैसे उस रोष को पी गये। स्वयं को कुछ संयत किया और बोले, "कह दूँगा।" फिर जैसे इतने से सन्तुष्ट न हो पाये हों, "क्या मैं पूछ सकता हूँ उसका दोष क्या है?"

"दोष हो या न हो।" सत्यवती बोली, "इसमें विवाद की क्या बात है। मैं उससे नहीं मिलना चाहती।"

शान्तनु कुछ नहीं बोले।

"एक बात और है।" थोड़ी देर बाद सत्यवती बोली।

"क्या?"

"मेरे पुत्र चित्रांगद का युवराज्याभिषेक कर दिया जाये। सारी प्रजा और स्वयं भीष्म भी देख ले कि हस्तिनापुर का युवराज कौन है।"

शान्तनु अपने चिन्तन में डूबे-डूबे, जैसे बड़ी बाध्यता में बोले, "तुम्हारी इच्छा पूरी होगी।"

7

"महाराज आज कुछ असमय पधारे हैं।" सत्यवती के मन में कोई विशेष उल्लास नहीं था, "सब शुभ तो है?"

"तुमसे कुछ बातें करनी हैं सत्या!" शान्तनु सत्यवती के कक्ष की ओर बढ़ चले, "महत्त्वपूर्ण बात है, इसलिए चाहूँगा कि पूर्ण एकान्त हो। दासियों को भी हटा दो।"

सत्यवती ने उनके पीछे कक्ष में प्रवेश किया और कपाट भिड़ा दिये, "क्या बात है महाराज?" और उत्तर की प्रतीक्षा किये बिना उसने स्वयं ही कहा, "क्या आप तक भी सूचना पहुँचा दी गयी।"

सत्यवती पलंग पर लेट गये शान्तनु के पास आ कर बैठ गयी।

'तो क्या सत्यवती भी जानती है?' शान्तनु ने मन-ही-मन सोचा; किन्तु पूछा, "कौन-सी सूचना?"

"जिसे सुन कर इस समय आप यहाँ चले आये हैं।" शान्तनु को लगा, सत्यवती का स्वर कुछ ऊँचा ही नहीं, अशिष्ट भी हो गया है। पर उनका मन कह रहा था कि सत्यवती का यह व्यवहार भीष्म के वानप्रस्थ के कारण नहीं हो सकता।

"क्या हुआ सत्या?" शान्तनु का स्वर अनपेक्षित रूप से शान्त था, "तुम कुछ क्षुब्ध लग रही हो।"

"आपको मन्त्री विष्णुदत्त ने कुछ नहीं कहा?"

"नहीं तो।" और शान्तनु मन-ही-मन चकित होते हुए सोच रहे थे कि विष्णुदत्त से सम्बन्धित ऐसी कौन-सी बात थी, जिसके कारण सत्यवती इतनी क्रुद्ध है और विष्णुदत्त ने न केवल उसकी चर्चा ही नहीं की, उल्टे वह शान्तनु के स्वास्थ्य के विषय में अपनी चिन्ता प्रकट करता रहा।

"आज युवराज भ्रमण के लिए गये थे..."

"कौन?" शान्तनु अनायास ही पूछ बैठे—'भ्रमण के लिए कौन गया' वह सोच रहे थे, 'भीष्म तो गंगा-तट पर कुटिया बनाये बैठा है...।'

"युवराज चित्रांगद।" सत्यवती ने एक-एक शब्द बलपूर्वक कहा।

ओह...यह उस दस बरस के छोकरे की चर्चा भी नाम से नहीं 'युवराज' पद से करती है...जैसे हर क्षण अपने-आपको भी याद दिलाती रहती है और उन्हें भी कि युवराज भीष्म नहीं, चित्रांगद है।...लगता है, अभी भी उसे आठों प्रहर एक ही आशंका खाये जा रही है कि भीष्म, चित्रांगद से उसका 'युवराज' पद छीन न ले।

"तो क्या हुआ?" शान्तनु ने पूछा, "चित्रांगद का भ्रमण करने जाना कोई ऐसी घटना तो नहीं, जिसकी सूचना राजा को अवश्य दी जाये।"

"एक वाटिका के बाहर जा कर सारथि ने रथ रोक दिया। युवराज ने कारण पूछा तो सारथि ने बताया कि वह राजोद्यान है। भीतर पदाति ही जा सकता है—रथ के लिए मार्ग नहीं है। युवराज ने उससे कहा कि राजोद्यान उनकी निजी सम्पत्ति है।

यदि वे चाहते हैं कि रथ भीतर जाये तो सारथि का कर्तव्य है कि वह रथ को भीतर ले जाये। किन्तु सारथि ने उनकी आज्ञा का पालन नहीं किया। उसे इस अपराध के लिए दण्डित करने हेतु, युवराज ने उसे कशा से पीटा...”

शान्तनु को लगा, कशा सारथि की पीठ पर नहीं, उनकी अपनी पीठ पर पड़ा हो। दस वर्षों का यह उद्दण्ड छोकरा अपने-आपको युवराज समझता है, इसलिए वह जिस-तिस को अपराधी मान कर दण्डित करने के लिए कशा से पीटता है... ये सारथि, परिचारक तथा अन्य राजकर्मचारी, वय में उससे बहुत बड़े हैं। वे राजपरिवार की मर्यादा और प्रासाद के विधि-विधान को जानते हैं। उनका दायित्व है कि वे राजकुमार को राजकुल की मर्यादा से परिचित करायें...और इस शिक्षा के लिए अनुगृहीत होने के स्थान पर, वह उनको दण्डित करता है...यह शील-शिष्टाचार सिखाया है, सत्यवती द्वारा नियुक्त अध्यापकों और आचार्यों ने उसे?

किन्तु अपने मन के बवण्डर को उन्होंने अपने तक ही रोके रखा। पूछा, “फिर क्या हुआ?”

“होना क्या था,” सत्यवती बोली, “कुछ होता, इससे पहले ही आपका वह बूढ़ा विष्णुदत्त वहाँ आ पहुँचा; और इस प्रकार पूछताछ करने लगा, जैसे वह युवराज से भी अधिक अधिकार सम्पन्न कोई राजकर्मचारी हो। युवराज ने उसे बताया कि सारथि उसकी आज्ञा का उल्लंघन कर रहा है, तो सारथि को प्रताड़ित करने के स्थान पर, आपका वह विष्णुदत्त युवराज को ही समझाने लगा कि सारथि ठीक कह रहा है। राजोद्यान के भीतर रथ ले जाने का नियम नहीं है। युवराज को क्रोध तो बहुत आया; किन्तु मन्त्री की वृद्धावस्था का विचार कर, उन्होंने उस पर कशा का प्रहार नहीं किया। अपने नन्हे से हाथ का एक चाँटा-भर मार कर, वे यह कह कर लौट आये कि वह महाराज के सम्मुख मन्त्री और सारथि पर अभियोग प्रस्तुत करेंगे... ।”

सहसा शान्तनु के मन में सत्यवती के लिए दया उमड़ आयी : यह बेचारी अपने पुत्र की ममता और उसके युवराजत्व के महत्त्व से ऐसी त्रस्त है कि उसका विवेक जैसे मर ही गया है। वह समझ नहीं पा रही कि उन तीनों में अपराधी यदि कोई है तो स्वयं चित्रांगद है। दण्ड मिलना चाहिए, तो चित्रांगद को ही मिलना चाहिए। दस वर्षों का यह छोकरा अपने युवराजत्व से ही इतना मदान्ध हो गया है कि वह अपने अधिकार की कोई सीमा ही नहीं समझता। नियम, मर्यादा और धर्म को भी नहीं समझता।...कल, जब यह मदान्ध राजकुमार, राजा के रूप में हस्तिनापुर के सिंहासन पर बैठेगा, तो इसका अहंकार आज की तुलना में कहीं अधिक स्फीत हो चुका होगा। तो क्या वह राजसभा में बैठा, अपने हाथों, राजदण्ड से लोगों को पीटा करेगा? क्या वह इस बात को समझ पायेगा कि वैसे तो प्रत्येक व्यक्ति अपने ही

पाप को भोगता है; किन्तु राजा का पाप शतगुणित हो कर, लौट कर फिर उसी पर पड़ता है...

शान्तनु को चुप देख, सत्यवती पुनः बोली, "क्या विष्णुदत्त ने आपसे चर्चा की?"

"नहीं।" शान्तनु बोले, "किन्तु तुम्हें चित्रांगद को समझाना चाहिए कि राजकुमारों की भी कोई मर्यादा होती है।"

सत्यवती की आँखें आश्चर्य और क्रोध से फैल गयीं। वह अवाक बैठी शान्तनु को देखती रही।

शान्तनु के मन में आया कि कहें, 'युवराज की माँ की भी मर्यादा होती है।...'

पर उन्होंने कहा नहीं। उठ कर चुपचाप कक्ष से बाहर चले गये। अब भीष्म की चर्चा व्यर्थ थी।

8

"भीष्म आपके पास क्यों आया था?"

"मैंने उसे बुलाया था।" शान्तनु सहज रूप में कह गये; और तब उनका ध्यान सत्यवती की ओर गया। उसकी वाणी में उसका विरोध बहुत मुखर हो कर आया था। ...उसने जब भीष्म के चित्रांगद और विचित्रवीर्य के साथ मिलने पर आपत्ति की थी, शान्तनु को तब भी पीड़ा हुई थी। बहुत प्रयत्न करने पर भी वे सत्यवती को समझा नहीं पाये थे कि भीष्म के प्रति इस प्रकार का द्वेष सत्यवती के लिए लाभदायक नहीं होगा। भीष्म का उससे क्या बिगड़ेगा—और तब से उन्होंने मान लिया था कि भीष्म उन्हीं का पुत्र है, सत्यवती का नहीं; और यदि वह सत्यवती का पुत्र नहीं है तो वह चित्रांगद और विचित्रवीर्य का भी भाई नहीं है...पर सत्यवती यह चाहती है कि वह उनका भी पुत्र न रहे...

"क्यों बुलाया था उसे?"

शान्तनु की इच्छा हुई कि एक बार पूरी कठोरता से सत्यवती को डपट दें। वह राजा हैं, पिता हैं...। उनकी इच्छा होगी तो वह जिसे चाहेंगे, उसे बुलायेंगे, मिलेंगे। वह किस अधिकार से भीष्म को उनसे और उनको भीष्म से मिलने से रोकना चाहती है?...पर दूसरे ही क्षण जैसे वे चेत गये।...यहाँ वे न राजा हैं, न पिता। यहाँ वे पति हैं, और पति-पत्नी का सम्बन्ध अपने ही नियमों से परिचालित होता है...। सत्यवती

भीतर-ही-भीतर उफन रही है। यदि उन्होंने उसकी इच्छा के प्रतिकूल कुछ कह दिया और वह अपना सन्तुलन खो बैठी तो वह कुहराम मचा देगी। उनका पारिवारिक झगड़ा खुल कर सामने आ जायेगा। राजा और रानी का पारस्परिक विरोध...भीष्म के प्रति सत्यवती की दुर्भावना—सब कुछ प्रकाशित हो जायेगा। हस्तिनापुर के घर-घर में चर्चा होगी और आस-पास के अनेक विद्रोही जन-प्रमुख इस गृह-कलह का लाभ उठाने के विषय में सोचने लगेंगे। उनकी सीमा से लगे हुए राज्यों के क्षत्रिय राजा अपनी सेनाएँ सजाने लगेंगे। पारिवारिक-कलह, राजनीतिक कलह का रूप धारण कर लेगी...

वे सत्यवती से झूठ बोल कर उसे टाल भी सकते थे...किन्तु सामान्यतः वे झूठ बोलते नहीं थे...और यदि सत्यवती को उनके अपने प्रासाद से यह सूचना मिल सकती है कि भीष्म उनसे मिलने आया था, तो यह सूचना भी मिल सकती है कि पिता-पुत्र में क्या बातें हुई थीं। बहुत सम्भव है कि सत्यवती का कोई गुप्तचर उनके निजी सेवकों में हो...ऐसे में उनका झूठ खुलते एक क्षण नहीं लगेगा।...रोष में सत्यवती असन्तुलित हो जाती है...और असन्तुलन किसी मर्यादा को नहीं मानता। ऐसी स्थिति में अपने दास-दासियों के सामने जो कुछ शान्तनु को सुनना पड़ेगा, वह शोभनीय नहीं होगा...और यदि झूठ न भी खुला...तो भी वे उसके खुलने के भय से सदा आतंकित रहेंगे...

"सत्यवती!" शान्तनु का स्वर नियन्त्रित था, "मेरा वार्द्धक्य अपनी शक्ति दिखा रहा है। मैं दिन-प्रति-दिन अक्षम होता जा रहा हूँ। मेरी मानसिक और शारीरिक शक्तियाँ क्षीण हो रही हैं...।"

"तो राजवैद्य को बुलाया होता।" सत्यवती बोली, "भीष्म क्या कर सकता है इसमें? वह क्या पुरु के समान अपना यौवन आपको दे देगा?"

"क्या उसने पहले ही अपना यौवन मुझे दे नहीं दिया?" शान्तनु के स्वर में खीझ थी, "तुम्हारे पिता ने उससे जीवन का प्रत्येक सुख-भोग, हँसी-खुशी, आशा-उल्लास—सब कुछ छीन नहीं लिया? क्या चाहती हो तुम उससे?"

सत्यवती भी कुछ उग्र हुई, "मैंने या मेरे पिता ने कुछ नहीं छीना है उससे! उसने स्वेच्छा से सब-कुछ त्यागा है। और किसी ने उससे कुछ छीना ही है, तो छीनने वाले आप हैं, आप! छीना भी आपने ही, और दोषारोपण भी आप ही कर रहे हैं।..."

"हाँ! मैंने ही सब-कुछ छीना है।" शान्तनु का स्वर अवरोह पर था, "पापी तो मैं ही हूँ। मैंने ही पिशाच बन कर अपने पुत्र का रक्त पी डाला है।"

"जब रक्त पी ही डाला है, तो अब किसलिए बुलाया था उसे? अब उस रक्तहीन लोथ को दूर कहीं फेंक क्यों नहीं देते?"

"नहीं!..." शान्तनु जैसे किसी प्रेत-लोक से बोल रहे थे, "अभी उसके पास हड्डियाँ हैं, माँस है...अभी से कैसे छोड़ दूँ उसे?"

शान्तनु की स्थिति देख कर सत्यवती सहम उठी...पहली बार उसके मन में विचार आया...राजा स्वस्थ नहीं लग रहे, कहीं उन्हें कुछ हो गया तो?...उनकी आँखों में जो यह प्रेत-लोक की छाया है, यह कोई मनोविकार है या मृत्यु का आभास?...

"क्या हो गया है आपको?" सत्यवती का स्वर कुछ कोमल हुआ, "मैं तो केवल इतना ही पूछ रही थी कि क्यों बुलाया था भीष्म को? क्या काम था आपको उससे?..." और सत्यवती जैसी डगमगा गयी, "आप न बताना चाहें तो न बतायें।"

अपनी उस उद्विग्नता में भी शान्तनु की दृष्टि से यह छिपा नहीं रह सका कि उनकी असहजावस्था को देख कर सत्यवती कुछ विचलित हो गयी थी।...क्या है सत्यवती के मन में? कहीं ऐसा तो नहीं कि वह उन पर इस प्रकार अपना पूर्णाधिकार चाहती है कि जो कुछ शान्तनु के पास है, वह उसका हो जाये। उनके माध्यम से वह कुरुकुल पर, कुरु साम्राज्य पर, अपना अक्षुण्ण अधिकार स्थापित कर लेना चाहती है। इसलिए चाहती है कि शान्तनु का किसी के साथ कोई सम्बन्ध न रहे, कोई सम्पर्क न रहे, उन पर किसी का कोई अधिकार न रहे। शान्तनु रहें, पूर्णतः स्वस्थ, समर्थ और शक्तिशाली रहें...और उन पर एकछत्र अधिकार रहे सत्यवती का ...वह सत्यवती की सत्ता के उपकरण मात्र रहें...पर उपकरण का अस्तित्व आवश्यक है, उसका समर्थ रहना, कार्य-सक्षम रहना अनिवार्य है, अन्यथा...सत्यवती का अधिकार-सूत्र शिथिल ही नहीं होगा, टूट भी सकता है...

"सत्य जानना चाहती हो?"

सत्यवती ने सहमति में सिर हिलाया।

"जब अपने शरीर को असमर्थ होता देखता हूँ, शक्ति को क्षीण होता हुआ पाता हूँ, तो मैं डर जाता हूँ।" उन्होंने सत्यवती की ओर देखा।

सत्यवती कुछ नहीं बोली, चुपचाप उनकी ओर देखती रही।

"मुझे लगता है कि मेरी आयु अब शेष होने जा रही है। मैं अधिक समय तक जीवित नहीं रहूँगा..." वह कुछ रुके और फिर बोले, "मुझे अपनी कोई चिन्ता नहीं है। जीवन में जो कुछ पाया और खोया है, इसके बाद ऐसा कुछ नहीं रहा, जिसे पाने या भोगने के लिए और जीवित रहना चाहूँ..." उन्होंने रुक कर सत्यवती को देखा, "तुम्हारी भी चिन्ता नहीं है मुझे! तुम पर्याप्त समर्थ हो...किन्तु चिन्ता मुझे अपने इन पुत्रों की है—चित्रांगद और विचित्रवीर्य की।"

"क्यों? इनकी क्या चिन्ता है आपको?" सत्यवती का स्वर पर्याप्त शुष्क था, "चित्रांगद सिंहसनासीन होगा और हमारा पालन करेगा।"

"यही तो चिन्ता है मुझे।" शान्तनु बोले, "राजपुत्र समर्थ होता है तो सिंहासनासीन होता है। वह राजा, सम्राट और चक्रवर्ती बनता है...किन्तु..."

"किन्तु क्या?" सत्यवती का भय इन दो शब्दों के पीछे से भी बोल रहा था।

"किन्तु यदि राजपुत्र समर्थ नहीं हुआ तो उसका जीवित रहना भी कठिन हो जाता है।"

"क्या कहना चाहते हैं आप?" सत्यवती का भय प्रकट हो गया।

"पड़ोसी राजा ही नहीं, उसके अपने अमात्य, सेनापति और जन-प्रमुख, दुर्बल राजा के शत्रु होते हैं। वे उसे जीवित नहीं रहने देना चाहते, क्योंकि राजपुत्र के जीवन में उसका अधिकार भी अक्षुण्ण बना रहता है।"

सत्यवती के चेहरे पर उसका भय जैसे घनीभूत हो गया, "नहीं!..."

"तुम्हारे नकार देने से प्रकृति के सत्य तो नहीं बदल जायेंगे।" शान्तनु बोले, "अपनी क्षमता-भर मुझे अपने इन पुत्रों के समर्थ होने तक की व्यवस्था, उनकी रक्षा का प्रबन्ध करना है।"

सत्यवती ने आँखों में प्रश्न भर कर शान्तनु की ओर देखा; किन्तु शान्तनु स्पष्ट देख रहे थे कि उसकी आँखों में उत्सुकता और जिज्ञासा से अधिक अविश्वास और विरोध है।...सत्यवती का यह अविश्वास शान्तनु को तोड़ देने के लिए पर्याप्त था। न केवल उनका सारा उत्साह ही जाता रहा; उन्हें लगा, उनके शरीर से जैसे प्राण ही निकल गये हों। उनकी बोलने की इच्छा ही चुक गयी...

प्रतीक्षा सत्यवती के लिए असह्य थी : जाने शान्तनु किस प्रकार की व्यवस्था की बात सोच रहे हैं।

"कैसा प्रबन्ध करना चाह रहे हैं आप?" सत्यवती को पूछना ही पड़ा।

"मैं चाहता हूँ..." शान्तनु फिर रुक गये, जैसे या तो उन्हें शब्द ही न मिल रहे हों, या फिर अब भी उनके मन में द्वन्द्व था कि बतायें या न बतायें?

"कैसा प्रबन्ध करना चाह रहे हैं आप?" सत्यवती ने फिर पूछा।

"यदि मैं न रहूँ, तो भी कोई ऐसा हो, जो बाहरी और भीतरी विरोधों, षड्यन्त्रों और आक्रमणों से चित्रांगद और विचित्रवीर्य की रक्षा करता रहे...।"

"कौन है वह—भीष्म?" सत्यवती ने तड़प कर पूछा।

शान्तनु ने देखा, क्षण-भर पहले की दुर्बल, डरी और सहमी हुई सत्यवती, एक ही क्षण में जैसे सिंहनी बन गयी थी।

उन्होंने बड़ी बाध्यता में सिर हिलाया, "हाँ।"

और सिंहनी ने न केवल गर्जना ही की, उसने उन पर छलाँग भी लगा दी, उसके सारे दाँत, उनके बीसों नख, उसकी दृष्टि, उसकी ध्वनि...सब कुछ मिल कर, जैसे

शान्तनु के चिथड़े-चिथड़े कर देना चाहते थे..., "इस पृथ्वी पर अब धर्म नहीं रह गया है। नरक हो गयी है यह पृथ्वी। कोई किसी का विश्वास कैसे करेगा। इससे तो अच्छा है कि पृथ्वी फट जाये। आकाश टूट पड़े। सागर लील लें, या इस पृथ्वी को अग्नि ही जला दे। महाश्मशान हो जाये यह सारा...मृत्यु, मृत्यु...।"

शान्तनु को लगा, सत्यवती पागल हो गयी है। सम्भव है कि अपनी इस मानसिक स्थिति में वह अपने वस्त्र फाड़ दे और श्मशान की डाकिनी-पिशाचिनी के समान उछल-उछल कर नाचने लगे और शान्तनु के ही शरीर में कहीं अपने दाँत गड़ा दे...मृत्यु...मृत्यु...मृत्यु...

"सत्यवती!" शान्तनु ने उसे बाँहों से पकड़ा, "सत्यवती! क्या हो गया है तुम्हें?"

"क्या हो गया है।" सत्यवती ने झटके से अपनी बाँह छुड़ा ली, "भरत वंश का चक्रवर्ती अपनी पत्नी को दिये वचनों को भूल गया है। भूल ही नहीं गया, जान-बूझ कर उन वरदानों को वापस ले रहा है। सत्य, धर्म, न्याय...।"

शान्तनु और धैर्य नहीं रख सके। कुछ उग्र हो कर बोले, "मुख से शब्द निकालने से पहले कुछ सोच लेना चाहिए। पहली बात तो यह है कि मैंने तुम्हें न कोई वचन दिया है, न वरदान...।"

सत्यवती क्रुद्ध नागिन के समान फुफकारी, "झूठ बोल लो। सब-कुछ अस्वीकार कर दो। अब कह दो कि तुमने मुझसे विवाह भी नहीं किया है। चित्रांगद और विचित्रवीर्य तुम्हारे पुत्र भी नहीं हैं।..."

शान्तनु को लगा, उनका संयम अब टूट जायेगा और बहुत सम्भव है कि उनका हाथ सत्यवती पर उठ जाये।

उन्होंने स्वयं को सँभाला और यथासम्भव संयत स्वर में बोले, "प्रतिज्ञाएँ भीष्म ने की हैं; और वह आज भी उन पर अटल है तथा भविष्य में भी रहेगा...।"

"वह भी अटल है और तुम भी अटल हो। तुम जैसे धूर्त्त तो मैंने देखे ही नहीं।" सत्यवती वैसे ही चिल्लाती रही, "वह युवराज नहीं बनेगा, मेरे पुत्रों का अभिभावक बनेगा। वह चक्रवर्ती नहीं बनेगा, चक्रवर्ती का नियन्ता बनेगा। वह राजा नहीं होगा, पर राजसत्ता उसकी होगी। वह प्रजा पर शासन नहीं करेगा, मेरे पुत्र पर शासन करेगा। मेरा पुत्र राजसिंहासन पर बैठेगा, पर तुम्हारे उस देवव्रत भीष्म का चाकर रहेगा...।"

सत्यवती खड़ी हाँफ रही थी।

शान्तनु सत्यवती की ओर देखते रहे : शायद वह कुछ और बोले; किन्तु वह कुछ नहीं बोली।

अन्ततः शान्तनु ही बोले, "विष-वमन हो चुका हो तो अब मेरी बात सुनो। न मैं तुम्हारे पुत्रों को राज्य से वंचित कर रहा हूँ, न भीष्म उनका राज्य लेना चाहता है। मैं तो उस बेचारे पर एक अतिरिक्त बोझ डालने जा रहा था, ताकि मेरी मृत्यु के पश्चात तुम लोग—तुम और तुम्हारे पुत्र—सुखी और सुरक्षित रह सको। पर लगता है कि यह विधाता की इच्छा के अनुकूल नहीं है।...आज तक तो नहीं दिया, किन्तु आज तुम्हें अपनी ओर से एक वरदान दे रहा हूँ...तुम्हारे और तुम्हारे पुत्रों के विषय में मैं अपनी ओर से कोई निर्णय नहीं लूँगा।...और चेतावनी के रूप में कह रहा हूँ कि मेरी मृत्यु के पश्चात् भी तुमने भीष्म से शत्रुता निभायी तो अपने, अपने पुत्रों और हस्तिनापुर के राज्य के नाश के लिए तुम उत्तरदायी होगी—केवल तुम।"

शान्तनु को लगा, उनका वक्ष जैसे खोखला हो गया है; और वे हाँफ रहे हैं...

वे जाने के लिए उठ खड़े हुए।

9

सत्यवती का हृदय जैसे काँप उठा : राजा, भीष्म को कुछ कहते-कहते यमलोक चले गये थे। इसी क्षण यदि भीष्म यह घोषणा कर दे कि चक्रवर्ती उसे ही राज्य दे कर गये हैं तो?...चित्रांगद और विचित्रवीर्य दोनों मिल कर भी भीष्म का कुछ नहीं बिगाड़ पायेंगे। यदि प्रयत्न करेंगे तो सम्भवतः एक ही झटके में भीष्म उनके रुण्ड से मुण्ड को पृथक् कर दे...सत्यवती की दृष्टि अनायास ही चारों ओर घूम गयी...वहाँ एक व्यक्ति भी तो ऐसा नहीं था, जिसे वह भीष्म के विरुद्ध अपना सहायक मान सके ...मन्त्री, राजपुरोहित, कुरु जनप्रमुख...अन्य रानियों पर जब विपत्ति आती होगी, तो उनके पिता या भाई अपनी सेनाएँ ले कर आ जाते होंगे, पर सत्यवती का कौन है? ...उसके बाबा, उनके निषाद...क्या करेंगे, वे अपनी नौकाओं और चप्पुओं से... मछलियाँ पकड़ने-वाले जालों और अपनी टोकरियों से...कहाँ हैं उनके पास रथ, घोड़े, धनुष-बाण, आज्ञाकारी सैनिक...

बाबा ने ठीक कहा था, 'बलिष्ठ का विरोध!'...अब इस समय भीष्म का दिया हुआ वचन क्या करेगा। वचन तलवारों की धार तो नहीं काट सकता। यदि भीष्म ने राज्य हस्तगत कर लिया, तो किसके पास जायेगी सत्यवती गुहार करने? किससे मांगेगी वह न्याय?...

न्याय!...

और जैसे सत्यवती का अपना प्रश्न, पलट कर उसके अपने सामने खड़ा हो गया...आज भीष्म द्वारा राज्याधिकार हस्तगत करना अन्याय है, या भीष्म से उसका युवराजत्व छिन जाना?...

पर सत्यवती आज तक ऐसे प्रश्नों की अवहेलना ही करती आयी है। उसे क्या लेना है इन प्रश्नों से। न्याय और अन्याय से!...वह तो केवल यह जानती है कि उसने राजा से एक व्यवहार किया था...वह व्यवहार न्याय था, अन्याय था...जो भी था, वह एक समझौता था। पर उस समझौते को ले कर वह किसके न्यायाधिकरण में जाये...यहाँ तो समझौता करने-वाले भी वही हैं, न्याय करने-वाले भी वही हैं, देनेवाले भी वही हैं और छीनने-वाले भी वही हैं...

सत्यवती को चक्कर आ गया। उसे पता ही नहीं चला कि कब वह भूमि पर आ बैठी और शायद वैसे ही धरती पर लेट भी जाती, यदि भीष्म तत्काल आगे बढ़ कर उसे पकड़ न लेते।

"माता।" भीष्म ने बहुत स्नेह से पुकारा।

सत्यवती ने कुछ नहीं कहा। उसकी आँखें खुलीं। उसने भीष्म को देखा और आँखें फिर से बन्द हो गयीं। लगा, वह अचेत हो जायेगी।

"माता!" भीष्म ने पुनः पुकारा "माता! आप धैर्य रखें। आपका कष्ट कम करने के लिए भीष्म से जो भी हो सकेगा...।"

सहसा चित्रांगद अप्रत्याशित वेग से झपट कर सत्यवती के पास आया। उसने सत्यवती को इस प्रकार पकड़ा, मानो माँ की रक्षा के लिए उसे भीष्म के हाथों से छीन रहा हो, "आप कष्ट न करें।" उसका स्वर अशिष्ट होने की सीमा तक शुष्क था, "पिता नहीं रहे, पर मैं अभी हूँ। माँ की देख-भाल मैं कर लूँगा। उसके लिए आपकी सहायता की आवश्यकता नहीं पड़ेगी।"

क्षण-भर के लिए भीष्म के चेहरे पर तेज झलका, लगा कि अभी कोई बहुत कठोर वचन उच्चरित होगा—पर अगले ही क्षण जैसे वे सँभल गये। उनके चेहरे पर कटाक्ष का भाव आया और वह भी दब गया।...अन्ततः असहायता का भाव ही शेष रह गया। बहुत धीर-धीरे बोले, "मैं भूल गया था कि तुम बड़े हो गये हो।"

भीष्म न केवल उठ खड़े हुए, सत्यवती से कुछ दूर भी हट गये। इच्छा हुई कि तत्काल कक्ष से बाहर निकल जायें; पर फिर ध्यान आया : पिता का देहान्त अभी-अभी हुआ है। शोक का समय है। यह न विरोध और मान का अवसर है, न शिक्षण का। इस समय भीष्म का यहाँ से चला जाना भी अनेक प्रकार की उलझनों को जन्म देगा...

सत्यवती के जैसे प्राण लौटे।

उसने देखा कि किस असहायावस्था में उसके अपने पुत्र, उसके अपने चित्रांगद ने उसे न केवल उबार लिया, वरन भीष्म को परे झटक दिया।...भीष्म समझता होगा, कि चित्रांगद छोटा बच्चा है...पर वह छोटा नहीं है...सत्यवती ही कहाँ समझती थी; पर वह चक्रवर्ती शान्तनु का पुत्र है। सिंह का शिशु भी सिंह की क्षमताओं से युक्त होता है।

कितना कम आँका था सत्यवती ने अपने पुत्र को। वह भयभीत थी कि जैसे भीष्म, चित्रांगद को निगल ही जायेगा और सत्यवती को उठा कर गंगा किनारे पटक आयेगा...पर कैसा सहम गया भीष्म, चित्रांगद के तेज के सामने! अब तक तो वह युवराज था, पर आज से, इस क्षण से वह हस्तिनापुर का सम्राट है। उससे भीष्म को ही नहीं, सबको डरना होगा। राजा की शक्ति तो उसकी दण्ड-शक्ति ही है। दण्ड के भय से ही साम्राज्य चला करते हैं...

सत्यवती को लगा, वह शान्तनु की मृत्यु से अनाथ नहीं हुई, वस्तुतः सनाथ हुई है। इतने वर्षों के दाम्पत्य जीवन के पश्चात् भी वह चक्रवर्ती की ओर से आश्वस्त नहीं थी।...जाने कब चक्रवर्ती का पुत्र-प्रेम जाग जाये और वह भीष्म का राज्याभिषेक कर दें। तब शान्तनु की पत्नी होते हुए भी, वह न महारानी रहती, न राजमाता। शान्तनु उसे कभी भी पूर्ण सुरक्षा का भाव नहीं दे पाये—पर आज, इस क्षण से चित्रांगद सम्राट हो गया है। हस्तिनापुर का शासन, धन, सम्पत्ति, सत्ता, सेना, सब-कुछ उसी का है...और माता को न कोई त्याग सकता है, न अपदस्थ कर सकता है...अब सत्यवती वस्तुतः राजपरिवार पर अपना नियन्त्रण स्थापित करेगी...चक्रवर्ती के साथ विवाह तो एक लक्ष्य की ओर प्रयाण था। वह यात्रा का आरम्भ था। सारा दाम्पत्य जीवन, जैसे यात्रा और यात्रा के अन्त की प्रतीक्षा था। लक्ष्य तक तो वह अब पहुँची है...उसका लक्ष्य तो राजमाता बनना था...यह उपलब्धि का क्षण है, वंचना का नहीं।

सत्यवती जैसे अधिकार-मद से तन गयी, "महामन्त्री और आचार्य वसुभूति! महाराज की अन्त्येष्टि की व्यवस्था करें।"

भीष्म को कहने के लिए...सान्त्वना, संवेदना, आदेश...किसी भी प्रयोजन के लिए सत्यवती के पास कोई शब्द नहीं था—अब उसके लिए भीष्म का कोई अस्तित्व नहीं था। राजा के देहावसान के साथ सत्यवती की सत्ता के लिए, भीष्म का अस्तित्व, उसके अस्तित्व की वह भयावनी छाया...सब-कुछ समाप्त हो गया था...

सत्यवती ने अनुभव किया, आज एक लम्बी अवधि के पश्चात् वह आशंका-शून्य हुई है, भयरहित, मुक्त...

10

संदेशवाहक बहुत शीघ्रता में आया हुआ लगता था। राजकीय शिष्टाचार का पूरा निर्वाह करने की ओर उसका ध्यान नहीं था। वह बुरी तरह हाँफ रहा था। कदाचित् बिना रुके, बिना विश्राम किये, वह दौड़ता ही चला आया था...

सत्यवती ने उसकी ओर सतेज दृष्टि से देखा; किन्तु दूसरे ही क्षण उसकी दृष्टि में से तेज जैसे तिरोहित हो गया। जिज्ञासा की लहर उठी और उसके पीछे-ही-पीछे जैसे आशंका का ज्वार उठ खड़ा हुआ। सत्यवती, अब रानी नहीं थी, राजमाता नहीं थी, राजपरिवार की सदस्या भी नहीं थी...वह अब केवल माता थी। उसका पुत्र कुरुक्षेत्र में गन्धर्वराज के साथ द्वैरथ-युद्ध के लिए गया था...

संदेशवाहक को भी जैसे शब्द नहीं मिल रहे थे। उसके होंठ बोलने के लिए खुलते थे और फिर बिना बोले ही बन्द हो जाते थे। या शायद वे बोलते थे और उनकी ध्वनि सत्यवती तक नहीं पहुँचती थी।

"बोलो संदेशवाहक!" सत्यवती अपने स्वर की आतुरता को स्वयं पहचान रही थी, "बोलो! मैं तुम्हें आज्ञा दे रही हूँ।"

संदेशवाहक के होंठ, एक बार फिर काँपे और उसने सिर झुका लिया।

"राजाज्ञा की अवहेलना...!" सत्यवती स्वयं नहीं समझ पायी कि वह अपने-आप से पूछ रही थी, संदेशवाहक से कुछ कह रही थी, या उस पर आरोप लगा रही थी।

"नहीं! राजमाता!" संदेशवाहक जैसे आतंकित हो कर बोला, "समाचार ही ऐसा है कि कण्ठ से ध्वनि नहीं फूटती।"

सत्यवती के मन में आया कि जो शब्द संदेशवाहक के मुख से ध्वनित नहीं हो रहे, उन शब्दों को सत्यवती ध्वनि प्रदान करे—"क्या सम्राट...?"

अगले ही क्षण उसने स्वयं को सँभाला। वह एक माँ के आशंकित मन की भयावहता को इस प्रकार अशुभ शब्द क्यों प्रदान करना चाहती है। संदेशवाहक कोई और संदेश भी लाया हो सकता है। हो सकता है कि चित्रांगद पराजित हुआ हो, बन्दी हुआ हो, आहत हुआ हो...

'बाबा कहते थे, सत्यवती किसी क्षत्रिय राजा की पुत्री थी।' उसके मन ने कहा, 'यदि ऐसा है तो वह एक क्षत्रिय माता के समान पुत्र की वीरगति को क्यों स्वीकार करना नहीं चाहती...क्यों उसकी अपमानजनक पराजय की कल्पना कर रही है?... केवल इस आशा में कि उसका पुत्र जीवित तो रहेगा...।'

"बोलो संदेशवाहक!" इस बार सत्यवती के स्वर में न आदेश था, न राजमाता

का तेज! वह जैसे अत्यन्त साधारण नारी के रूप में, समान धरातल पर सन्देशवाहक से वार्तालाप कर रही थी।

"राजमाता!" सत्यवती के कोमल स्वर ने शायद संदेशवाहक को कुछ बल प्रदान किया था, "अत्यन्त शोक का समय है। हस्तिनापुर के दुर्भाग्य से कुरुक्षेत्र के युद्ध में सम्राट ने वीरगति पायी है...।"

सत्यवती खड़ी नहीं रह सकी। दासियों ने सँभाल न लिया होता तो शायद वह लड़खड़ा कर गिर ही पड़ी होती।

...तो वही हुआ, जिसकी आशंका थी।...सत्यवती ने लाखों बार अपने मन को समझाया था कि विधाता के साथ उसकी कोई शत्रुता नहीं है कि जिसने उसका पति छीना, वह उसका पुत्र भी छीन लेगा...पर वही हुआ था। सत्यवती की विधाता के साथ कोई शत्रुता नहीं थी; पर विधाता को उसके साथ कोई-न-कोई शत्रुता अवश्य थी...जिससे प्रेम किया...विधाता ने ऐसी दुर्बुद्धि दी कि उसे सत्यवती ने स्वयं ही त्याग दिया। पुत्र दिया तो कानीन पुत्र...बाबा को सत्यवती का कानीन पुत्र स्वीकार नहीं था...वह वहाँ पल रहा है पराशर के आश्रम में! कहते हैं कि बड़ा तेजस्वी ऋषि बन रहा है। लोग उस तरुण को अभी से एक महान् ऋषि के समान पूजने लगे हैं... पर सत्यवती उसे अपना नहीं कह सकती...वह सारे समाज का है, सारे आर्यावर्त का है, पर सत्यवती का नहीं है।...और जो पति मिला, चाहे वृद्ध ही सही, उसे भी विधाता ने छीन लिया...और अब चित्रांगद...

सत्यवती के मुख से रुदन का चीत्कार फूट चला।

यह संकेत था या आदेश...सारे राजप्रासाद में करुण चीत्कार उमड़ चले।... रुदन और आवेश का पहला ज्वार कुछ शान्त हुआ तो जैसे सत्यवती की चेतना जागी : अब क्या रह गया है उसके पास? विचित्रवीर्य ही तो! बारह वर्ष का एक कोमल-सा, निरीह राजकुमार! चित्रांगद जितना उग्र था, विचित्रवीर्य उतना ही उग्रताशून्य! चित्रांगद सदा खड्ग भाँजता रहता था, तो विचित्रवीर्य को कदाचित् कभी याद ही नहीं रहता था कि उसकी कटि में एक खड्ग भी बँधा है...उसका समय तो योद्धाओं में नहीं, दासियों में ही कट जाता था...

सत्यवती का हृदय जैसे अकस्मात् ही डूबने लगा...यही एक बालक रह गया था।...राजा शान्तनु का देहान्त हुआ था तो चित्रांगद इतना समर्थ तो था कि वह भीष्म से कह सका कि वह अपनी माता को सँभाल सकता है। उसके प्रखर क्षात्र-तेज के सामने जैसे भीष्म हतप्रभ हो कर, शून्य में विलीन हो गया था। सत्यवती ने सुना था कि वह गंगा के पार कहीं कुटिया बना कर तपस्या कर रहा था...पर अब! अब सत्यवती की रक्षा के लिए शेष था, यह विचित्रवीर्य, जो आँख उठा कर भीष्म की ओर

देख भी नहीं पायेगा...

सत्यवती ने यह भी सुना था कि हस्तिनापुर की राजसभा से लगातार भीष्म को संदेश भेजे जा रहे थे कि वह आ कर राज्य सँभाले।...यदि भीष्म ने प्रजा के हित का बहाना कर, हस्तिनापुर का राज्य हस्तगत कर लिया, तो फिर उसे विवाह करने से भी कौन रोकेगा? और यदि उसने विवाह किया, तो उसकी पत्नी...वास्तविक राजकुमारी...किसी शक्तिशाली राजकुल की कन्या...सत्यवती को, एक केवट की पुत्री को...इस राजप्रासाद में टिकने देगी क्या? वह अपने पुत्र के युवराजत्व के मार्ग में आने-वाले इस कोमल विचित्रवीर्य को जीवित रहने देगी क्या? क्यों नहीं अपने मार्ग के कण्टक को वह सदा के लिए समाप्त कर देती? आख़िर भीष्म—हस्तिनापुर के वास्तविक युवराज—को भी तो सत्यवती ने अपने व्यवहार से अपना राज्य त्याग कर गंगा-पार कहीं कुटिया बना कर रहने के लिए बाध्य किया ही था।

यदि भीष्म अपनी इच्छा से लौट आया या हस्तिनापुर की राजसभा उसे लौटा लायी तो इस बार न विचित्रवीर्य बच पायेगा, न सत्यवती...

क्यों न सत्यवती विचित्रवीर्य को ले कर यहाँ से भाग जाये...यमुना के तट पर, या यमुना के पार! अपने बाबा के पास...उसके पास हस्तिनापुर का राज्य नहीं रहेगा। वह राजमाता नहीं रहेगी, उसका पुत्र युवराज नहीं रहेगा—पर वे दोनों जीवित तो रहेंगे, सुरक्षित तो रहेंगे...

सत्यवती की बुद्धि लगातार जैसे हस्तिनापुर छोड़ कर, किसी को कोई सूचना दिये बिना, चुपचाप भाग जाने की योजना बना रही थी...और उसका हृदय टूट-टूट कर कई छोटे-छोटे टुकड़ों में बँटता जा रहा था।

...क्या इसलिए उसने विवाह किया था वृद्ध शान्तनु से कि वह अपने और अपने पुत्र के प्राणों की रक्षा के लिए, राज्य, धन-सम्पत्ति...सब-कुछ छोड़ कर भाग जाये...तो फिर ऋषि पराशर ही क्या बुरा था...सन्तान की ही ममता थी, तो वह नन्हा कृष्ण द्वैपायन ही क्यों अग्राह्य था।—यदि तब सत्यवती बाबा के लोभ और अपनी महत्त्वाकांक्षाओं के तर्क-जाल में न फँसी होती, तो अपने कमल-वन में, अपने तपस्वी पति और आश्रम में पलने-वाले अपने बच्चों के बीच सुखी न होती? पति का प्रेम तो उसे उसका तापस भी दे सकता था और वात्सल्य-सुख के लिए कृष्ण और कृष्ण जैसी अनेक सन्तानें...उसने अपना वह सारा सुख त्यागा था, राज्य वैभव के लिए ...और आज वह सोच रही है कि राज्य को त्याग कर चुपचाप निकल जाये...

परिचारिका ने आ कर हाथ जोड़े।

"राजमाता! महामन्त्री और आचार्य वसुभूति राजमाता के दर्शनों के लिए पधारे हैं।"

"आने दो।" सत्यवती के मुख से मात्र अभ्यासवश निकल गया और अगले ही क्षण उसका मन हुआ कि वह चीख कर कहे कि मुझे किसी से नहीं मिलना है। मैं किसी महामन्त्री, आचार्य या सेनापति से नहीं मिलना चाहती...

पर तब तक महामन्त्री और आचार्य कक्ष में प्रवेश कर चुके थे।

महामन्त्री ने प्रणाम किया। आचार्य आशीर्वाद दे कर बोले, "राजमाता! अत्यन्त शोक का समय है; किन्तु दैव ने हमें शोक मनाने का भी अवकाश नहीं दिया है। अत्यन्त संकट का काल आन उपस्थित हुआ है।...हस्तिनापुर की जो सेना, सम्राट के रहते हुए कुरुक्षेत्र में गन्धर्वराज को नहीं रोक पायी, वह पराजित सेना, सम्राट की अनुपस्थिति में, गन्धर्वराज को हस्तिनापुर में भी नहीं रोक पायेगी। गन्धर्वराज यदि हस्तिनापुर पर चढ़ आया तो हमारे पास ऐसा कोई उपाय ही नहीं है कि हम उसका सामना कर सकें। ऐसी स्थिति में हमें नगर-द्वार खोल कर उसका स्वागत करना होगा; और प्रजा को उसकी दया पर छोड़ देना होगा।..."

"नहीं।" सत्यवती के मुख से अनायास ही जैसे चीत्कार फूटा।... उसने तो और कुछ सोचा ही नहीं था। वह तो बस एक भीष्म के ही विषय में सोच रही थी। उसे तो अपना एकमात्र शत्रु भीष्म ही दिखायी दे रहा था।... उसने यह क्यों नहीं सोचा, कि प्रत्येक राजा, राज्य-लोलुप होता है, वह अपने राज्य के विस्तार का इच्छुक होता है। गन्धर्वराज यदि सम्राट चित्रांगद से युद्ध कर रहा था, तो मात्र क्रीड़ा नहीं कर रहा था—उसके पीछे कोई लक्ष्य भी था। अपने पार्वत्य प्रदेश को पीछे छोड़ कर वह मैदानी क्षेत्र में नीचे उतर आया था और तीन वर्षों से अनवरत उसकी सेनाएँ हस्तिनापुर की राजकीय सेनाओं से टकरा रही थीं, तो किसी लोभ से ही तो।... धिक्कार है सत्यवती की बुद्धि को, कि शस्त्र-परिचालन करते, युद्ध की विभीषिका फैलाते, हत्याएँ करते हुए गन्धर्वराज जैसे उस प्रत्यक्ष शत्रु को उसने नहीं देखा; और गंगा-तट पर तपस्या करते हुए उस निरीह शत्रु भीष्म के चारों ओर वह मकड़े के समान अपना विचारों का जाला बुनती रही...

"राजमाता।" इस बार महामन्त्री ने कहा, "राज्य की रक्षा हमारा पहला कर्तव्य है। इसलिए इस शोक के अवसर पर भी हम प्रमाद नहीं कर सकते।...हमें हस्तिनापुर की रक्षा के लिए कुछ-न-कुछ करना ही पड़ेगा। अन्यथा न केवल गन्धर्वराज की, हस्तिनापुर पर चढ़ आने की दुःसम्भावना है, वरन् मुझे तो अपनी सीमाओं पर पांचालों और मत्स्यों के भी शस्त्र चमकते दिखायी पड़ते हैं।...राजमाता! जिस स्थान से भूमि नीचे धँस जाती है, वहाँ चारों ओर से पानी बह कर आ जाता है। वही स्थिति राज्य की है। राज्य सैनिक दृष्टि से दुर्बल हो जाये, तो चारों ओर को राजाओं की सेनाएँ जल के समान बह कर वहाँ एकत्रित होने लगती हैं...।"

सत्यवती के अश्रु जैसे सूख गये। उसने अपनी आँखें पूरी तरह से खोल कर महामन्त्री पर टिकायीं, "पानी को रोकने के लिए महामन्त्री का प्रस्ताव क्या है?"

"या तो भूमि को मिट्टी पाट कर ऊँचा करना होगा, या उसके चारों ओर एक ऊँची प्राचीर बनानी होगी।"

"दोनों में से उत्तम क्या है?"

"उत्तम तो भूमि का ऊँचा उठना ही है; किन्तु उसके लिए समय भी चाहिए और साधन भी।" महामन्त्री बोले, "जब तक हम साधन जुटायेंगे, तब तक तो यहाँ जल-प्लावन हो जायेगा। इसलिए हम तो तत्काल प्राचीर बनाने की बात ही सोच सकते हैं।"

"प्राचीर बनाने के साधन हैं, राज्य के पास?"

"प्राचीर तो बनी-बनायी तैयार खड़ी है, राजमाता!" महामन्त्री बोले, "केवल उसको चल कर हस्तिनापुर तक आने के लिए तैयार करना है।"

"कौन भीष्म?" सत्यवती के मन में उसके अपने ही शब्दों ने एक धमाका कर दिया।

"राजमाता ने ठीक पहचाना!" महामन्त्री की मुद्रा शान्त थी, किन्तु वे प्रसन्न लग रहे थे, "राजकुमार का इस वय में वीतराग होना, न कुरु वंश के लिए शुभ है और न हस्तिनापुर राज्य के लिए! इस समय कुरु वंश और हस्तिनापुर राज्य दोनों ही इतने असुरक्षित और असहाय हो रहे हैं कि उनके भविष्य को ले कर हम सब चिन्ता-पीड़ित हो उठे हैं।...और यह सब राजकुमार देवव्रत भीष्म जैसे महायोद्धा के वर्तमान रहते हुए...! हम जानते हैं कि उन्हें राज्य का मोह नहीं है; किन्तु पिता के न रहने पर माता और भाई की रक्षा और पालन का दायित्व तो उन्हें निभाना चाहिए। उन्हें राज्यासक्ति न हो, किन्तु उन्हें धर्मासक्ति तो है। मांता और भाई के रक्षण और पालन-पोषण का धर्म त्याग, तपस्या द्वारा वह किस धर्म की साधना कर रहे हैं? कुरु वंश और हस्तिनापुर के राज्य की रक्षा उनका सर्वप्रथम धर्म है...।"

सत्यवती के मन में उनचास प्रभंजन चल रहे थे। वह महामन्त्री से कहना चाहती थी कि वह कुछ समय के लिए चुप हो जाये और उसे अकेली छोड़ दे...वह सोचना चाहती थी, जानना चाहती थी, किसी से पूछना चाहती थी...पर यह बूढ़ा महामन्त्री था कि बोलता ही जा रहा था, और अपने इस वाणी-प्रवाह के साथ उसके मस्तिष्क को भी भगाये लिये जा रहा था। न थमने देता था, न साँस लेने देता था...

'भीष्म हस्तिनापुर में आ जाये तो हस्तिनापुर की सेना गन्धर्वराज को पराजित करने में समर्थ हो जायेगी?' सत्यवती जैसे प्रश्न नहीं पूछ रही थी, अपने मुख से उच्चरित होने-वाले निर्णय को पीछे धकेल रही थी, टाल रही थी।

शोक का काल था इसलिए महामन्त्री हँसे नहीं, नहीं तो उनकी मुद्रा कदाचित् अट्टहास करना चाहती थी, राजकुमार भीष्म हस्तिनापुर में आ जायें और कुरु सेना का संचालन स्वीकार कर लें तो हम गन्धर्वों की ही नहीं, गन्धर्वों, पांचालों और मत्स्यों की सम्मिलित सेना को एक ही बार में धराशायी कर सकते हैं।" महामन्त्री तनिक रुक कर बोले, "राजमाता! सत्य यह है कि राजकुमार के हस्तिनापुर में पग धरते ही गन्धर्वराज पर्वतों को फलाँगता हुआ, अपनी राजधानी में जा छिपेगा, जैसे कोई भीत मूषिक समर्थ शत्रु देख कर अपने बिल में जा घुसता है। और पांचाल तथा मत्स्य अपनी राजधानी से बाहर निकलने का साहस भी नहीं करेंगे।"

महामन्त्री सत्यवती को ढाढस दे रहे थे, उसका मनोबल बढ़ा रहे थे...और सत्यवती को लग रहा था कि उसका मन जैसे धरती में धँसता जा रहा था...इतना समर्थ और शक्तिशाली है भीष्म! भीष्म जो उसका शत्रु है। वह शक्तिशाली शत्रु अपनी इच्छा से उन लोगों से दूर जा बैठा है, और सत्यवती सुरक्षित है।... और अब यह महामन्त्री उस शत्रु को हस्तिनापुर में ला बसाना चाहता है...

"इस कार्य में विलम्ब नहीं होना चाहिए, राजमाता!" सत्यवती को लगा कि महामन्त्री में जैसे उसके मन को पढ़ने ही क्षमता है। वह देख रहा है कि सत्यवती के मन में क्या है। शायद इसलिए वह उसके भीष्म-विरोध को कम करने के लिए अपने प्रयत्न में और भी उग्र हो गया है, "विलम्ब से शत्रुओं का आत्मबल बढ़ेगा। हमें तत्काल ही गन्धर्वों से कुरुक्षेत्र ही नहीं, पूरा धर्मक्षेत्र छीनना होगा। नहीं तो राज्य की सीमाएँ बहुत संकुचित हो जायेंगी। संकुचित सीमाएँ किसी भी राज्य के लिए श्रेयस्कर नहीं होतीं, राजमाता!"

महामन्त्री ने रुक कर सत्यवती की ओर देखा, "आदेश दें, राजमाता!"

"क्या बुलाने से भीष्म आ जायेगा?"

"राजमाता आदेश दें!" महामन्त्री ने आग्रह किया।

सत्यवती का मस्तिष्क त्वरित गति से सोच रहा था : यह निर्णय ही दीर्घगामी होगा! यदि भीष्म आ गया और राज्य बच गया तो भीष्म से फिर किसी और व्याज से मुक्ति पायी जा सकती है...किन्तु यदि भीष्म को नहीं बुलाया; और गन्धर्वराज हस्तिनापुर में आ गया तो वह सत्यवती और विचित्रवीर्य का वध भी कर सकता है, जैसे उसने चित्रांगद का वध किया है...

"आदेश दें राजमाता!" महामन्त्री ने पुनः आग्रह किया।

"तो जाइए, महामन्त्री! आचार्य! आप भी चले जाइए।"...और कहते-कहते भी सत्यवती सोच रही थी, कहीं वह भूल तो नहीं कर रही, कहीं यह निर्णय उसके लिए घातक तो नहीं होगा—"जा कर भीष्म से कहिये कि मैंने उसे बुलाया है।"

महामन्त्री और आचार्य वसुभूति चले गये और सत्यवती जैसे पछाड़ खा कर भूमि पर लोट गयी...पता नहीं उसने क्या कर दिया...चित्रांगद का वध गन्धर्वराज ने कर दिया और अब सत्यवती ने स्वयं भीष्म को बुलाया है...किसलिए? विचित्रवीर्य के वध के लिए?...

पर जैसे सत्यवती का अपना मन भी कुछ और ही वाणी बोल रहा था...क्यों वह बुद्धि से काम नहीं लेती...क्या उसके बाबा ने ऐसे ही एक संकट के जाल में फँस कर, अपनी बुद्धि की तीक्ष्णता से उसके सूत्र काट नहीं दिये थे...उन्होंने राजा शान्तनु और युवराज देवव्रत को एक ही वार में धराशायी कर दिया था।...सत्यवती ने बाबा से क्या सीखा आज तक?...क्यों वह भीष्म की प्रतिज्ञा को तलवार के रूप में धारण कर, उसके प्रहार से भीष्म को हस्तिनापुर से दूर भगाये हुए है। क्यों वह उसकी प्रतिज्ञा को अपना कवच नहीं बनाती, क्यों वह शत्रु के प्रत्येक वार को भीष्म की प्रतिज्ञा-रूपी ढाल पर नहीं रोकती!...सत्यवती इतने वर्षों तक बाबा के साथ रही, कुछ तो सीखा होता उनसे...छोटे-से केंचुए को बंसी में लगा कर केवट लोग बड़े-बड़े मत्स्यों को बाँध लाते हैं। यदि वह केंचुए के डर से बड़ी मछलियों को दूर भगाते रहेंगे तो अपना पेट कैसे पालेंगे।...केवट-बुद्धि तो इसमें है सत्यवती! कि भीष्म बंसी में फँसा हो और बंसी तेरे हाथ में हो। जैसे-जैसे तू घुमाये, वैसे-वैसे वह घूमे। बंसी में फँसा रहे और तेरे इंगितों पर नाचता रहे। न तुझे निगल सके, और न तुझे छोड़ कर जा सके। दास बन कर रहे आयु-भर...

और सहसा जैसे सत्यवती के मन में कोई प्रकाश-भर आया—'बड़ी मूर्खता की तूने सत्यवती!' उसने अपने-आपसे कहा, 'तूने भीष्म के पिता की पत्नी होने के अधिकार को भीष्म का बन्धन नहीं बनाया। तूने उसके रज्जु को समेटने में बहुत जल्दी की। उस रज्जु से भीष्म को बाँधा भी तो जा सकता था...'

किन्तु अगले ही क्षण जैसे वह फिर सहम गयी : उसने महामन्त्री के कहने पर भीष्म को आमन्त्रित किया है। निश्चित् रूप से भीष्म के हस्तिनापुर में पग धरते ही राज्य के सारे अधिकार उसे सौंप दिये जायेंगे। उससे हस्तिनापुर सबल होगा, कुरु वंश निर्वीर्य होने से बच जायेगा...किन्तु महामन्त्री से सत्यवती ने यह नहीं पूछा कि स्वयं उसका और विचित्रवीर्य का भविष्य क्या होगा?...निष्कासन? विचित्रवीर्य की हत्या?...पर यह सब पूछने का अब अवसर नहीं था। जो कुछ होना था, वह तो हो चुका। अब तो जो सामने आयेगा, उसे देखना होगा, झेलना होगा...सत्यवती कहीं अपने बाबा की बुद्धि और धैर्य पा जाती तो...

वह विचित्रवीर्य को केंचुए के समान उस महामत्स्य के सम्मुख डाल देगी—देखना यह है कि यह महामत्स्य केंचुए को निगल कर चल देता है या उसके मोह में बँध कर, बंसी के संकेत पर नाचता है...

11

भीष्म ने आ कर सत्यवती को प्रणाम किया, "माता ने मुझे स्मरण किया?"

राजा शान्तनु की मृत्यु के पश्चात् हस्तिनापुर छोड़ने वाले भीष्म को भी सत्यवती ने देखा था और आज चित्रांगद की मृत्यु पर लौटने वाले भीष्म को भी वह देख रही थी। जो भीष्म हस्तिनापुर से गया था, वह राजकुमार था—कृतसंकल्प, कर्म में समर्थ, संघर्षशील और अधिकार सम्पन्न; और जो भीष्म हस्तिनापुर लौटा था, वह संन्यासी था—उदासीन, कृशकाय, स्वप्निल आँखों वाला।...सत्यवती ने अपने मन को पहचाना : वह युवराज देवव्रत से भयभीत थी, वह शायद राजकुमार भीष्म से भी आशंकित थी...पर इस संन्यासी से क्या आशंका और क्या भय? यह तो वही त्यागी देवव्रत है, जिसने अपना राजपाट, सुख-वैभव, जीवन के सारे आकर्षण सत्यवती के चरणों पर रख कर हाथ जोड़ कर कहा था, 'माता! हस्तिनापुर चलो।'

सहसा सत्यवती चेती : क्या हो रहा है उसको? उसका यही सरल रूप था, जो पराशर के प्रेम में बहा कर ले गया था उसको। उस समय यदि बाबा ने उसे सहारा न दिया होता तो जीवन-भर के लिए वह तपस्वी की पत्नी हो कर रह गयी होती। ...आज भीष्म को देख कर भी उसका वही सरल रूप जाग गया तो वह भीष्म को युवराज बना कर, विचित्रवीर्य को जीवन-भर के लिए उसका अनुचर बना देगी।

सत्यवती सँभल कर बोली, "भीष्म! चित्रांगद नहीं रहा...तुम्हारा क्रोध अब भी शेष है क्या?"

"क्रोध?" भीष्म कुछ चकित स्वर में बोले, "कैसा क्रोध माता?"

"क्रोध नहीं था तो मुझे और अपने छोटे भाइयों को इस प्रकार असहाय क्यों छोड़ दिया? चित्रांगद तीन वर्षों तक गन्धर्वों से लड़ता रहा, तुम उसकी सहायता के लिए क्यों नहीं आये? चित्रांगद की मृत्यु का समाचार भी तुम्हें मिला होगा। उसके बाद भी तुमने हमारी सुध नहीं ली। अब भी बुलाये जाने पर ही आये हो...शोक और मृत्यु के अवसर पर कोई किसी को निमन्त्रित तो नहीं करता पुत्र।"

भीष्म को लगा, उनके मन में कहने के लिए आँधियों के समान कोटि-कोटि शब्द उमड़-घुमड़ रहे हैं, किन्तु उनकी जिह्वा जैसे जड़ हो गयी है। कितने उपालम्भ थे उनके मन में, किन्तु उपालम्भ देने का मुँह नहीं था...पिता की मृत्यु के पश्चात् माता और छोटे भाइयों को सँभालना उनका धर्म था...किन्तु वह हस्तिनापुर छोड़ कर चले गये थे...जब वह हस्तिनापुर से गये थे, तो कैसे अपमानित हो कर गये थे... चित्रांगद ने ही तो अपमानित किया था उन्हें...पर अब वह इस संसार में नहीं था...

माता सत्यवती पुत्र-शोक से विह्वल थीं...इस समय उनसे कैसे कहा जा सकता था...

भीष्म चुप ही रह गये।

सत्यवती ने दासी से कहा, "राजकुमार को तुरन्त बुला कर लाओ।" और भीष्म की ओर मुड़ी, "तुम्हारे पिता नहीं हैं। चित्रांगद भी अब नहीं है। गन्धर्वराज कुरुक्षेत्र में बैठा है। हो सकता है, वह हत्यारा मेरे पुत्र का वध कर, अब हस्तिनापुर को हस्तगत करने के लिए इस दिशा में चल भी पड़ा हो। वह हत्यारा भरतों की राजधानी में आयेगा। उसे रोकने-वाला यहाँ कोई नहीं होगा। वह तुम्हारी माता का वध कर, तुम्हारे भाई का शिरोच्छेद कर भरत वंश को समाप्त कर, कुरुओं के सिंहासन पर गर्व से बैठेगा...क्या ऐसी स्थिति में भी तुम अपनी कुटिया में समाधि लगाये बैठे रहना पसन्द करोगे?"

"माता!..." भीष्म कुछ कह नहीं पाये। उन्हें लग रहा था, वे जैसे बहुत स्वार्थी हो उठे थे। वे अपने सुख-दुख के लिए अधिक चिन्तित थे; अपने कुल, परिवार और वंश को भूल गये थे। वे अपनी ही दृष्टि में कैसे अपराधी-से हो उठे थे, "माता! वह तो चित्रांगद की इच्छा..."

पर सत्यवती ने उन्हें बोलने नहीं दिया, "अब अविवेकी चित्रांगद की इच्छा सर्वोपरि हो गयी; और तुम्हारा धर्म, विवेक, दायित्व...सब कुछ नहीं। तुम उसे समझा सकते थे, डाँट सकते थे, दण्डित कर सकते थे।"

भीष्म के मन में आया, कहे, 'उस समय तो आप भी चुप ही रह गयी थीं... और फिर चित्रांगद सम्राट था...।'

वे जानते थे उन्होंने यदि ऐसा कुछ कहा, तो सत्यवती का उत्तर होगा, 'सम्राटों का भी तो नियमन होता है।'

तभी विचित्रवीर्य ने कक्ष में प्रवेश किया।

भीष्म ने देखा : जितना उसे वे छोड़ कर गये थे, उससे कुछ बड़ा वह हुआ तो अवश्य था, किन्तु उससे अधिक हृष्ट-पुष्ट नहीं हुआ था। कुछ स्वस्थ भी नहीं लग रहा था। झूमता-सा ऐसे आया था, जैस मद्य के प्रभाव में हो...कहीं अत्यधिक विलास...

"भाई को प्रणाम करो।" सत्यवती ने आदेश दिया।

विचित्रवीर्य ने अनबूझे से ढंग से हाथ जोड़ दिये और सिर झुका कर खड़ा हो गया।

"नहीं!" सत्यवती ने कठोर स्वर में आदेश दिया, "साष्टांग दण्डवत्।"

विचित्रवीर्य ने एक बार माँ की ओर देख कर आँखें झपकायीं, और जैसे पीछा छुड़ाने के लिए वह भीष्म के सम्मुख भूमि पर लेट गया।

भीष्म ने तत्काल उसे उठा लिया। उठाते हुए, वह उसे इस योग्य भी नहीं लगा, जिसे वक्ष से लगाया जा सके। वह तो जैसे गोद में उठाने योग्य ही था।

"भीष्म।" सत्यवती ने कहा, "तुम अपनी प्रतिज्ञा पर अटल हो, इसलिए तुम तो सिंहासनारूढ़ होगे नहीं। अब रह गया यह—विचित्रवीर्य! भरत वंश का एकमात्र उत्तराधिकारी। चाहो तो इसकी रक्षा करो। इसके सिर पर संरक्षण का हाथ रखो।... और..." सत्यवती ने रुक कर भीष्म को देखा, "न चाहो, तो इसे असहाय छोड़ जाओ। कोई शत्रु इसका वध कर देगा, और भरत वंश सदा के लिए समाप्त हो जायेगा। कुरु राज्य नष्ट हो जायेगा...जो तुम्हारी इच्छा हो।"

भीष्म के चेहरे पर असमंजस के स्पष्ट भाव उभरे।

"तुमने प्रतिज्ञा की थी देवव्रत!" सत्यवती ने उसे प्रखर दृष्टि से देखा, "कि तुम्हारे पिता के पश्चात् हस्तिनापुर के राजसिंहासन पर मेरा पुत्र बैठेगा।"

"हाँ, माता!"

"यदि तुमने विचित्रवीर्य की रक्षा का भार नहीं लिया, तो मैं मानूँगी कि तुम अपनी प्रतिज्ञा पर स्थिर नहीं रहे...तुम स्वयं तो सिंहासनासीन नहीं हो रहे, किन्तु तुम ऐसी परिस्थितियाँ उत्पन्न कर रहे हो, जिनमें मेरा पुत्र सिंहासन पर न बैठ सके।... असहयोग भी तो विरोध का ही रूप है।"

"माता!"

"हाँ भीष्म।"

भीष्म स्वयं को रोक नहीं पाये। विगलित स्वर में बोले, "मेरा असहयोग है, न विरोध। मैं तो अपनी प्रतिज्ञा का पालन कर रहा हूँ। वही मेरा धर्म है। मैं धर्म से मुख नहीं मोड़ूँगा, माता।..." उन्होंने रुक कर सत्यवती को देखा, "न विचित्रवीर्य असहाय रहेगा, न भरत वंश समाप्त होगा; और न कुरु राज्य समाप्त होगा।"

"कौन रक्षा करेगा इसकी?" सत्यवती मानो भीष्म को उद्दीप्त कर रही थी।

"भीष्म।" भीष्म ने उत्तर दिया, "आपका यह पुत्र!"

"वचन देते हो?"

"वचन देता हूँ कि हस्तिनापुर के सिंहासन पर बैठ कर विचित्रवीर्य और उसकी सन्तानें—पीढ़ियों तक कुरु-प्रदेश पर शासन करेंगी।"

"तुम धन्य हो भीष्म!"

सत्यवती की आँखों में क्षण-भर के लिए विजय की दीप्ति चमकी और अगले ही क्षण उसकी आँखों से आँसू बह चले।

12

आहट पा कर सत्यवती अभी सोच ही रही थी कि किसी दासी को पुकारे कि भीष्म ने ला कर विचित्रवीर्य को उसके सम्मुख खड़ा कर दिया, "माँ! यह सुरा में बेसुध, निर्वस्त्र दासियों और गणिकाओं के बीच बैठा, विहार कर रहा था। मुझे देख कर इस निर्लज्ज ने संकोच से आँखें झुकायी तक नहीं, उल्टे मुझे आदेश दे रहा था कि मैं इसे नाम से न पुकार कर, 'युवराज' कह कर सम्बोधित करूँ...और...।" भीष्म ने रुक कर सत्यवती को देखा।

"और क्या?"

"और आवेश में मैंने इसे चाँटा मार दिया है।" भीष्म ने धीरे-धीरे कहा।

क्षण-भर के लिए सत्यवती हतप्रभ-सी खड़ी रह गयी। उसका शरीर और मस्तिष्क—सब-कुछ जैसे जड़ हो गया।...और अगले ही क्षण उसके भीतर कोई द्रवण-प्रक्रिया आरम्भ हो गयी। उसे लगा कि सत्यवती के प्राण दो भागों में बँट गये हैं...एक सत्यवती एक ज़ोरदार चाँटा भीष्म के गाल पर लगाना चाहती थी और चीख कर कहना चाहती थी, 'तेरा यह साहस कि तू मेरे पुत्र पर हाथ उठाये, कुरु-वंश के होने वाले सम्राट पर!'...और दूसरी सत्यवती भीष्म को आशीर्वाद दे कर कहना चाहती थी, 'पुत्र! तूने यही चाँटा चित्रांगद को मारा होता, तो वह उस गन्धर्वराज के हाथों क्यों मारा जाता!'...और शायद एक तीसरी सत्यवती भी थी जो एकदम सहम कर चुप हो गयी थी। वह डर रही थी और सोच रही थी...आज इस भीष्म ने चाँटा मारा है...कल यह खड्ग उठायेगा...इसे तूने क्यों बुला लिया हस्तिनापुर में सत्यवती?...

पर सत्यवती के वे सारे रूप चुप रहे...उसके मन का एकतारा लगातार बजता जा रहा था—'सत्यवती! सँभल जा। फिर कोई भूल मत कर बैठना।...इतनी जल्दी मत भूल कि चित्रांगद का वध करने-वाला गन्धर्वराज कुरुक्षेत्र से आगे बढ़ चुका था। उसने सुना कि हस्तिनापुर से भीष्म के पास संदेशवाहक गया है तो उसके पग थम गये और कान खड़े हो गये कि भीष्म का उत्तर क्या है...इधर भीष्म ने गंगा पार कर हस्तिनापुर में पाँव रखा और उधर गन्धर्वराज सरस्वती पार कर अपनी राजधानी की ओर बढ़ गया।...भीष्म तो चित्रांगद के वध का प्रतिशोध लेने के लिए गन्धर्वों की राजधानी तक जाता, किन्तु मन्त्रियों और स्वयं सत्यवती ने ही उसे रोक लिया।...कहीं ऐसा न हो कि भीष्म पर्वतों में गन्धर्वराज के पीछे भटकता फिरे और इधर पांचाल और मत्स्य बढ़ कर कुरुओं की सीमा तक आ जायें।...चित्रांगद तो गया, अब सत्यवती को विचित्रवीर्य की रक्षा करनी है। केवल शत्रुओं के खड्ग से ही नहीं रोग, शोक और विलास से भी...'

सत्यवती बोली तो उसका स्वर शान्त था, "विचित्रवीर्य! तुम जाओ पुत्र! अपने-आपको सँभालो और गुरुजनों का आदर करना सीखो। कुरु-वंश में गुरुजनों का अनादर अक्षम्य अपराध है।"

विचित्रवीर्य ने ढँकी-छिपी आँखों से माँ को देखा : कहाँ गया माँ का वह रूप—जो कहा करती थी, 'भीष्म उनका शत्रु है।'...पर आज माँ का एक दूसरा ही रूप उसके सामने था। वह दृष्टि झुकाये-झुकाये ही बाहर चला गया।

विचित्रवीर्य के कक्ष से बाहर जाने तक सत्यवती चुपचाप खड़ी रही। जब वह कक्ष से निकल गया तो सत्यवती ने दासी को आदेश दिया, "बाहर द्वार पर खड़ी रहो। मुझे राजकुमार भीष्म से कुछ अत्यन्त गोपनीय बातें करनी हैं। जब तक मैं अगला आदेश न दूँ, कक्ष में कोई भी प्रवेश नहीं करेगा—कोई भी नहीं!"

दासी ने सिर झुकाया और हाथ जोड़ कर बाहर निकल गयी। तब सत्यवती ने भीष्म की ओर देखा, "बैठो पुत्र!"

भीष्म बैठ गये।

उनके सामने वाले मंच पर सत्यवती स्वयं बैठी और बोली, "भीष्म! विचित्रवीर्य की स्थिति मेरे लिए कई दिनों से चिन्ता का विषय बनी हुई है। मैं सोच ही रही थी कि तुमसे इस विषय में भी परामर्श करूँ, कि तुमने स्वयं ही उस समस्या का साक्षात्कार कर लिया।"

"यह सब कब और कैसे हुआ, माता?" भीष्म, सत्यवती से सम्बोधित थे और पूछ जैसे अपने-आप से रहे थे, "यह तो कुरु-कुल का संस्कार नहीं है?"

सत्यवती कुछ देर तक भूमि की ओर देखती रही और फिर जैसे साहस बटोर कर बोली, "मैं नहीं जानती कि इसमें कितना दोष मेरा है। जब मेरे मन में अपने लिए धिक्कार उठता है तो मुझे लगता है कि यह मेरा ही पाप है!..."

"आपका पाप? क्या कह रही हैं माता?"

"हाँ पुत्र!" सत्यवती बोली, "जब तुम्हारे पिता ने इन बच्चों को ऋषिकुल में भेजना चाहा था, तो मैंने ही उनका विरोध किया था। चित्रांगद के अहंकार और विचित्रवीर्य के विलास की अग्नि प्रचण्ड होती रही और मैं उसकी उपेक्षा करती रही। ...यही मानती रही कि दूसरों का तिरस्कार और जीवन के समस्त भोगों में आसक्ति ही जैसे क्षत्रिय कुल के लक्षण हैं। इनके पिता सिर पर थे नहीं; और मैंने वैभव तथा अधिकार के मध्य रहते हुए, संयम और विनय के महत्त्व को नहीं समझा।...तो इनका अनुशासन कौन करता?...तुम थे; पर तुम अपने इन भाइयों को पराया मानते रहे।...आज तुमने इसे चाँटा मारा है, तो मेरा मन कहता है कि तुमने बड़े भाई के अधिकार का पहली बार प्रयोग किया है। अतः मानती हूँ कि तुम बड़े भाई का

दायित्व भी निभाओगे!"

"क्या करना होगा, माँ?"

"मैं क्या कहूँ पुत्र!" सत्यवती अपने असमंजस से उबर नहीं पायी थी, "यह कैसे कहूँ कि इस पुत्र को जीवन के भोग से निरत कर दो; पर यह भी नहीं देख सकती कि भोग—जो क्षत्रियों का शृंगार है, मेरे पुत्र का काल बने।"

"आप ठीक कहती हैं माता!"

"तो क्या कोई ऐसा मार्ग है, जिससे इसका नियमन हो सके?"

"पुरुष के विलास का नियमन उसकी पत्नी करती है माता! गणिकाएँ नियमन का नहीं, पतन का साधन होती हैं।" भीष्म रुके, "अब मैं आपको क्या समझाऊँ, पत्नी का धर्म भी उसका पति ही है, और भोग भी। वह न अपने धर्म का नाश देख सकती है और न अपने भोग का क्षय। इसलिए अविवाहित पुरुष चाहे तो धर्म अर्जित कर सकता है, किन्तु जीवन को भोग नहीं सकता। और यदि वह भोग की ओर अग्रसर होगा तो अपनी आत्मा तथा शरीर का नाश करेगा। धर्म और भोग दोनों चाहिए तो एकमात्र मार्ग विवाह ही है।" भीष्म ने रुक कर सत्यवती को देखा, "जहाँ तक मैं अपने पिता को जानता हूँ, उनमें कामासक्ति का बाहुल्य था; किन्तु विवाह-विहीन भोग की ओर वे कभी नहीं बढ़े। इसलिए उन्होंने अपना नाश नहीं किया।"

"तो विचित्रवीर्य का विवाह करवा दो।"

"हाँ! एक मार्ग यह भी है।" भीष्म का विचार-प्रवाह जैसे बाधित हो उठा, "किन्तु, किन्तु विचित्रवीर्य का वय विवाह-योग्य है क्या?"

"नहीं!" सत्यवती का उत्साह जैसे भंग हो गया था, "वह तो अभी पन्द्रह वर्ष का ही है।"

"अभी तो उसके शारीरिक और मानसिक विकास का समय है।" भीष्म बोले, "हमारा प्रयत्न होना चाहिए कि वह अभी दस वर्ष संयम और अनुशासन का जीवन व्यतीत करे।"

सत्यवती ने भीष्म को देखा : यह क्या सम्भव था?

पर वह कुछ बोली नहीं।

भीष्म को कुछ संदेह हुआ, "क्या आप सहमत नहीं हैं?"

"सहमत तो हूँ, पुत्र! मेरी इच्छा है कि ऐसा हो...पर क्या विचित्रवीर्य संयम कर पायेगा?"

"हमें प्रयत्न तो करना चाहिए।"

"अवश्य करो और भगवान करे तुम सफल होओ।" सत्यवती बोली, "मैं तो

एक ही बात चाहती हूँ कि अब अपने इस छोटे भाई का दायित्व तुम स्वीकार करो। यह बात मैं बहुत दिनों से कहना चाह रही थी, पर कह नहीं पायी। आज भी यदि तुमने उसे चाँटा न मारा होता, तो शायद यह बात मैं कह नहीं पाती।..." सत्यवती ने रुक कर भीष्म की प्रतिक्रिया को निहारा, जैसे सोच रही हो, कि आगे कहे या न कहे; और फिर एक निर्णय-अनिर्णय की-सी स्थिति में कह गयी, "उसके शिक्षण और अनुशासन को देखो। उचित समय पर उसके विवाह का निर्णय करो। उसके लिए कन्या ढूँढ़ो। जब ठीक समझो, यथाशीघ्र उसका राज्याभिषेक करो। उसे उठा कर उसके पैरों पर खड़ा कर दो।...पिता के बिना अकेली माँ कितनी अक्षम होती है...ओह! मुझसे न तो अपने पुत्र का क्षय देखा जाता है, न कुरु-वंश का नाश, न हस्तिनापुर के राज्य का पतन!"

भीष्म ने सत्यवती का यह रूप कभी नहीं देखा था : द्रवित स्थिति और एकदम पारदर्शी। पुत्र की ममता के ताप ने जैसे इस नारी का सारा कलुष विगलित कर बहा दिया था...

वह उल्लसित हो कर सत्यवती को आश्वासन देना चाहते थे, पर दायित्व का बोझ जैसे उनके उल्लास को आच्छादित कर रहा था। गम्भीर स्वर में उन्होंने इतना ही कहा, "आप चिन्तित न हों। ऐसा कुछ नहीं होगा।"

"काश! कि मैं तुम्हारे आश्वासन से आश्वस्त हो सकती।" सत्यवती की चिन्ता दूर नहीं हो पायी, "पर विचित्रवीर्य की स्थिति देखती हूँ, तो उसके भविष्य के प्रति आस्थावान नहीं हो पाती।...तुम और विचित्रवीर्य, इस वंश-सरिता के सहज प्रवाह के दो मार्ग थे। तुम्हें मैंने अवरुद्ध कर दिया है, इसलिए यदि यह सरिता विचित्रवीर्य के माध्यम से प्रवाहित न हुई, तो न केवल यह सरिता विलीन हो जायेगी; उसका कलंक भी मुझ पर ही होगा। और यह मेरे लिए असह्य है...। "

सत्यवती के बोलने के साथ-साथ भीष्म उस दायित्व का बोझ अधिक-से-अधिक अनुभव कर रहे थे। पर उन्हें अपने संकल्प का भरोसा था, और कर्म पर विश्वास! बोले, "मैंने पहले ही आपसे कहा था, आप निश्चिन्त रहें। विचित्रवीर्य ही नहीं, उसकी सन्तानों की कई पीढ़ियाँ, हस्तिनापुर के सिंहासन पर बैठ, इस कुरु प्रदेश पर शासन करेंगी।"

"तथास्तु पुत्र! तथास्तु!" सत्यवती के स्वर में हल्का-सा उल्लास जागा!

भीष्म चले गये और सत्यवती अपने एकान्त चिन्तन में लौटी तो उसका हृदय जैसे फिर से अनेक आशंकाओं में घिर गया : यह क्या किया सत्यवती तूने? सब कुछ

भीष्म पर छोड़ दिया?...वह विचित्रवीर्य को सिंहासन पर बैठा भी दे और स्वयं नियन्ता बना रहे, तो शासन तो उसी का होगा...

किन्तु जाने कहाँ से सत्यवती के मन में एक बिम्ब जागा!—कुम्भ स्वतन्त्र है। सक्षम है। किन्तु यदि उसे जल भरना है तो अपना कण्ठ रज्जु के फन्दे में फँसाना ही होगा। कुँए की गहराई तक गिरना ही होगा। फिर वह रज्जु ही उसे खींच कर ऊपर लायेगी और जल प्राप्त कर लेने पर, रज्जु को अनावश्यक मान कर उससे कुम्भ के कण्ठ को मुक्त किया जायेगा। रज्जु भूमि पर पड़ी रहेगी और कुम्भ पनिहारन के सिर पर स्थापित होगा।...यदि वह विचित्रवीर्य के कुम्भ में राज्य का जल भरना चाहती है तो भीष्म रूपी रज्जु का फन्दा विचित्रवीर्य के कण्ठ में डालना ही होगा... एक बार जल भर जाये। कुम्भ उसे धारण करने में समर्थ हो जाये, तो रज्जु भूमि पर पड़ी रहेगी और कुम्भ पनिहारन के सिर पर स्थापित होगा...

वैसे भी भीष्म के हस्तिनापुर में आ जाने से न केवल गन्धर्वों, पांचालों और मत्स्यों की सेनाओं की रण-भेरियाँ शान्त हो गयी हैं, वरन् हस्तिनापुर में प्रतिदिन उठने-वाले संशय और बवण्डर भी शान्त हो गये हैं। अब कुरुप्रमुख नये राजवंशों की स्थापनाओं के स्वप्न नहीं देखते।...वैसे भी अट्ठारह वर्षों से भीष्म अपने वचन का निर्वाह कर रहा है। एक क्षण के लिए भी उसने अपनी प्रतिज्ञा की अवहेलना में रुचि नहीं दिखायी।...अब तो उसका प्रचण्ड आवेगों का वयस भी बीत चुका। वह धीर, गम्भीर और शान्त हो गया है। नहीं! वह सत्यवती को धोखा नहीं देगा...

'काश! मैं इसका विश्वास कर पाती!' सत्यवती ने दीर्घ निःश्वास छोड़ा।

13

राजवैद्य ने विचित्रवीर्य की नाड़ी देखी और आँखें बन्द किये देर तक बैठे सोचते रहे। भीष्म उत्सुकता से राजवैद्य की ओर देखते रहे : क्या निदान है राजवैद्य का? पर वैद्य थे कि आँखें ही नहीं खोल रहे थे।

सत्यवती उत्कण्ठा के मारे स्वयं को रोक नहीं सकी, "क्या बात है वैद्यराज! आप कुछ बोलते क्यों नहीं?"

राजवैद्य ने आँखें खोलीं, पर अभी भी वे सोच ही रहे थे कि कुछ बोलें या न बोलें...और जब बोले, तो इतना ही कहा, "मैं आपसे एकान्त में कुछ बातें करना चाहता हूँ।"

"औषध का प्रभाव क्यों नहीं हो रहा वैद्यराज?" सत्यवती ने फिर पूछा।

राजवैद्य ने सत्यवती के प्रश्न का उत्तर नहीं दिया; बोले, "क्या हम किसी अन्य कक्ष में वार्तालाप कर सकते हैं?"

भीष्म ने संकेत किया। प्रतिहारिणी आगे चली। वे लोग दूसरे कक्ष में आ गये।

"मैंने आपसे पिछली बार भी कहा था कि राजकुमार के शरीर में इतनी शक्ति नहीं है कि वह रतिकर्म में प्रवृत्त हों। आपने इस बात का ध्यान नहीं रखा। औषध अपना काम तभी कर सकती है, जब रोग उत्पन्न करने और उसका विस्तार करने-वाले कृत्य बन्द किये जायें।..."

"पर युवराज ने ऐसा कुछ नहीं किया।" सत्यवती बोली, "मैंने उसे मना कर दिया था और उसने प्रतिज्ञा की थी कि जब तक मैं अनुमति नहीं दूँगी, वह किसी स्त्री के निकट भी नहीं जायेगा।"

"पर क्या उस प्रतिज्ञा की रक्षा की गयी?" वैद्य का स्वर कुछ कटु था।

सत्यवती की दृष्टि सहज ही भीष्म की ओर चली गयी : प्रत्येक पुरुष देवव्रत नहीं होता...पुत्र तो विचित्रवीर्य भी शान्तनु का ही है, किन्तु...

सत्यवती ने वैद्य के प्रश्न का उत्तर नहीं दिया। कक्ष से बाहर आ कर उसने प्रतिहारिणी को आदेश दिया, "युवराज की परिचारिका को बुलाओ।"

"राजमाता!" राजवैद्य ने उसके कक्ष में लौट आने पर कहा, "युवराज ने बहुत छोटे वयस से सुरा और सुन्दरी का आस्वादन आरम्भ कर दिया है। वह भी बहुत अधिक मात्रा में। मैं राज-भय त्याग कर स्पष्ट शब्दों में आपसे कह रहा हूँ, यदि उनका यह अभ्यास सर्वथा बन्द न हुआ, तो युवराज के जीवन की रक्षा संसार का कोई भी वैद्य नहीं कर पायेगा।"

"पर मैं कह रही हूँ कि जब से आपकी औषध आरम्भ हुई है, वह स्त्री के निकट भी नहीं गया है।" सत्यवती का स्वर कुछ कठोर था।

"आप मुझे क्षमा करेंगी।" राजवैद्य निर्भीक स्वर में बोला, "पर मैं इसका विश्वास नहीं कर सकता।..."

तभी प्रतिहारिणी द्वार पर प्रकट हुई, उसके साथ विचित्रवीर्य की परिचारिका भी थी।

परिचारिका को भीतर भेज कर प्रतिहारिणी ने कपाट बन्द कर दिये। परिचारिका हाथ जोड़ कर खड़ी हो गयी।

"परिचारिके।" इस बार भीष्म बोले, "सच बोलना! जानती हो न, मिथ्याभाषण इस राजकुल में दण्डनीय है।"

"हाँ आर्य!"

"क्या युवराज विचित्रवीर्य पिछले सप्ताह में, स्त्री-सम्पर्क में आये थे?"

परिचारिका ने सत्यवती की ओर देखा और आँखें झुका लीं।

"बोलो।" सत्यवती ने कहा, "गोपनीयता लाभकारी नहीं है। निर्भय हो कर सच बोलो।"

"हाँ राजमाता!" परिचारिका का स्वर पहले तो लड़खड़ाया, किन्तु तत्काल ही सध गया, "पाँच नयी दासियाँ युवराज की सेवा में रही हैं।"

न चाहते हुए भी राजवैद्य के मुख पर प्रसन्नता प्रकट हो ही गयी, "राजमाता! युवराज यदि संयम से रहें, तो मेरी औषध अब भी चमत्कार दिखा सकती है।"

सत्यवती ने परिचारिका को जाने का संकेत किया और बोली, "वैद्यराज! मैं पूरा प्रयत्न करूँगी कि आपके निर्देशों का पालन हो। मैं अपना पुत्र खो नहीं सकती।"

राजवैद्य प्रणाम कर चले गये।

पर जैसे सत्यवती के अपने मन ने उसके शब्दों को स्वीकार नहीं किया। उसकी अपनी कनपटियों पर कोई मूसलों से ढोल बजा-बजा कर घोषणा कर रहा था, ऐसा नहीं हो सकता सत्यवती! ऐसा नहीं हो सकता...जब समय था और तेरे दोनों पुत्र, तेरे नियन्त्रण में थे; जब वे बालक थे, और उन्हें समझाया जा सकता था, तब तो तुमने स्वयं, उन्हें भोग की ओर प्रेरित किया...भूल गयीं तुम? जब तुम हृदय से चाहती थीं कि भीष्म से छीना गया राज-वैभव तुम्हारे पुत्र भोगें। भोग का माहात्म्य तुमने ही तो पढ़ाया था अपने पुत्रों को, 'तुम राजपुत्र हो। तुम्हारा जीवन भोग के लिए है। संयम का पाठ उनको पढ़ाया जाता है, जिनके पास भोगने को कुछ नहीं होता।'... और सत्यवती कैसे भूल सकती थी, अपने उन दिनों के ऊहापोह को। 'संयम' शब्द कानों में पड़ते ही, सत्यवती की पीठ पर जैसे कशाघात होता था। संयम को ही अंगीकार करना था तो सत्यवती ऋषि-पत्नी बन कर रही होती...अपना वरेण्य मीत तो मिलता पति के रूप में।...राजा शान्तनु की पत्नी हो कर भी पुत्रों को संयम का ही पाठ पढ़ाना था, तो अपने यौवन को एक वृद्ध की वासना-तृप्ति के लिए समर्पित करने का क्या लाभ?...

सत्यवती का मन जैसे उसे धिक्कारने लगा, 'तुमने भीष्म से उसका भोग छीना। देख! तेरा एक पुत्र तो जीवित नहीं रहा। दूसरा किसी भोग को भोगने योग्य नहीं रहा। जिसे वंचित किया, वंचना उसके लिए अमृत बन गयी, जिन्हें समृद्ध करना चाहा, समृद्धि उनके लिए विष हो गयी। बाबा ने समझा कि वह तुम्हारा हित कर रहे हैं और तुमने समझा कि तुम अपने पुत्रों का हित कर रही हो। कैसे मूर्ख हो, तुम दोनों! तुम्हारी स्वार्थ-बुद्धि तो इतना भी नहीं जानती कि हित क्या है और अहित क्या...'

सत्यवती के पैर-तले की धरती जैसे घूम गयी। उसे चक्कर आ गया। भीष्म ने आगे बढ़ कर सहारा दिया, "माता!"

"भीष्म!" सत्यवती मंच पर अधलेटी-सी हो गयी, "मेरी बुद्धि तो अचेत हो रही है पुत्र! कुछ समझ में नहीं आता...यह सब क्या हो रहा है; और विचित्रवीर्य का भविष्य..."

"आप अधिक चिन्ता न करें माता!" भीष्म धीरे-से बोले, "मुझे तो आप भी स्वस्थ नहीं लग रही हैं।"

"चिन्ता कैसे न करूँ पुत्र!" सत्यवती की असहायता पूरी तरह फूट पड़ी, "विचित्रवीर्य की स्थिति शोचनीय है। क्या उसके जीवन की रक्षा हो पायेगी?"

"क्यों नहीं!" भीष्म पूरे विश्वास के साथ बोले, "राजवैद्य ने स्पष्ट कहा है कि वह संयम से रहे तो अभी भी कुछ नहीं बिगड़ा। संयम कोई असम्भव शर्त तो नहीं माता!"

"उसे संयम सिखाया नहीं गया।" सत्यवती के चेहरे पर विषाक्त मुस्कान थी, "राज-भोग को मैं जीवन का सुख मानती थी; नहीं जानती थी कि वह विष है।..."

"माता!"

"भीष्म!" सत्यवती ने कातर स्वर में कहा, "मैं जितना सोचती हूँ, मेरा मन उतना ही निराश होता जाता है।"

"कैसी चिन्ता है माता! आपको?"

"कौन-सी चिन्ता मुझे नहीं है।" सत्यवती की आँखों में अश्रु झलके, "चित्रांगद नहीं रहा, मुझे लगता है कि विचित्रवीर्य भी शायद न रहे। वह नहीं रहा तो महाराज शान्तनु के इस वंश का क्या होगा पुत्र?"

भीष्म भीतर-ही-भीतर जैसे सहम गये, पर ऊपर से मुस्कुरा कर बोले, "आपके विवाह के पहले पिता को भी यही चिन्ता थी कि मैं उनका एकमात्र पुत्र हूँ...यदि मेरी मृत्यु हो गयी तो!...और अब आपको चिन्ता है कि विचित्रवीर्य न रहा तो!..." उन्होंने अपने स्वर में विश्वास ढाला, "क्या हुआ है विचित्रवीर्य को? सुरा और सुन्दरी का अतिरेक! अब संयम से रहेगा तो ऊर्जा के अतिरिक्त ह्रास की क्षतिपूर्ति हो जायेगी। वह स्वस्थ हो जायेगा...।"

"ईश्वर करे, तुम्हारी वाणी सत्य हो पुत्र!" सत्यवती बोली, "पर तुम विवाह करोगे नहीं। विचित्रवीर्य को संयम से रहने का आदेश दूँ तो तुम दोनों भाई सन्तानविहीन ही रहोगे।...और यदि उसे गृहस्थ बनने की अनुमति दूँ तो वह अपने रोग के कारण मर जायेगा।"

पहली बार भीष्म को लगा कि सत्यवती की बात पूर्णतः उपेक्षणीय नहीं है..

.क्या सचमुच ऐसी स्थिति आ सकती है कि इस भरत वंश का कोई उत्तराधिकारी ही न रहे?...और यदि ऐसा हो ही गया तो?...

भीष्म को लगा, उनका मन दुष्कल्पनाएँ बुनने में शायद सत्यवती के मन से भी आगे निकल गया है...वैद्य तो रोगी को आश्वासन देता ही रहता है...कोई भी वैद्य कभी नहीं कहेगा, कि अब रोगी के जीवन की आशा नहीं है...यदि विचित्रवीर्य सचमुच ही मृत्यु के कगार पर पहुँच ही गया है, तो उसका भविष्य क्या है?—एक संयमी जीवन, जिसमें न विवाह है, न पत्नी, न सन्तान?...या संयम के कुछ वर्षों के जीवन से स्वास्थ्य लाभ...पर यह आश्वासन कौन दे सकता है कि स्वास्थ्य लाभ होने पर, विचित्रवीर्य अपना संयम निभा पायेगा?...या प्रकृति उसे स्वस्थ होने तक, संयम बरतने के लिए जीवन देगी ही?

...भीष्म को लगा कि माता सत्यवती का द्वन्द्व न केवल उनके अपने मन में आ धँसा है, वरन् उसकी पीड़ा अत्यन्त भयंकर रूप से उन्हें प्रताड़ित कर रही है... यदि कहीं विचित्रवीर्य को विधाता ने दीर्घ जीवन न दिया या वह भरत वंश को उत्तराधिकारी न दे सका...तो कहीं यह दायित्व फिर से भीष्म पर न आ पड़े...भीष्म अपनी प्रतिज्ञा के उल्लंघन की कल्पना भी नहीं कर सकते। धर्म को तिलांजलि दे कर जीवन का क्या लाभ?...

और यदि कहीं संकट की कोई घड़ी आयी। विवाह से पूर्व ही विचित्रवीर्य का देहान्त हो गया...तो कोई यह कह कर तो भीष्म को लांछित नहीं करेगा कि भीष्म ने अस्वस्थ और रोगी विचित्रवीर्य का विवाह नहीं होने दिया, ताकि वह कुरु-वंश का उत्तराधिकारी उत्पन्न करने से पूर्व ही चल बसे; और हस्तिनापुर का राज्य फिर से भीष्म को मिल जाये...ऐसा लांछन...इतना बोझ वहन कर भीष्म जीवित नहीं रह सकेंगे...

उनकी दृष्टि सत्यवती की ओर उठी : वह आतुर भाव से उनकी ओर देख रही थी, "क्या सोच रहे हो भीष्म?"

"विचित्रवीर्य का असंयम इस कारण तो नहीं कि वह अविवाहित है?" भीष्म का स्वर गम्भीर और ठहरा हुआ था, जैसे किसी लम्बी चिन्तन-प्रक्रिया का निष्कर्ष एक सूत्र के रूप में दे रहे हों, "यदि उसका विवाह कर दिया जाये तो क्या उसकी रानी उसके भोग को सन्तुलित और सुनियन्त्रित नहीं कर देगी?"

"यह चर्चा तुमने पहले भी की थी पुत्र! किन्तु राजवैद्य ने उसे स्त्री-प्रसंग से दूर रहने का परामर्श दिया है।"

"सत्य है।" उनकी आँखें नहीं उठीं : कहीं माता उनकी आँखों में न देख लें कि भीष्म के मन में क्या है। भीष्म की आशंकाएँ और भय उनके अपने थे। उनसे

वह माता का बोझ और नहीं बढ़ाना चाहते थे। माता तक तो वह उनके पुत्र के लाभ की बात ही पहुँचाना चाहते थे, "पर संयम इसलिए तो है कि वह स्वस्थ हो कर एक सुखी जीवन जी सके। सुखी वह तभी हो पायेगा, जब सुख उसे सन्तुलित मात्रा में मिले। उसे 'भोग' रोगी नहीं कर रहा माता! भोग की असन्तुलित मात्रा, उसका रोग है। भोग को सन्तुलित करने के लिए ही तो मानव-समाज ने विवाह का आविष्कार किया है।..."

सत्यवती के तपते मन पर भीष्म का कथन, चन्दन का लेप कर गया...ठीक तो कह रहा है भीष्म! नारी-पुरुष के उन्मुक्त सम्बन्धों की पीड़ा, यातना और अव्यवस्था को देख कर ही तो मानव-समाज ने विवाह की परिकल्पना की होगी... क्या विचित्रवीर्य के जीवन की विडम्बना का भी यही निदान नहीं है...

"पर विचित्रवीर्य का वयस अभी विवाह-योग्य नहीं है।" सत्यवती ने कहा।

"उसका वयस तो रति-प्रसंग के योग्य भी नहीं है; सुरा-पान के योग्य भी नहीं है।"

सत्यवती क्या कहती। यही बात कहीं वह पहले समझ गयी होती। राजा शान्तनु के कहने की सार्थकता उसने समझी होती, तो वह चित्रांगद को इस प्रकार क्यों गँवाती : और विचित्रवीर्य के प्राणों पर संकट क्यों आता।...राजा ने ठीक ही कहा था, 'पँख उगने से पहले पक्षी अपने शिशुओं को नीड़ के बाहर नहीं जाने देते; और क्षत्रिय राजा ब्रह्मचर्य आश्रम की अवधि पूरी होने तक अपने राजकुमारों को राजप्रासादों में घुसने नहीं देते। कच्ची मिट्टी का भाँड बना कर कुम्भकार उसे तपने के लिए भट्टी में छोड़ देता है। पकने से पहले वह उस पर पानी की बूँद भी नहीं पड़ने देता; और पक जाने पर आकण्ठ जल भी कुम्भ का कुछ बिगाड़ नहीं सकता। ऋषिकुल राजकुमारों को तपाने-वाली भट्ठियाँ हैं। राजकुमार उनमें तप कर जब अपनी राजधानियों में लौटते हैं तो पके हुए कुम्भ होते हैं। फिर उनमें कण्ठ तक भोग सामग्री भर दी जाये, या उन्हें भोग-सरोवर में डुबो भी दिया जाये, तो उनका कुछ नहीं बिगड़ता।...'

पर सत्यवती ने यही माना था कि भीष्म के प्रति अपने प्रेम के कारण राजा उसके पुत्रों को वंचित करने के लिए ही ऐसे सिद्धान्तों को गढ़ रहे थे...अब भीष्म कह रहा है कि वह अपने कच्चे, गीले कुम्भ में थोड़ा-सा जल डाल ही दे, ताकि उसकी पेंदी गीली रहे और वह जल की तृष्णा में, सरोवर में आकण्ठ डूबने का प्रयत्न न करे...सम्भव है कि उस थोड़े-से जल से, उसकी पेंदी गल जाये या कुम्भ ही भहरा जाये।...पर यदि उसकी पेंदी को भी गीला न किया गया तो बहुत सम्भव है कि कुम्भ अपनी शुष्कता दूर करने के लिए सरोवर में छलाँग लगा दे, या अवसर मिलने पर

अपनी चिर तृष्णा मिटाने के लिए आकण्ठ पान कर ले...

परिचारिका कह रही थी...पाँच-पाँच दासियाँ विचित्रवीर्य की सेवा में...

"मेरी समझ में तो कुछ भी नहीं आ रहा भीष्म!" सत्यवती बोली, "शायद तुम्हीं ठीक कह रहे हो पुत्र!...तो फिर किसी उपयुक्त राजकुमारी का संधान करो, जिसकी वृत्ति राजसिक नहीं, सात्विक हो... ।"

सत्यवतो लौट कर अपने कक्ष में आयी तो उसे लगा कि उसके शरीर में एकदम प्राण नहीं है, जाने उसकी सारी ऊर्जा कैसे समाप्त हो गयी थी...हाथ तक हिलाने की इच्छा नहीं हो रही थी।

वह आ कर पलंग पर लेट गयी।

"देखो!" उसने परिचारिका से कहा, "मैं विश्राम करना चाहती हूँ। बहुत आवश्यक होने पर ही किसी को आने देना... ।"

उसने आँखें बन्द कर लीं। सारा दृश्य-जगत विलुप्त हो गया; किन्तु नींद उसे तब भी नहीं आयी।

बन्द आँखों के सम्मुख यमुना के मध्य एक द्वीप उभर आया। द्वीप में एक आश्रम था और उसमें बैठा था कृष्ण द्वैपायन।...अब वह शिशु नहीं था। युवा हो चुका था। ब्रह्मचर्य की अवधि पूरी कर चुका था। पता नहीं उसने गृहस्थाश्रम स्वीकार किया या नहीं...

सत्यवती की बन्द आँखों के सामने कृष्ण द्वैपायन की मूर्ति साकार होने लगी : युवा ऋषि! साँवला रंग। सिर पर जटाएँ। लम्बी दाढ़ी और श्माश्रु! वह पद्मासन लगाये, आँखें मूँदे, ध्यान में लीन था...

और जाने अकस्मात ही क्या हुआ...कृष्ण द्वैपायन की जटाएँ खुल गयीं। दाढ़ी विलीन हो गयी। वल्कल वस्त्रों के स्थान पर रेशमी वस्त्र आ गये। सुन्दर केश विन्यास हो गया। ध्यान में मग्न आँखें खुल गयीं। उनमें अध्यात्म की तटस्थता नहीं, लालित्य था और एक चमकथी।...कृष्ण द्वैपायन, अपने आसन से उठा और राजसिंहासन पर आ बैठा। सत्यवती ने अपने हाथों से उसे विभिन्न प्रकार के आभूषण पहनाये और अन्त में उसके मस्तक पर किरीट रख दिया...

चारणों ने जयघोष किया, 'हस्तिनापुर के सम्राट चक्रवर्ती कृष्ण द्वैपायन की जय!'

सत्यवती ने अपने हाथ जोड़ दिये। उसकी आँखें ऊपर आकाश की ओर उठ गयीं, 'हे प्रभु! कहीं ऐसा सम्भव हो पाता... ।'

14

विचित्रवीर्य का राज्याभिषेक धूमधाम से हुआ।

सत्यवती को इतना सुख शायद चित्रांगद के सम्राट बनने पर भी नहीं मिला था। चित्रांगद सम्राट तो बना था, पर अपने विवाह से पहले ही वह वीरगति को प्राप्त हो गया था।...पर विचित्रवीर्य के साथ वैसा सम्भव नहीं था। वह स्वयं अपनी प्रकृति से ही युद्ध-प्रिय नहीं था। न वह मृगया के लिए जायेगा, न द्वन्द्व-युद्ध के लिए।... और फिर चित्रांगद के समय भीष्म उसका सहायक नहीं था। भीष्म हस्तिनापुर में ही नहीं था। किसी शत्रु को सहज ही ज्ञात हो सकता था कि हस्तिनापुर के राजा को भीष्म का समर्थन प्राप्त नहीं है।...विचित्रवीर्य पूर्णतः भीष्म के संरक्षण में था। भीष्म उसकी रक्षा के लिए वचनबद्ध था।...और पहले तो सत्यवती ने भीष्म की वीरता की चर्चा ही सुनी थी। उस पर बहुत विश्वास नहीं था उसको; किन्तु, जब से वह काशिराज की कन्याओं का हरण करके लाया था, तब से उसकी वीरता के विषय में धारणा ही बदल गयी थी सत्यवती की। उसने भीष्म के सारथि वीरसेन को बुला कर सारा विवरण पूछा था, उस अभियान का। वीरसेन ने उसे बताया था कि स्वयंवर में उपस्थित सारे राजा एक ओर थे और अकेले भीष्म दूसरी ओर। उधर से सहस्रों बाणों की वर्षा हो रही थी, जैसे शेषनाग अपने सहस्रों फनों से एक साथ फुफकार रहे हों; और दूसरी ओर अकेले भीष्म थे—शान्त, आत्मविश्वस्त और आवेगशून्य। जाने क्या जादू था उनकी बाण-विद्या में कि उनके सामने शत्रुओं के उन सहस्रों बाणों की स्थिति ऐसी हो जाती थी, जैसे आँधी के विपरीत उड़ने-वाले पत्तों की। एक बाण भी नहीं पहुँच पाया था उनके रथ तक। न वीरसेन को एक भी बाण लगा, न रथ में बैठी राजकन्याओं को।...

सत्यवती नहीं जानती थी कि वीरसेन के विवरण में कितना सत्य था और कितनी अतिशयोक्ति। पर इतना तो सत्य था ही कि भीष्म उस स्वयंवर में से काशिराज की तीनों कन्याओं का हरण करके लाया था। वहाँ सम्पूर्ण आर्यावर्त के राजा वर्तमान थे। वे लोग भीष्म के मित्र नहीं थे, न उनको भीष्म द्वारा यह कन्याहरण रुचिकर हुआ होगा। उन्होंने अवश्य ही भीष्म का विरोध किया होगा। युद्ध हुआ होगा।...और यदि सत्यवती यह मान ले कि उन राजाओं ने भीष्म का विरोध नहीं किया था, युद्ध भी नहीं हुआ था...तो ऐसा उन राजाओं के भीष्म के प्रति स्नेह और सौहार्द के कारण नहीं हुआ होगा। भीष्म के तेज और शूरवीरता के कारण ही उन लोगों को साहस नहीं हुआ होगा कि वे भीष्म का विरोध करें।...इतना आतंक भी

है भीष्म का...और वही भीष्म आज विचित्रवीर्य के रक्षक के रूप खड़ा है...तो विचित्रवीर्य को किसी का क्या भय हो सकता है।...चित्रांगद ने भी अपनी वीरता के स्थान पर भीष्म की वीरता का आश्रय लिया होता, तो इस प्रकार यमराज की दृष्टि उस पर न पड़ी होती। यदि भीष्म गन्धर्वराज को पराजित करता, तो सम्भव है कि हस्तिनापुर का राज्य कुछ और विस्तार पाता। गन्धर्वों की बहुत सारी भूमि अपने साम्राज्य में मिलायी जा सकती...और यदि किसी कारण से भीष्म गन्धर्वराज को पराजित न कर पाता और अपने प्राणों से हाथ धोता, तो मान लिया जाता कि हस्तिनापुर राज्य का एक महारथी नहीं रहा...इसके पश्चात् चित्रांगद को गन्धर्वराज से लड़ने की आवश्यकता ही नहीं थी। वह उससे किसी प्रकार की सन्धि कर सकता था...पर अब चित्रांगद नहीं था, विचित्रवीर्य था। विचित्रवीर्य को चित्रांगद के अनुभवों से भी लाभ उठाना चाहिए। भीष्म जैसे समर्थ व्यक्ति का पूरा उपयोग होना चाहिए। भीष्म की भुजाएँ, साम्राज्य की रक्षा करें और साम्राज्य का भोग करे विचित्रवीर्य। प्रजा का पालन करे भीष्म, और उसका स्वामी हो विचित्रवीर्य...भीष्म को 'धाय' बना दिया जाये, जिसे माता के दायित्व तो सारे निभाने पड़ें, अधिकार उसे एक भी न हो...

एक क्षण के लिए सत्यवती के मन में एक प्रश्न जागा : क्या उसे भीष्म से तनिक भी स्नेह नहीं है? उसके प्रति सत्यवती के मन में कोई भी कोमल भावना नहीं है?...पर सत्यवती ने उस प्रश्न को टिकने नहीं दिया। प्रश्न की उस चिंगारी पर उसने जल का एक पूरा भाँड उलट दिया : 'प्रेम तो मुझे पराशर से भी था...'

पराशर के नाम से ही उसे कृष्ण द्वैपायन की स्मृति भी हो आयी।...सुना है कृष्ण अब ऋषि बन गया है। पिता के समान पूज्य माना जाने लगा है...किन्तु कैसी बाध्यता है सत्यवती की कि वह उसे विचित्रवीर्य के राज्याभिषेक में भी नहीं बुला पायी। यज्ञ करने-वाले पुरोहित के रूप में भी नहीं...

15

विचित्रवीर्य प्रातः जागा, तो उसे हल्का-सा ज्वर था। शरीर बहुत दुर्बल लग रहा था और सिर का भारीपन भी कुछ बढ़ गया था...वैसे उसके लिए अपनी इस अवस्था में कोई नवीनता नहीं थी। वर्षों से वह ऐसा ही चल रहा था। वह तो एक प्रकार से उसका अभ्यस्त भी हो गया था।...मन तनिक स्वस्थ हुआ और तन ने साथ दिया तो दासियों को बुला लिया।...शरीर दुर्बल लगा, मन भारी हुआ तो मदिरा के कई

पात्र...फिर न शरीर की दुर्बलता का भान रहता, न मन के भारीपन का।...पर जब से भीष्म और माता सत्यवती में कोई समझौता हो गया था, तब से दासियों की अपेक्षा उसे अपना अधिक समय ब्राह्मणों की संगति में बिताना पड़ता था; और मदिरा से अधिक उसे राजवैद्य की तिक्त औषधियों का पान करना पड़ता था।...और ऊपर से माता ने भीष्म के साथ मिल कर उसके विरुद्ध षड्यन्त्र रचा था।...उन्होंने उसे सम्राट बना दिया था। सम्राट बनने तक उसे कोई आपत्ति नहीं थी, किन्तु उसके बाद प्रतिदिन जा कर राजसभा में सिंहासन पर बैठे रहना और मन्त्रियों, जन-प्रमुखों, ब्राह्मणों...और जाने किस-किसके भाषण सुनना...और फिर उन पर विचार करना... यह सब विचित्रवीर्य के वश का नहीं था। इससे तो अच्छा था कि उसे मदिरा का एक भाँड दे कर, अपने कक्ष में छोड़ दिया जाता...

"आर्यपुत्र!"

विचित्रवीर्य ने आँखें खोलीं : अम्बिका और अम्बालिका, दोनों ही सामने खड़ी थीं।...ये दोनों इस प्रकार एक-दूसरी से क्यों जुड़ी रहती हैं—उसने सोचा—जब देखो, तब एक साथ! विचित्रवीर्य तो दो दिन में ही ऊब जाये, यदि उसे किसी एक के साथ इस प्रकार जुड़ कर रहना पड़े।

"उठिए।" अम्बिका बोली, "विलम्ब हो रहा है। राजसभा आपकी प्रतीक्षा में है।"

'राजसभा।' विचित्रवीर्य का मन हुआ, वह ऊँचे स्वर में चिल्लाये...पर उसके सिर का भारीपन उसे चिल्लाने की अनुमति ही नहीं दे रहा था। इससे पहले कि वह सिर के भारीपन पर खीझता, उसका ध्यान दूसरी ओर चला गया, "मैं आज सभा में नहीं जाऊँगा।..." वह धीरे-से बोला, "मेरा स्वास्थ्य ठीक नहीं है।"

अम्बिका ने उसके माथे पर हाथ रखा : उसे ज्वर का आभास हुआ।...उसने अम्बालिका की ओर देखा। अम्बालिका ने उसका तात्पर्य समझ कर अपनी हथेली विचित्रवीर्य के माथे पर रखी।

"ज्वर है।" वह बोली।

"माता को सूचित करें?" अम्बिका ने पूछा।

"माता को क्या सूचित करना है!" विचित्रवीर्य ने खीझ कर कहा, "मुझे विश्राम करने दो।"

"पर माता को सूचित करने में क्या आपत्ति है आपको?"

"क्योंकि मैं बच्चा नहीं हूँ, कि मेरे सम्बन्ध में प्रत्येक छोटी-बड़ी बात की सूचना माता को दी जाये।"

"तो क्या हैं आप?"

"मैं अब युवक हूँ।"

"आपके यौवन से पर्याप्त परिचित हैं हम!" अम्बिका के स्वर का कटाक्ष प्रत्यक्ष था।

"क्या परिचित हो यौवन से..." विचित्रवीर्य की खीझ उभरी; किन्तु अगले ही क्षण उसका स्वर दब गया, "अस्वस्थ हूँ इन दिनों, अतः दुर्बल हूँ।"

"तो माता को सूचित क्यों नहीं करने देते?"

"जाओ! सूचित कर दो माता को।" विचित्रवीर्य की खीझ मुखर हो उठी, "वे वैद्य को बुलाएँ। वैद्य मुझे विष के समान तिक्त औषधियाँ पिलायें।...जाओ। बता दो माता को।"

किन्तु सत्यवती को बताने के लिए किसी को जाना नहीं पड़ा। वह स्वयं ही कक्ष में आ गयी, "क्या बताना है माता को?"

"आर्यपुत्र का स्वास्थ्य?..." अम्बिका बोली।

"क्या हुआ मेरे बच्चे को।" सत्यवती झपट कर विचित्रवीर्य के पास आयी और उसके माथे पर हाथ रख कर बोली, "इसे तो ज्वर है।"

उसने अम्बिका की ओर देखा : अम्बिका ने सिर झुका लिया, जैसे इसमें उसी का दोष हो। अम्बालिका जा कर अम्बिका के पीछे खड़ी ही नहीं हुई, उसने स्वयं को बड़ी बहन की ओट में पूर्णतः छिपा लिया था।

सत्यवती ने साथ आयी परिचारिका की ओर आँखें फेरीं, "राजवैद्य को सूचित करो। तुरन्त! किसी तीव्रगामी अश्वारोही को भेजो...या ऐसा करो, किसी सारथि को भेजो, वैद्य को अपने रथ पर बैठा कर ले आये।"

"जो आज्ञा।" परिचारिका चली गयी।

सत्यवती की इच्छा हुई, पीछे से पुकार कर कहे कि किसी को भेज कर भीष्म और महामन्त्री को भी सूचित कर दे...किन्तु फिर कुछ सोच कर चुप ही रही।

परिचारिका चली गयी।

उन्हें अब राजवैद्य की प्रतीक्षा ही करनी थी। पर इतनी देर तक सत्यवती निष्क्रिय तो नहीं बैठ सकती थी।...वह जा कर विचित्रवीर्य के सिरहाने बैठ गयी।

"लाओ! तुम्हारा सिर दबा दूँ मेरे लाल!"

विचित्रवीर्य ने संकोच से अपनी पत्नियों की ओर देखा।

सत्यवती की दृष्टि ने उसकी आँखों का पीछा किया; और सहसा वह रोष मिश्रित स्वर में बोली, "खड़ी देख क्या रही हो। तुम्हारा पति अस्वस्थ है। उसकी सेवा करनी चाहिए। पैर दबाओ अपने पति के।"

अम्बिका और अम्बालिका ने एक-दूसरी की ओर देखा और एक मूक समझौते के अधीन आ कर विचित्रवीर्य के पैरों के पास, पलंग के दोनों ओर बैठ गयीं। वे

दोनों धीरे-धीरे पति की टाँगें चाँपने लगीं।

विचित्रवीर्य ने एक झुरझुरी-सी ली और अपनी टाँगें खींच लीं। उसने सत्यवती की ओर देखा, "बन्द करो माँ! यह सब।"

"क्यों?" सत्यवती चकित थी, "क्या बात है मेरे लाल? कोई असुविधा हुई? क्या शरीर को आराम नहीं मिलता?"

"इनके स्पर्श से मेरे शरीर का ताप बढ़ता है।"

अम्बिका और अम्बालिका ने संकोच से दृष्टि भूमि में गाड़ ली।

सत्यवती को विचित्रवीर्य की असुविधा समझने में थोड़ा समय लगा।...समझने के पश्चात् उसे थोड़ा आश्चर्य हुआ।...पत्नी का स्पर्श भी उसके शरीर में ताप बढ़ाता है...इतना कामातिरेक है विचित्रवीर्य में...

राजवैद्य ने आ कर विचित्रवीर्य की नाड़ी देखी। सम्राट की आँखों, जिह्वा और त्वचा का परीक्षण किया। थोड़ी देर सोचते रहे और बोले, "राजमाता! मेरे साथ आयें।" उसने मुड़ कर अम्बिका और अम्बालिका की ओर देखा, "आप लोग जायें। सम्राट को विश्राम की आवश्यकता है।"

राज़वैद्य के साथ सत्यवती दूसरे कक्ष में आयी।

"क्या बात है वैद्यराज?"

"सम्राट की कामेच्छा असाधारण रूप में प्रबल है। शरीर दुर्बल है।...और आपने उन्हें एक नहीं, दो-दो सुन्दरी पत्नियाँ उपलब्ध करा रखी हैं।..."

सत्यवती को लगा, राजवैद्य ने पूरी बात नहीं कही थी।

"स्पष्ट कहें वैद्यराज!"

"और स्पष्ट क्या कहूँ राजमाता!" राजवैद्य ने सिर झुका लिया। उसका स्वर और भी धीमा हो गया, "मुझे सम्राट में क्षय रोग के लक्षण दिखायी दे रहे हैं।..."

सत्यवती फटी-फटी आँखों से राजवैद्य को देखती रही...शब्द जैसे सारे-के-सारे खो गये थे...

"मैंने तो राजमाता से पहले भी निवेदन किया था कि सम्राट को स्त्री-प्रसंग से दूर रखें।" राजवैद्य के शब्दों में विषाद की ध्वनि स्पष्ट थी, "सम्राट के विवाह से पहले भी मैंने महाराजकुमार से निवेदन किया था कि सम्राट के स्वास्थ्य के लिए एक पत्नी भी जोखिम का कारण हो सकती है। फिर भी दो रानियाँ...।"

"किन्तु राजाओं के लिए दो रानियाँ कोई अतिरिक्त विलास का प्रमाण नहीं है वैद्यराज!" सत्यवती के स्वर में प्रतिवाद की ध्वनि थी।

"वे राजा सैकड़ों योजन की यात्रा घोड़े की पीठ पर करते हैं और आठ-आठ प्रहर शस्त्र-परिचालन करते हुए भी थकते नहीं हैं राजमाता! हमारे सम्राट का शारीरिक स्वास्थ्य उस कोटि का नहीं है।" राजवैद्य ने कहा, "कृपया रानियों को सम्राट से दूर रखें ताकि न तो रानियों पर सम्राट के रोग का प्रभाव पड़े और न ही सम्राट व्यर्थ ही कामोत्तेजना के कारण अपने स्वास्थ्य का और भी क्षय करें...।"

सत्यवती का मन जैसे एकदम बुझ गया।

क्या है यह सब? कौन-सा पाप किया है सत्यवती ने, जिसका उसे यह दण्ड मिल रहा है। पहले अपना प्रिय तापस छूटा, नन्हे कृष्ण द्वैपायन को त्यागा; फिर वृद्ध पति पाया, विधवा हुई, चित्रांगद छोड़ गया और अब यह विचित्रवीर्य...क्या यह सब केवल इसलिए कि सत्यवती और उसके बाबा ने राज्य का लोभ किया, या इसलिए कि उसने भीष्म के अधिकार का अपहरण किया...पर क्या पाया उसने? सब कुछ तो खोया ही खोया है...क्या यह सब उसका अपना कृत्य है...या किसी और का?... भगवान का या मनुष्य का?...

सत्यवती को लग रहा था कि वह या तो सशब्द रो पड़ेगी और दीवारों से अपना सिर टकरायेगी, या फिर वह किसी का मुँह नोच लेगी...उसे मालूम तो होना चाहिए कि उसी के साथ यह सब क्यों हो रहा है?...राजवैद्य कहता है कि उसने भीष्म को बताया था कि सम्राट के लिए एक भी पत्नी...तो भीष्म बार-बार क्यों कहता रहा कि विचित्रवीर्य का विवाह कर दिया जाये? वह विचित्रवीर्य को पत्नी उपलब्ध कराने के लिए इतना व्यग्र क्यों था?...इसलिए कि पत्नी को पा कर अपनी कामासक्ति के कारण विचित्रवीर्य अपने स्वास्थ्य का नाश कर ले और प्राणों से हाथ धोये...हाँ! क्यों नहीं चाहेगा, भीष्म ऐसा?...वह कैसे भूल सकता है कि उसे राज्याधिकार से अपदस्थ करने वाली मैं हूँ...मुझे और मेरी सन्तान को वह सुखी देख ही कैसे सकता है।...जब चित्रांगद मृत्यु से जूझ रहा था, तो यह तपस्या का ढोंग कर गंगा पार अपनी कुटिया में जा बैठा था।...कोई बड़ी बात नहीं है, यदि इसी ने गन्धर्वराज को उकसा कर चित्रांगद से लड़ने को भेजा हो।...और अब मुझसे मीठी-मीठी बातें कर, मेरे पुत्र को पत्नी का लोभ दिखा, तीन-तीन कन्याओं का हरण कर लाया...वह जानता था कि विचित्रवीर्य के लिए काम-प्रसंग घातक है, तो भी वह तीन-तीन कन्याएँ हर लाया...

यह भीष्म मेरा और मेरी सन्तान का नाश करके ही छोड़ेगा...

सत्यवती आवेश में बाहर निकली। सारथि को रथ लाने का संकेत किया और रथारूढ़ हो कर कहा, "महाराजकुमार के प्रासाद में ले चलो।"

भीष्म के प्रतिहारी ने राजमाता को प्रणाम किया।

"महाराजकुमार हैं?"

"हैं राजमाता!" उसने कहा, "वे सारथि वीरसेन से चर्चा कर रहे हैं। वीरसेन अभी-अभी सौभ से लौटे हैं।"

सत्यवती ने और जिज्ञासा व्यर्थ समझी। कक्ष में प्रवेश किया तो जिस व्यक्ति पर सबसे पहले उसकी दृष्टि पड़ी, वह अम्बा थी। लम्बी-ऊँची गौर-वर्णा नारी। बड़ी-बड़ी काली आँखें, तीखी नाक, लम्बे काले बाल, आकर्षक नारी अवयव। पूर्ण और विकसित नारीत्व की स्वाभिमानिनी!...किन्तु इस समय थकी हुई, एक लम्बी यात्रा से धूल-धूसरित। बिखरे हुए केश। कुछ-कुछ लालिमा लिये आँखें, जैसे अभी-अभी रोई हों...

पर यह यहाँ क्या कर रही है? यह तो सौभ गयी थी।

"राजकुमारी तुम!" सत्यवती का आश्चर्य प्रकट हो ही गया।

पर अम्बा ने न तो राजमाता के प्रश्न का उत्तर दिया : और न प्रणाम ही किया। उसने उपेक्षा से मुख फेर लिया; और सत्यवती को लगा, उसने ओट में हो कर अपनी आँखें पोंछी हैं।

भीष्म और वीरसेन ने राजमाता को प्रणाम किया।

"भीष्म! यह?" सत्यवती ने पूछा।

"हाँ माता! शाल्व ने राजकुमारी को स्वीकार नहीं किया। वह कहता है कि वह क्षत्रिय राजा है। युद्ध में जीत सकता तो जीत लेता, वह भीष्म का दिया दान नहीं ले सकता।" भीष्म धीरे से बोले।

"पूरी बात क्यों नहीं बताते तुम!" सहसा अम्बा रुदन और आक्रोश-भरे स्वर में बोली, "मुझसे सुनो राजमाता!" उसकी आँखें सत्यवती पर जम गयीं, "वह कहता है कि जिस क्षण भीष्म ने स्वयंवर-मण्डप में मेरी बाँह पकड़ मुझे अपने रथ पर बैठाया—मैं उसी क्षण से स्वयंवर में जीती हुई भीष्म की वीर्यशुल्का पत्नी हो गयी। और जो धर्मतः भीष्म की पत्नी है, उसे धर्मज्ञ सौभराज शाल्व अपनी पत्नी के रूप में कैसे स्वीकार कर सकता है। वह परस्त्रीगामी नहीं बनना चाहता।..."

"पर यह झूठ है।" सत्यवती का मन ऐसा काँपा, जैसे आकाश उस पर टूट पड़ा हो, या धरती फट गयी हो और वह रसातल तक गिरती ही चली जा रही हो।

"झूठ और सच का निर्णय कौन करेगा राजमाता—एक स्त्री का स्वार्थ?"

"क्या कहना चाहती हो?" सत्यवती को लग रहा था, जैसे उसके चारों ओर सहस्त्रों भूत-पिशाच जाग कर अट्टहास कर रहे हों।

"मैं सम्राट शान्तनु के ज्येष्ठ पुत्र की भार्या हूँ। मुझे अपना अधिकार मिलना

चाहिए।"

"तुम झूठी हो।" सहसा सत्यवती असह्य वेदना से फट पड़ी, "भीष्म ने आजीवन ब्रह्मचर्य का पालन करने की प्रतिज्ञा की है। वह तुम्हारा हरण अपने छोटे भाई विचित्रवीर्य के लिए करके लाया था। तुमने स्वयं ही कहा था कि तुमने मन-ही-मन सौभराज शाल्व का वरण कर रखा है। अन्यथा तुम्हारा विवाह विचित्रवीर्य से हो ही जाता और तुम कुरु साम्राज्य की सम्राज्ञी होतीं।"

"वह तो मैं हूँ ही!" अम्बा एक-एक शब्द को चबा-चबा कर बोली, "किन्तु मैं शान्तनुनन्दन देवव्रत भीष्म की भार्या हूँ। हस्तिनापुर के राजकुल को मुझे इसी रूप में स्वीकार करना होगा।..."

सत्यवती का मन हुआ कि वह चीख कर इतना रोये कि राजप्रासाद की दीवारें हिल जायें—वह क्या इस प्रकार प्रवंचित होने के लिए कुरुकुल की रानी बन कर आयी थी। शान्तनु और भीष्म ने जो वचन दिये थे, उनको यह स्त्री इस प्रकार उससे छीन लेगी...या क्या यह भी भीष्म का ही तो कोई षड्यन्त्र नहीं है। वह एक ही दाँव में अपनी दोनों प्रतिज्ञाओं का निराकरण कर लेना चाहता है।...

"भीष्म!" सत्यवती ने चीत्कार किया।

"धैर्य धारण करें माता!" भीष्म ने यथासम्भव शान्ति से कहा, किन्तु उनके मन की उद्वेलित स्थिति अनुद्‍घाटित न रह सकी। फिर वे सारथि की ओर मुड़े, जैसे इस बवण्डर में वे कुछ देर तक उसका अस्तित्व भूल गये हों, और अब सहसा ही उसके प्रति सचेत हो गये हों, "तुम जाओ वीरसेन! थके हुए हो। नहाओ, धोओ! विश्राम करो।"

और तब उन्होंने सत्यवती से कहा, "आप आसन ग्रहण करें माता! काशी की राजकुमारी इस समय अत्यन्त उद्वेलित मनःस्थिति में है। वह दुखी है। उसकी पीड़ा मैं समझता हूँ...।"

"मुझे बहलाने का प्रयत्न मत करो।" अम्बा बीच में ही बोली, "यदि तुम क्षत्रिय हो, तो मैं भी क्षत्रिय-कन्या हूँ। तुम अपनी प्रतिज्ञा पर अटल हो, तो मैं भी अपना संकल्प पूरा करूँगी।"

"सुनो राजकुमारी!" भीष्म बोले, "तुम्हारे दुर्भाग्य पर मुझे दुख है; किन्तु तुम्हारा अपराधी मैं नहीं हूँ।...तुम्हारे अपहरण में कहीं अधर्म नहीं था। तुमने शाल्व के प्रति अपना अनुराग प्रकट करके भी कोई अन्याय नहीं किया। और शाल्व का तुम्हें अंगीकार न करने का कारण भी धर्म-विरुद्ध नहीं है...।"

"सबने अपने धर्म का ही निर्वाह किया है तो यह अधर्म क्यों हो रहा है?" अम्बा क्षुब्ध स्वर में बोली, "पिता के घर से मैं स्वयंवर में हरी गयी। अतः मैं लौट कर अपने पितृ-कुल में नहीं जा सकती। जो मुझे हर कर लाया, वह मुझे ग्रहण नहीं

करता, क्योंकि वह ब्रह्मचर्य की प्रतिज्ञा में बँधा हुआ है; और जो मुझसे प्रेम करता था और विवाह करना चाहता था, वह मुझे इसलिए अंगीकार नहीं कर रहा, क्योंकि वह मेरा हरण नहीं कर सका...जब किसी ने भी अधर्म नहीं किया, किसी ने पाप नहीं किया, किसी ने अन्याय नहीं किया—तो फिर यह सारी यातना मेरे ही लिए क्यों?...तुम क्यों नहीं मेरे समान वन-वन और नगर-नगर भटक रहे?..."

"राजकुमारी! यह दुर्भाग्यपूर्ण स्थिति है।" भीष्म यथासम्भव शान्त स्वर में बोले, "कभी-कभी जीवन में परिस्थितियों के ऐसे विचित्र समीकरण बन जाते हैं कि व्यक्ति कष्ट भी पाता है, और उसके लिए किसी को दोषी भी नहीं ठहरा सकता। तुम ऐसी ही एक स्थिति में खड़ी हो इस क्षण!...किन्तु ऐसी कोई कठिनाई नहीं है, जिसका पार हम धैर्य और विवेक से नहीं पा सकते। तुम धैर्य रखो। हम तुम्हारी सहायता करेंगे। तुम पितृ-कुल में लौटना चाहो तो, विचित्रवीर्य से विवाह करना चाहो तो..."

और सहसा सत्यवती के मन में ज्वार उठा, 'नहीं! नहीं!! भीष्म, ऐसा मत करना। राजवैद्य विचित्रवीर्य को स्त्री-प्रसंग से दूर रखने का आदेश दे रहा है और तुम उसके लिए एक और पत्नी की व्यवस्था कर रहे हो...हत्या करोगे क्या उसकी?'

पर सत्यवती बोली कुछ नहीं।

"क्या बात है माता? आप इतनी उद्विग्न क्यों हैं?" भीष्म ने पूछा।

किन्तु इससे पहले कि सत्यवती कोई उत्तर देती, अम्बा बोली, "मुझे न अब पितृ-कुल में लौटना है, न निर्वीर्य विचित्रवीर्य से विवाह करना है, न कुरु-कन्या बन कर हस्तिनापुर में रहना है, न सौभ-नरेश शाल्व के पास जाना है...।"

"तो क्या इच्छा है राजकुमारी?"

"मैं जिसकी भार्या हूँ, वह मुझे अंगीकार करे। मुझे कुरुकुल में अपना उचित, उपयुक्त, धर्मयुक्त स्थान प्राप्त हो, नहीं तो...।"

"नहीं तो?"

"नहीं तो मैं अपने अपमानित जीवन के प्रतिकार-स्वरूप भीष्म! कोई भयंकर कृत्य करूँगी..." उसने भीष्म की ओर देखा, "इस एक स्त्री के सुख के लिए, तुम मेरा जीवन इस प्रकार नष्ट नहीं कर सकते। यह अपने जिस वंश के सुख के लिए यह सब कर रही है, मैं उस वंश का सम्पूर्ण नाश कर दूँगी।..."

सत्यवती की इच्छा हुई कि वह अपनी आँखें बन्द कर ले : उसके सामने काशिराज की पुत्री अम्बा नहीं, जो उसे और उसके वंश का सर्वनाश करने पर तुली हुई थी, यह तो कोई भयंकर कृत्या थी, शापग्रस्त, उद्विग्न प्रेतात्मा...यदि उसकी बात मान ली जाये। सत्यवती यदि भीष्म को उससे विवाह करने की अनुमति दे दे, तो अगले ही क्षण हस्तिनापुर की साम्राज्ञी के रूप में अधिकार ग्रहण कर, भीष्म का

राज्याभिषेक करवायेगी और सम्भव है कि विचित्रवीर्य को बधिकों के हवाले कर दे... और यदि उसकी बात न मानी जाये तो...कहीं वह भीष्म का वध न करवा दे...भीष्म का, जिसका जीवन, सम्पूर्ण कुरु-साम्राज्य का जीवन है...भीष्म की आवश्यकता आज सत्यवती से अधिक किसे होगी...अपने प्रासाद से चलते हुए सत्यवती ने सोचा था कि भीष्म उसका सबसे बड़ा शत्रु है...तब वह उसका नाश चाह रही थी...किन्तु इस समय अम्बा उसे समझा रही थी कि भीष्म का नाश, सत्यवती का ही नाश है...अम्बा भीष्म को उससे छीन लेना चाहती है...जीवित या मृत!...अम्बा भीष्म की नहीं, सत्यवती की सबसे बड़ी शत्रु है।...भीष्म ठीक कहता है कि कभी-कभी परिस्थितियों के ऐसे समीकरण आ उपस्थित होते हैं...सत्यवती ने तो अम्बा को कभी हानि नहीं पहुँचायी...

"तो अम्बे!" भीष्म के स्वर में सहसा किंचित माधुर्य घुल गया, "विधाता का यही विधान है, तो वही सही! मैं नहीं जानता था कि दुर्बलता का एक क्षण इस प्रकार हमारे विनाश की घड़ी ले आयेगा।"

सत्यवती को लगा, अम्बा के चेहरे पर भी हल्की-सी कोमलता उभरी, "तुम जानते हो भीष्म! मैं तुम्हारी प्राण भी हूँ और विनाश भी।" और सहसा, वह फिर तटस्थ हो गयी, "तो क्या सोचा है मेरे लिए?"

"राजकुमारी! तुम्हारी इच्छा इस जन्म में तो पूरी नहीं कर पाऊँगा।"

"यह अन्तिम उत्तर है?"

"सर्वथा अन्तिम!"

"तो फिर मुझे शैखावत्य मुनि के आश्रम तक पहुँचवाने की व्यवस्था कर दो, ताकि मैं हस्तिनापुर के विनाश का प्रबन्ध कर सकूँ।"

"जैसी तुम्हारी इच्छा!" भीष्म बोले। उन्होंने परिचारिका को बुला कर आदेश दिया, "राजकुमारी थकी हुई हैं। उनके स्नान, भोजन और विश्राम का प्रबन्ध करो।"

अम्बा परिचारिका के पीछे चली तो उसने एक दृष्टि भीष्म पर भी डाली। भीष्म ने देखा, उसकी आँखों में कितनी करुणा थी...और कितनी प्रचण्डता।

16

हस्तिनापुर लौटते हुए, अपने रथ में बैठी सत्यवती समझ नहीं पा रही थी कि वह प्रसन्न थी या अप्रसन्न! उसने हस्तिनापुर से कुरुक्षेत्र की यात्रा की थी कि वह

भगवान परशुराम तथा महाअथर्वण जाबालि से अपने पुत्र विचित्रवीर्य के स्वास्थ्य के लिए कोई औषध माँग ले, कोई मन्त्र सीख ले। पर क्या कर पायी वैसा कुछ?... विचित्रवीर्य का तो नाम भी उसकी जिह्वा पर नहीं आया...और वह हाथ जोड़ कर परशुराम से भिक्षा माँगती रही, भीष्म के जीवन की...

परशुराम यदि भीष्म से युद्ध करते, उसे पराजित करते, उसका वध करते, तो क्या छिन जाता सत्यवती का? उसे तो उल्टे लाभ ही था; उसके मार्ग का एक शूल तो दूर होता। भीष्म हस्तिनापुर के सिंहासन पर नहीं बैठा; किन्तु वह जानता है कि इस सिंहासन का वास्तविक अधिकारी वही है। सत्यवती भी जानती है; कुरु-प्रमुख भी जानते हैं; प्रजा भी जानती है। भीष्म का अस्तित्व ही सबको याद दिलाता रहता है कि सत्यवती और उसके पुत्रों ने भीष्म से उसका राज्याधिकार छीना है...उसकी उपस्थिति मात्र, लोगों की दृष्टि में सत्यवती को अपराधिनी बना जाती है...

और सत्यवती हस्तिनापुर से कुरुक्षेत्र तक गयी—भीष्म के जीवन की याचना करने के लिए...

पर सत्यवती—उसका मन बोला—यदि परशुराम भीष्म को पराजित करते, तो उनकी इच्छा पूरी होती। सम्भवतः वे उसका वध नहीं करते।...वह उनका शिष्य है... उन्हें प्रिय है...और फिर जीवित रह कर उनके लिए उपयोगी हो सकता है। भीष्म के वध से तो अम्बा के जीवन की समस्या का समाधान नहीं हो सकता था। वह तो भीष्म की मृत्यु की कामना भी नहीं कर रही थी। वह भीष्म को प्राप्त करना चाह रही थी...और यदि अम्बा, भीष्म को प्राप्त कर लेती, तो उसके माध्यम से वह हस्तिनापुर का राज्य भी प्राप्त करना चाहती।...जब निषाद-कन्या सत्यवती राज्य के लोभ का संवरण नहीं कर सकी, तो अम्बा तो राज-कन्या है। वह क्या राज्याधिकार प्राप्त किये बिना मानती?...कभी नहीं...

पर भीष्म की प्रतिज्ञा?

सत्यवती को लगा, उसके मन में कोई ज़ोर का अट्टहास कर हँसा, पुरुष की प्रतिज्ञा।...क्या अर्थ है, पुरुष की प्रतिज्ञा का?...नारी ही उससे प्रतिज्ञाएँ करवाती है, और नारी ही उसकी प्रतिज्ञाएँ तुड़वाती है...सत्यवती, माता बन कर भीष्म से ऐसी प्रतिज्ञाएँ करवा सकी, तो अम्बा पत्नी बन कर उसकी प्रतिज्ञाएँ तुड़वा नहीं सकती?...भीष्म चाहे नारी की शक्ति को न जानता हो, पर सत्यवती तो जानती है। ...पुरुष के जीवन में नारी, मादक वसन्त के रूप में आती है। उस समय क्या पुरुष का विवेक, और क्या उसका संकल्प...पुरुष का अपना विवेक और संकल्प काम करता रहे, तो समझना चाहिए कि नारी का मद उसे अभी चढ़ा ही नहीं है...और यदि आरम्भ में उसका प्रतिरोध कुछ दिन बना भी रहे, तो नारी दीमक के समान,

उसकी जड़ों में धँस कर सब कुछ खोखला कर देती है; और पुरुष को पता भी नहीं लगता कि क्रमशः उसका क्षय हो चुका है। उसको तो बोध ही तब होता है, जब उसकी जड़ें पूर्णतः नष्ट हो चुकी होती हैं, और वह धराशायी हो जाता है।...शान्तनु में क्या आत्मबल नहीं था, या विवेक नहीं था, या संकल्प नहीं था...किन्तु सत्यवती के सामने एक भी चली उसकी?...सत्यवती क्या जानती नहीं कि उनकी इच्छाएँ क्या थीं। उनका वश चलता तो चित्रांगद और विचित्रवीर्य का पालन-पोषण ऐसा होता, जैसा कि हुआ?...वे उन्हें किसी गुरुकुल में भेज देते। जब तक वे दोनों भाई गुरुकुल से लौटते, तब तक भीष्म हस्तिनापुर का लोकप्रिय सम्राट हो चुका होता; और वे दोनों भाई अपने गुरुओं से यह शिक्षा प्राप्त करके आते कि बड़ा भाई पिता के समान होता है। वे दोनों भीष्म के आज्ञाकारी और अनुरागी छोटे भाई होते। भीष्म उनकी बाँह पकड़ कर, उन्हें सिंहासन पर बैठाता भी, तो वे कूद कर नीचे आ जाते।...नारी का स्पर्श करने से पहले बीस बार सोचते, कि धर्म क्या है...सत्यवती को वे राजपुत्र न लग कर ऋषिपुत्र ही लगते।...

...किन्तु सत्यवती ने शान्तनु की चलने नहीं दी। पुरुष स्वयं को कितना ही शक्तिशाली माने, कितना भी संकल्पवान और दृढ़प्रतिज्ञ माने...वह सब तभी तक है, जब तक नारी उसे विजय करने के अभियान पर नहीं निकलती...भीष्म को अम्बा के मोह से बचा कर, सत्यवती ने भीष्म की नहीं, अपनी और विचित्रवीर्य की ही रक्षा की है। वह परशुराम और जाबालि से, विचित्रवीर्य के लिए औषध और मन्त्र नहीं लायी, किन्तु धर्मक्षेत्र से वह उसके लिए भीष्म रूपी रक्षा-कवच अवश्य लौटा लायी है...

हस्तिनापुर पहुँचते ही सत्यवती को सूचना मिली कि सम्राट का स्वास्थ्य ठीक नहीं है। उपचार चल रहा है।

वह भागती हुई विचित्रवीर्य के कक्ष में पहुँची। देखा : विचित्रवीर्य के पलंग को घेर कर राजवैद्य, उनके सहयोगी और उनके शिष्य खड़े हैं। कक्ष के एक कोने में अम्बिका और अम्बालिका बहुत तटस्थ भाव से बैठी हैं; जैसे वे बैठने-भर को बैठी हों, अन्यथा उनका रोगी से कुछ भी लेना-देना न हो...

सत्यवती को अपनी पुत्रवधुओं का तटस्थ व्यवहार कभी भी रुचिकर नहीं हुआ था। मनुष्य किसी अपरिचित को भी कष्ट में देखता है, तो प्रभावित हुए बिना नहीं रहता; और ये हैं कि अपने रुग्ण पति के निकट भी काष्ठ-प्रतिमाओं के समान, बिना किसी भावना और बिना किसी अभिव्यक्ति के बैठी रहती हैं। जो कुछ पूछ लो, उसका उत्तर दे देंगी, जो कुछ कह दो, वह कर देंगी...और फिर वैसी-ही गुम-सुम,

भावहीन, निष्प्राण।...इनसे तो अम्बा ही अच्छी। कम से कम मुँह खोल कर कहती तो है कि किससे प्रेम करती है और किससे घृणा...

सत्यवती, विचित्रवीर्य की ओर बढ़ी। वैद्यों के उस समूह ने राजमाता के लिए मार्ग बनाया।

"कैसे हो पुत्र?" राजमाता ने सम्राट के ललाट पर हाथ फेरा।

सत्यवती को स्वयं लगा कि उसका हाथ काँप रहा है और वाणी जैसे थरथरा रही है।

विचित्रवीर्य एकदम पीला पड़ गया था और बहुत ही दुर्बल लग रहा था। उसने हल्के से पलकें झपकायीं और फिर से आँखें बन्द कर लीं।

सत्यवती ने राजवैद्य की ओर देखा।

"हम प्रयत्न कर रहे हैं राजमाता।" राजवैद्य ने कहा, "पर हमें अधिक आशा नहीं है।"

सत्यवती की इच्छा हुई, खींच कर एक चाँटा राजवैद्य के झुर्रियों से भरे चेहरे पर दे मारे : ऐसी बात कहने का उसे साहस कैसे हुआ?

पर उसका हाथ उठा नहीं। केवल इतना ही पूछ सकी, "क्या सचमुच कोई आशा नहीं?"

"विधाता की इच्छा राजमाता!" और राजवैद्य अपने सहयोगियों को कोई नवीन औषधि तैयार करने की विधि समझाने लगे।

सत्यवती को लगा, उसकी सारी ऊर्जा, जैसे दीनता में परिणत हो गयी; और दीनता खीझ में। उसका मन जैसे अपने-आप से ही लड़ रहा था। उसके मन में आक्रोश ही आक्रोश था। इच्छा हो रही थी कि या तो अपना ही सिर दीवार से दे मारे, या सामने आये व्यक्ति का मुँह नोच ले।...और सत्यवती स्वयं ही नहीं समझ पा रही थी कि कष्ट और क्रोध के इस क्षण में, बार-बार उसके मन में क्रोध के लक्ष्य के रूप में भीष्म की ही छवि क्यों उभरती है...जाने क्यों उसे लगता है कि भीष्म पहले दिन से जानता था कि सत्यवती की सन्तान, हस्तिनापुर के राजसिंहासन पर नहीं बैठ सकेगी। वह जीवित ही नहीं रहेगी, तो शासन कैसे करेगी।...इसलिए तो बिना किसी आनाकानी के, उसने प्रतिज्ञा कर ली थी।

उसने देखा, कि राजवैद्य पीछे हट गये। उन्होंने अपने एक शिष्य को संकेत किया। शिष्य ने वस्त्र से सम्राट का मुँह ढाँप दिया। राजवैद्य आ कर राजमाता के सम्मुख भूमि पर ही बैठ गये, "राजमाता! सम्राट नहीं रहे।..."

सत्यवती ने सूनी-सूनी आँखें उठा कर राजवैद्य की ओर देखा, जैसे जो कुछ उसको कहा गया था, वे शब्द ही थे, उनका अर्थ कुछ नहीं था।...या यदि उनका कुछ

अर्थ था भी, तो वह उसकी समझ में नहीं आया था। शब्द जैसे कानों से केवल टकराये और लौट गये। मस्तिष्क में उनका प्रवेश ही नहीं हुआ।

राजवैद्य के सारे सहकर्मी और शिष्य आ कर राजवैद्य के साथ, राजमाता के सम्मुख भूमि पर बैठ गये।

भीष्म पहले से जानता रहा होगा—सत्यवती के मन में विचार नहीं, मानो मरुभूमि का अन्धड़ चल रहा था—शुष्क, तप्त और रेतीला।...वह जानता था कि चित्रांगद भी नहीं रहेगा और विचित्रवीर्य भी...सम्राट शान्तनु के देहान्त के पश्चात् गंगा के पार जा कर तपस्या करना उसका ढोंग मात्र तो नहीं था? कहीं वह उस समय भी चित्रांगद की मृत्यु के लिए ही तो कोई साधना नहीं कर रहा था?...मारण-मन्त्र की सिद्धि?...अथर्वण परम्परा से परिचय है भीष्म का।...उसी के प्रयोगों से तो यह सब नहीं हो रहा? भीष्म के मार्ग में आने वाले व्यक्ति एक-एक कर संसार से विदा हो गये।....शान्तनु...चित्रांगद...विचित्रवीर्य...अभी भी भीष्म, गुरु के बुलाने के व्याज से कुरुक्षेत्र गया था। वहाँ महाभार्गव परशुराम भी थे और महाअथर्वण जाबालि भी। धर्मक्षेत्र में साधना का फल भी जल्दी मिलता है।...और फिर पवित्र सरस्वती नदी का तट...कहीं भीष्म ने, अपने गुरु से मिल कर कोई अनुष्ठान ही तो नहीं किया था, जिसके प्रभाव से राजवैद्य और उसके सहयोगी खड़े देखते रह गये, उनकी औषधियाँ विचित्रवीर्य के कण्ठ के नीचे उतरती रहीं और उसका रोग बढ़ता गया। ...मारण-मन्त्र से ऐसा ही तो होता है।...पर उसकी भी क्या आवश्यकता थी—सहसा सत्यवती के मन ने पलटा खाया—साधना की क्या आवश्यकता थी : एक राजवैद्य को सिद्ध करना ही पर्याप्त था भीष्म के लिए।...तभी तो राजवैद्य की औषधियाँ विचित्रवीर्य को जीवन प्रदान करने के स्थान पर, उसे मृत्यु की ओर धकेलती रहीं ...और जिस समय उसका अन्तकाल आने को था, भीष्म उठ कर अपने गुरु से मिलने के लिए कुरुक्षेत्र चला गया, ताकि विचित्रवीर्य की मृत्यु के समय, भीष्म को हस्तिनापुर में अनुपस्थित पा कर, उसे कोई दोषी न ठहरा सके...

सत्यवती भय के मारे भीतर तक काँप उठी...वह चारों ओर से न केवल अपने शत्रुओं से घिर गयी है, वरन् हत्यारों के जाल में आकण्ठ बँधी पड़ी है। मुक्त होना तो दूर, हिलना भी चाहे तो हिल नहीं सकती...निषाद-कन्या सत्यवती से अधिक, जाल की माया को कौन समझेगा। जाल में फँस गयी मछली कैसे तड़प-तड़प कर कूदती है, और कूद-कूद कर तड़पती है, ताकि जाल से बाहर निकल सके।...जाल के भीतर से उसे आकाश भी दिखायी देता है, और धरती भी, और जल भी। यदि कुछ दिखायी नहीं देता, तो जाल ही दिखायी नहीं देता। जब मछली तड़प-तड़प कर कूदती है, तो आश्चर्य और पीड़ा से सोचती होगी कि जाने कौन-सी वस्तु उसे जल

तक पहुँचने से रोक रही है...शायद यह भी सोचती हो कि कूद कर जाल से बाहर आ जायेगी, तो जल में ही गिरेगी...या आस-पास खड़े मनुष्य उसे उठा कर, जल में डाल देंगे और वह जीवन पा जायेगी...वह अबोध यह नहीं जानती कि जाल से बाहर भी उसके लिए मृत्यु ही है। अपने चारों ओर खड़े जिन मछुआरों से वह सहायता की अपेक्षा कर रही है, उन्हीं लोगों ने तो उसके प्राण लेने का षड्यन्त्र रचा था...

क्या जानती थी सत्यवती कि यमुना-तट की मछुआरिन, हस्तिनापुर में आ कर मछली बन जायेगी...इन लोगों ने विचित्रवीर्य की हत्या की है, ये सत्यवती की भी हत्या कर सकते हैं...

हत्या न भी करें, तो अब सत्यवती का क्या रह गया है हस्तिनापुर में! जिस सम्राट की वह पत्नी थी, वह सम्राट नहीं रहा। जिन दो सम्राटों की वह माँ थी, वे दोनों सम्राट नहीं रहे। अब न वह महारानी है, न राजमाता...उसके अधिकार का कौन-सा प्रमाण है अब हस्तिनापुर में? उसकी आज्ञाओं का पालन कोई क्यों करेगा अब?...क्या भीष्म उसे हस्तिनापुर से निकाल देगा?...कहाँ जायेगी वह?...बाबा के पास?...बाबा अब और भी वृद्ध हो गये होंगे, और भी असमर्थ। वे क्या सहायता कर पायेंगे सत्यवती की?...सत्यवती क्या अब फिर से धर्मार्थ नाव खे सकेगी?...यात्रियों को यमुना पार करवा सकेगी?...मछलियाँ पकड़ने के लिए जाल फेंक सकेगी? जाल समेट सकेगी?...

तो और कौन-सा ठिकाना है उसके लिए?

कृष्ण द्वैपायन...क्या कृष्ण द्वैपायन का आश्रम उसका घर बन सकेगा?...पर वह तो तपस्वी है...कुटीरों में रहता है। वनों-पर्वतों में भटकता फिरता है।...समाधि लगाये बैठा रहता है...

सत्यवती को लगा, कृष्ण द्वैपायन का आश्रम चाहे सुविधाजनक न हो, किन्तु उसका विचार मात्र ही उसमें सुरक्षा का भाव जगा गया है...उसका कृष्ण द्वैपायन अब प्रतिष्ठित ऋषि है...अपने पिता से भी अधिक सम्मान का अधिकारी हो गया है वह ...कृष्ण...कृष्ण...

किन्तु भीष्म!...

ऋषि कृष्ण द्वैपायन अधिक शक्तिशाली है या महाराजकुमार भीष्म? क्या उसका कृष्ण, भीष्म के सम्मुख ठहर पायेगा?...कहीं भीष्म ने उसकी भी हत्या करवा दी तो?...पर नहीं! कृष्ण ब्राह्मण है...ब्रह्महत्या का साहस भीष्म भी नहीं कर पायेगा। ...फिर उसका कृष्ण, हस्तिनापुर के प्रासादों में नहीं रहता, जहाँ भीष्म का आदेश चलता हो। वह राजवैद्य की औषधि भी नहीं खाता...और मन्त्र-तन्त्र, साधना तथा सिद्धियाँ...इनमें तो कृष्ण द्वैपायन स्वयं ही बहुत समर्थ है...कहीं वह आ जाये, तो

भीष्म की सारी ऋद्धियाँ-सिद्धियाँ धरी रह जायें...तो फिर सत्यवती ने पहले क्यों उसे स्मरण नहीं किया?...

सत्यवती ने कक्ष की स्थिति का सर्वेक्षण किया।...अनेक लोग कक्ष में आ गये थे। मन्त्री, सभासद, कुरु-प्रमुख, पुरोहित, ब्राह्मण...और भीष्म।

भीष्म कैसा तो स्वामी सरीखा बैठा है। सब उसी का मुख ताक रहे हैं, उससे आज्ञाएँ ले रहे हैं। उसके आदेशों का पालन कर रहे हैं।...ऊपर से कैसा दुखी दिख रहा है पाखण्डी। मन-ही-मन प्रसन्न हो रहा होगा कि अब तो यह राज्य मेरा ही है। अपने भाइयों के रक्त से सना हुआ राज्य! क्या सुख मिलेगा, तुझे इस राज्य से?...

और अगले ही क्षण सत्यवती की दृष्टि, एक कोने में बैठी हुई अम्बिका और अम्बालिका पर पड़ी—ये अभी तक यहीं बैठी हैं, काष्ठ की पुत्तलिकाएँ—हिलीं नहीं, डुलीं नहीं, रोईं भी नहीं...

तभी सत्यवती के मन में एक नया प्रश्न उठा : 'इनका क्या होगा?...' इनकी स्थिति भी तो अब सत्यवती जैसी ही है। जिस सम्राट की ये रानियाँ हैं, वह अब नहीं रहा। इनका कोई पुत्र भी नहीं है...तो क्या भीष्म इन्हें भी हस्तिनापुर से निकाल देगा? इनकी हत्या कर देगा?...या...या...इनसे विवाह कर लेगा?...हाँ! इनसे विवाह भी तो कर सकता है भीष्म! वही तो इनका हरण करके भी लाया था। क्षत्रिय समाज में कोई उसकी निन्दा भी नहीं करेगा...हस्तिनापुर का सिंहासन रिक्त नहीं रहेगा।...उस पर किसी-न-किसी को तो बैठना ही है।...पहला अधिकार भीष्म का ही बनता है।... सारे मन्त्री, सभासद, कुरु-प्रमुख...सब उसी से निवेदन करेंगे कि वह सत्ता अपने हाथ में ले।...पहले वह राजसत्ता हस्तगत करेगा...और फिर अम्बिका और अम्बालिका से विवाह कर लेगा...कर ले, सत्यवती, कर भी क्या सकती है...राज्य भी भीष्म का और रानियाँ भी भीष्म की।...क्या अन्तर पड़ेगा, यदि भीष्म ने अम्बा से विवाह न कर, उसकी छोटी बहनों से विवाह कर ले।...और क्या विश्वास है भीष्म का; यह उन तीनों का हरण करके लाया था। इन दो के साथ विवाह कर सकता है, तो तीसरी के साथ भी कर सकता है...वह पास के ही किसी वन में, इसे प्राप्त करने के लिए तपस्या का ढोंग कर रही होगी...

वे लोग विचित्रवीर्य के शव को बाहर ले जा रहे थे। उसके वक्ष में देर से फँसा चीत्कार फूटा, "मेरे लाल!"

वह वेग से शव के पास आयी।

भीष्म के संकेत पर वे लोग ठहर गये।

सत्यवती ने वस्त्र हटाया। विचित्रवीर्य का चेहरा वैसा ही था, जैसा थोड़ी देर पहले उसने देखा था : रोगी, दुर्बल और शक्तिहीन।

उसके मुख से सिसकी फूटी! पेट के तल में कैसी-कैसी तो पीड़ा हुई और आँखों से अश्रु बह निकले, "मेरे लाल!"

भीष्म ने सत्यवती के दोनों कंधों पर हाथ रखे, जैसे स्नेह की ऊर्जा संचारित कर रहे हों, "माता!"

सत्यवती का मन हुआ, झटक दे उसके हाथ—पाखण्डी कहीं का। भीतर से इतना कुटिल और ऊपर से इतना सरल।...

किन्तु सत्यवती ने उसके हाथ झटके नहीं।...जब तक भीष्म ही उसे नहीं झटकता, तब तक सत्यवती का उसे झटकना स्पृहणीय नहीं है।

उसने भीष्म की ओर देखा।

"माता! धैर्य! सर्वनियन्ता की इच्छा के विरुद्ध हम कर ही क्या सकते हैं?"

"धैर्य! किसका मुख देख कर धैर्य धारण करूँ अब?"

"मैं हूँ न माता! आपका दुखी पुत्र! आप हैं, मैं हूँ और विचित्रवीर्य की ये रानियाँ! दुख में हमें एक-दूसरे का ही तो सहारा है।..."

सत्यवती भीष्म की ओर देखती रह गयी : क्या सचमुच यह दुखी है?...इसे क्या दुख है?...

विचित्रवीर्य का शव अन्तिम स्नान के लिए ले जाया जा चुका था। कक्ष में से अधिकांश राजकर्मचारी और ब्राह्मण जा चुके थे। किन्तु अनेक नये लोग आ भी रहे थे। जिस-जिसको सूचना मिल रही थी, वही भागता चला आ रहा था।

सत्यवती का ध्यान अम्बिका और अम्बालिका पर टिका हुआ था।...इन्हें भी भीष्म ही लाया था हस्तिनापुर, और सत्यवती को भी वही लाया था। सत्यवती के लिए उसने वचन-दान दिया था; इनके लिए रण-दान। न सत्यवती के सम्राट बचे, न इनके! बचा है केवल भीष्म!

...सहसा सत्यवती का ध्यान दूसरी ओर चला गया।...शान्तनु का देहान्त हुआ था, तो सत्यवती को लगा था कि उसे हस्तिनापुर के राजमहलों से निकाल बाहर फेंका जायेगा; किन्तु ऐसा नहीं हुआ। उसे उसकी सन्तान ने बचा लिया था।.. जो सत्यवती रानी नहीं रही थी, वह राजमाता बन गयी थी...तो क्या यही प्रक्रिया इन दोनों रानियों के साथ नहीं हो सकती! क्या वे राजमाताएँ नहीं बन सकतीं?...कैसे?...

क्या वह कृष्ण द्वैपायन को हस्तिनापुर बुला ले, द्वैपायन भी तो उसी राजमाता

का पुत्र है, जिसके पुत्र विचित्रवीर्य और चित्रांगद थे? जब वे सम्राट बन सकते थे, तो कृष्ण द्वैपायन क्यों नहीं बन सकता? राजमाता सत्यवती, स्वयं अपने हाथों से उसके सिर पर किरीट रखेगी, उसके भाल पर तिलक करेगी; और उसका हाथ पकड़ कर उसे राजसिंहासन पर बैठायेगी।

सत्यवती को लगा, आज फिर वैसा ही एक अवसर आया है, जैसा शान्तनु और चित्रांगद की मृत्यु पर आया था...राजरानी या राजमाता होना सरल नहीं है। पति की मृत्यु का शोक हुआ था सत्यवती को...किन्तु पुत्र के सम्राट बनने की प्रसन्नता भी हुई थी।...आज फिर वैसा ही अवसर आया है...विचित्रवीर्य का शव अभी यहीं पड़ा है, और वह द्वैपायन के राजतिलक की तैयारियाँ कर रही है...

पर अगले ही क्षण सत्यवती की कल्पना में भीष्म सजीव हो कर आ खड़ा हुआ। उसके कंधे पर धनुष था, पीठ पर तूणीर और हाथ में नग्न खड्ग। एक बार उसने उपेक्षा-भरी दृष्टि से सत्यवती की ओर देखा और आगे बढ़ कर सिंहासन पर बैठे कृष्ण द्वैपायन पर खड्ग से प्रहार किया। कृष्ण द्वैपायन का सिर, धड़ से अलग हो कर भूमि पर लोट गया। रक्त-स्नात धड़ थोड़ी देर तक सिंहासन पर टिका, किन्तु वह सँभल नहीं पाया, और डोलता हुआ नीचे आ गिरा...

सत्यवती फटी-फटी आँखों से सब कुछ देखती रही और फिर जैसे उसके भीतर से उसका प्रेत बोला, 'यह तुमने क्या किया भीष्म! ब्रह्म-हत्या कर दी?'

'वह ब्राह्मण नहीं था!' हाथ में रक्त-रंजित खड्ग लिये खड़े भीष्म ने अत्यन्त उद्दण्डता से कहा, 'वह कुरु-वंश के सिंहासन पर अनधिकृत रूप से बैठने वाला दस्यु था। दस्यु का वध करना क्षत्रिय का धर्म है।'

'पर वह हस्तिनापुर का सम्राट था।'

'वह हस्तिनापुर का सम्राट कैसे हो सकता है। वह कुरु वंशी नहीं था।'

'कुरु वंशी नहीं था तो क्या हुआ।' सत्यवती बोली, 'वह मेरा पुत्र था—राजमाता सत्यवती का पुत्र! पूर्व सम्राटों का भाई था वह!'

'किन्तु वह शान्तनु-पुत्र नहीं था।' भीष्म ने अत्यन्त रूक्ष वाणी में कहा, 'इस सिंहासन पर केवल शान्तनु-पुत्र ही बैठ सकता है।...और शान्तनु-पुत्र, अब केवल मैं हूँ। राजा शान्तनु अब और पुत्र उत्पन्न नहीं कर सकते...।'

सत्यवती ने धिक्कार बरसाती दृष्टि से भीष्म को देखा, 'और तुम्हारी प्रतिज्ञा?'

'कौन-सी प्रतिज्ञा?'

'कि तुम हस्तिनापुर का सिंहासन त्याग रहे हो।'

'राजा तो सिंहासन को त्याग सकता है, पर सिंहासन राजा को नहीं त्याग सकता। हस्तिनापुर के सिंहासन पर किसी शान्तनु-पुत्र को तो बैठना ही होगा।'

'पर तुमने मुझे वचन दिया था कि हस्तिनापुर पर विचित्रवीर्य और उसके पुत्रों की पीढ़ियाँ शासन करेंगी।'

'उस वचन पर मैं आज भी दृढ़ हूँ।'

'तो कुरु प्रदेश पर विचित्रवीर्य का पुत्र शासन करेगा?'

'हाँ! पर विचित्रवीर्य का पुत्र है कहाँ?'

भीष्म ने इतनी ज़ोर से अट्ठहास किया कि सत्यवती के कान झनझना उठे।

सामने खड़ा प्रतिहारी कह रहा था, "राजमाता! महाराजकुमार ने निवेदन किया है कि आप दिवंगत सम्राट को अन्तिम आशीर्वाद देने के लिए पधारें।"

सत्यवती की कल्पनाएँ छिन्न-भिन्न हो गयीं।

"चलो।" वह उठ खड़ी हुई।

17

सत्यवती बहुत देर से सोच रही थी, किन्तु निश्चय नहीं कर पा रही थी कि भीष्म को किन शब्दों में कहे। पर कहना तो था ही। कहीं ऐसा न हो कि वह अपने संकोच में कहे नहीं, और भीष्म कोई और निर्णय कर ले।

बात तो करनी ही होगी! सत्यवती इस जीवन को ऐसे अपनी मुट्ठी में से निकल जाने नहीं देगी।

उसने भीष्म को बुला भेजा।

भीष्म आये तो बोली, "अब कुरुओं का सिंहासन खाली रहेगा क्या? भरतवंश का अन्त हो जायेगा?"

भीष्म ने सूक्ष्म दृष्टि से देखा : क्या है माता के मन में? अच्छा होता कि वे स्पष्ट बता देतीं कि वे क्या चाहती हैं। भीष्म का कार्य सरल हो जाता।

किन्तु राजमाता अपनी ओर से कुछ नहीं कह रही थीं।

अन्ततः भीष्म ही बोले, "सभा बुलायी है। कुरु-प्रमुखों तथा भरतवंशी राजाओं के सम्मुख समस्या रखूँगा। सम्राट शान्तनु के वंश में अब कोई उत्तराधिकारी शेष नहीं है।...आगे वे जो निर्णय करें।"

"और तुम? तुम सम्राट शान्तनु के वंशज नहीं हो क्या?"

इसी बात का भय था भीष्म को। वह जानते थे कि इस समय शान्तनु के एकमात्र पुत्र होने के नाते, उनके सामने यह समस्या आयेगी।

"सम्राट शान्तनु का वंशज तो मैं हूँ।" भीष्म बोले, "किन्तु अपनी प्रतिज्ञा के पश्चात् धर्मतः मैं राज्य का अधिकारी नहीं हूँ।...जो बात सम्भव नहीं है, उसकी चर्चा करने से क्या लाभ?"

"चाहे भरत का वंश नष्ट हो जाये, कुरुओं का साम्राज्य छिन्न-भिन्न हो जाये। मेरा मन टूक-टूक हो जाये..."

भीष्म की दृष्टि और वाणी दोनों ही स्थिर थीं, "व्यक्ति, वंश, राज्य बड़ा है माता! या धर्म? सत्य पर चलना ही धर्म है। मैं सत्य नहीं छोड़ सकता; अपनी प्रतिज्ञा नहीं तोड़ सकता," भीष्म ने जैसे अपनी बात को और भी बलपूर्वक कहा, "व्यक्ति, वंश या राज्य का स्वार्थ देखा जाये, तो संसार में न सत्य रहेगा, न धर्म!"

"तुम्हारे पिता का साम्राज्य नष्ट हो जाये और तुम खड़े देखते रहो, तो तुम्हारे जीवन का लाभ ही क्या है भीष्म?"

शब्द, भीष्म के गले तक आये; किन्तु उनका मुख नहीं खुला। आवेश से चेहरा लाल हो गया!

"उत्तर क्यों नहीं देते?"

"भीष्म अपना जीवन, परिवार के स्वार्थ के धरातल पर नहीं—सत्य के धरातल पर जीता है माता!"

"सत्य!" सत्यवती को जैसे उन्माद हो आया। कुपित हो कर, पूर्ण धिक्कार के साथ बोली, "सत्य, मात्र एक प्रतिज्ञा के पालन में नहीं होता।"

भीष्म की जिज्ञासा-भरी दृष्टि सत्यवती की ओर उठी।

"एक प्रतिज्ञा याद है, और दूसरी की चर्चा भी नहीं।"

"कौन-सी प्रतिज्ञा माता?"

"तुमने मुझे वचन नहीं दिया था कि हस्तिनापुर पर विचित्रवीर्य के वंशज राज्य करेंगे?"

भीष्म ने चकित हो कर सत्यवती को देखा, जैसे उसके क्रोध को समझने में असमर्थ हों, "किन्तु विचित्रवीर्य ने अपने पीछे, अपना कोई वंशज छोड़ा ही नहीं...।"

"दो-दो रानियाँ छोड़ गया है—युवा, सुन्दर, सृजन की क्षमता से भरपूर! तुम चाहो तो वे अब भी हस्तिनापुर के राजसिंहासन के उत्तराधिकारी को जन्म दे सकती हैं...।"

भीष्म चुपचाप सत्यवती की ओर देखते रहे।

"तुम उन्हें ग्रहण करो। उनके साथ विवाह कर लो।"

भीष्म अवाक् से खड़े माता को देखते रहे : इस समय सत्यवती उन्हें शान्तनु की पत्नी नहीं लग रही थी; कुरु साम्राज्य की राजमाता भी नहीं...वह तो एक साधारण नारी थी, जिसकी इच्छाएँ और कामनाएँ केवल अपना लक्ष्य देखती हैं...उसे न धर्म की चिन्ता है, न सत्य की, न आदर्श की, न सिद्धान्त की, न आचरण की...वह केवल अपनी कामना और इच्छा को जानती है...सृष्टि के किसी अन्य तत्त्व का उसे बोध नहीं है...पर साधारण मनुष्य तो ऐसा ही होता है...भीष्म ने सोचा, 'जो अपनी सुविधाओं के लिए नियमों का निर्माण करता है, और अपनी इच्छापूर्ति के लिए उन नियमों को तोड़ता है...न तो उसके लिए सृष्टि के शाश्वत नियमों का कोई अस्तित्व है, और न उनके उल्लंघन से होने वालें अनर्थ का ज्ञान...।'

भीष्म अपनी ही दो प्रतिज्ञाओं में बँधे, अपने ही आमने-सामने खड़े थे... विचित्रवीर्य का क्षेत्र—उसकी पत्नियाँ! उनसे उत्पन्न सन्तान, विचित्रवीर्य की ही सन्तान मानी जायेगी।

"माता!" भीष्म बोले, "धर्मतः ऐसी परिस्थिति में नियोग का विधान है। आप किसी गुणी, विद्वान् और सदाचारी ब्राह्मण को सन्तानोत्पत्ति के लिए नियुक्त करें। वह विचित्रवीर्य के क्षेत्र से उसके उत्तराधिकारी को उत्पन्न करे।"

सत्यवती ने तीक्ष्ण दृष्टि से भीष्म को देखा, जैसे कोई कठोर बात कहने की तैयारी में हो।

भीष्म की उत्सुकता जागी, किन्तु उन्होंने उसकी आँखों में झाँकने का प्रयत्न नहीं किया। ऐसा न हो कि सत्यवती और भी उत्तेजित हो उठे।

सत्यवती ने देखा, भीष्म कुछ नहीं कह रहे।

"और यदि मैं तुम्हें ही नियुक्त करूँ तो?"

भीष्म ने आहत दृष्टि से माता को देखा, जैसे कहना चाह रहे हों, 'माता, इस प्रकार बार-बार मेरी परीक्षा मत लो। अन्ततः मैं भी एक मनुष्य ही हूँ। मानवीय दुर्बलताएँ मुझमें भी हैं; और अभी पूर्णतः मरी नहीं हैं। ऐसा न हो कि मेरी भी कामेच्छा जाग उठे...'

"यदि आप ऐसा कुछ करेंगी, तो विचित्रवीर्य की नहीं, भीष्म की सन्तान सिंहासन पर बैठेगी।" भीष्म का स्वर कुछ प्रखर हो चला था, "हमें ऐसा प्रयत्न करना है कि शासनाधिकार विचित्रवीर्य की ही सन्तान का रहे...और भीष्म सत्य से स्खलित न हो।...नियोग के लिए पुरुष अज्ञात होना चाहिए। यथासम्भव वह उस नारी के सम्पर्क में पुनः न आये। उसके मन में राग न हो, केवल धर्म हो...। इसके विरुद्ध कुछ भी होगा, तो धर्म की रक्षा नहीं हो पायेगी माता।"

सत्यवती के मन में द्वन्द्व जागा : उसके अपने ही मन में जैसे दो पक्ष हो गये

थे।...एक मन कह रहा था, सत्यवती! बहुत हुआ। तूने विधाता के विरुद्ध बहुत संघर्ष कर लिया! नहीं है राज्य का भोग, तेरी सन्तान के भाग्य में। छोड़ दे यह हठ! विधाता की इच्छा के सम्मुख समर्पण कर दे।...सौंप दे यह राज्य भीष्म को, विचित्रवीर्य की पत्नियाँ भी उसे प्रदान कर। भीष्म की सन्तान को मिलता है राज्यभोग, तो मिलने दे। खोल दे अपनी मुट्ठी! त्याग दे यह सब! संघर्ष के मार्ग से हट जा। शान्ति प्राप्त कर...

किन्तु उसके मन का दूसरा पक्ष, प्रचण्ड हो कर, पहले पक्ष को धिक्कार रहा था,...सत्यवती ने कम त्याग नहीं किया है, कम संघर्ष नहीं किया है, और न ही कम सहा है...क्या इसलिए कि न केवल शासन, सत्ता, अधिकार, धन, धान्य, मणि-माणिक्य—जीवन का सारा भोग भीष्म को सौंप दे...साथ-ही-साथ विचित्रवीर्य की यह दो सुन्दरी, रूपवती, युवती पत्नियाँ भी समर्पित कर दे उसे...ताकि भीष्म छक कर जीवन का भोग करे, सत्यवती प्रतिदिन अपने क्षत-विक्षत मन पर नमक के छिड़काव का अनुभव करे...?

नहीं! सत्यवती ऐसा कभी नहीं होने देगी!

नहीं चलता शान्तनु का वंश तो न चले; सत्यवती का ही वंश चले।...अपरिचित ब्राह्मण को ही नियुक्त करना है, तो वह अपने द्वैपायन को ही क्यों न नियुक्त करे...उसके एक पुत्र की सन्तान राजभोग नहीं कर सकी, तो दूसरे पुत्र की सन्तान करे। वह द्वैपायन को जीवन का सुख नहीं दे सकी, तो उसके वंशजों को साम्राज्य सौंप कर उसकी क्षतिपूर्ति करे...

"आप किसी कामनामुक्त सदाचारी ब्राह्मण को ही नियुक्त करें," भीष्म पुनः बोले, "आपकी इच्छा की भी पूर्ति होगी; और मैं भी अपनी प्रतिज्ञा की रक्षा कर पाऊँगा। किन्तु..."

"किन्तु क्या?"

"अम्बिका और अम्बालिका की इच्छा?"

सत्यवती चौंकी : काशिराज की पुत्रियों की इच्छा?...यह भीष्म आजकल उन पर बहुत दयालु है। उनकी इच्छा पर चलना चाहता है। उनका मन नहीं दुखाना चाहता।...और उन राजपुत्रियों को द्वैपायन स्वीकार न हुआ तो?

सत्यवती का उन्माद लौट आया, "उनकी इच्छा का क्या अर्थ? वे न चाहेंगी तो कुरुओं का वंशज ही उत्पन्न नहीं होगा?...या तुम कहोगे, नियुक्त पुरुष के सम्बन्ध में भी उनकी सम्मति ली जाये, ताकि वे चाहें तो अपने पूर्व-प्रेमियों को आमन्त्रित कर अपनी जारज सन्तान को हस्तिनापुर के राजसिंहासन पर बैठा कर उसे दूषित करें..."

"नहीं माता!" सत्यवती का यह उन्माद और उसके स्वर का तिरस्कार भीष्म को चुभ रहा था; किन्तु दोनों रानियों का यश भी विचारणीय है—इस तथ्य की वे उपेक्षा नहीं कर पा रहे थे, "कम से कम सन्तान की कामना तो उनके मन में हो। नियुक्त पुरुष को वे धर्म की इच्छा के रूप में तो स्वीकार कर सकें।"

सत्यवती का सुन्दर चेहरा, आवेश से विकृत हो उठा, "जब तुमने उनका हरण किया था, तो तुमने उनकी इच्छा जानने का प्रयत्न किया था?"

भीष्म दुख-मिश्रित आश्चर्य से सत्यवती को देखते रहे। कटुता का एक ज्वार उनके भीतर भी उठा; किन्तु यह कोई अवसर नहीं था, कटु होने का। उन्होंने बार-बार देखा था कि तनिक-सी भी असुविधा अथवा इच्छा के प्रतिकूल कुछ होने पर, सत्यवती औचित्य और मर्यादा की सारी सीमाएँ लाँघ जाती थी। उस समय कदाचित् उसका एकमात्र लक्ष्य होता था, कि वह सामने खड़े व्यक्ति को कठोर-से-कठोर, मार्मिक आघात पहुँचाए; इतना कि वह पीड़ा से बिलबिला उठे। दूसरा व्यक्ति जितना पीड़ित होगा, सत्यवती को उतना ही संतोष होगा।...आज फिर कुछ वैसा ही अवसर आया था।

"वह आपद्धर्म था माता!"

"तो यह भी आपद्धर्म ही है पुत्र!" सत्यवती और भी कठोर होती गयी, "मुझे पौत्र की आवश्यकता है; और उसे विचित्रवीर्य की रानियाँ ही जन्म दे सकती हैं। यह उन्हें करना ही होगा।"

भीष्म को लगा...ठीक ही तो कह रही हैं माता! एक परम्परा और एक समाज की आवश्यकता के सामने एक व्यक्ति की इच्छा का महत्त्व ही क्या है! हरण, भीष्म की इच्छा नहीं, कुरु-कुल की आवश्यकता थी। उसमें भीष्म का अपना कोई स्वार्थ नहीं था।...आज भी भरत वंश की अनेक व्यतीत पीढ़ियाँ कदाचित उनकी ओर टकटकी लगाये खड़ी हैं, अनागत-अजन्मे वंशज अपेक्षा-भरी दृष्टि से उन्हें निहार रहे हैं। माता सत्यवती की इच्छा है—

तो फिर भीष्म का धर्म क्या है?

"ठीक है माता!" अन्ततः भीष्म का स्वर सहज हो गया, "आप रानियों की इच्छा न पूछें। किसी सदाचारी, कुलीन, ब्राह्मण को नियुक्त कर दें।"

सत्यवती के आवेश का ज्वार भी कुछ उतरा; किन्तु उसका गर्जन-तर्जन अभी शेष था। वह नहीं जानती थी कि भीष्म उसके प्रस्ताव का समर्थन करेगा या नहीं! कहीं ऐसा न हो कि द्वैपायन का नाम सुनते ही, भीष्म बिदक जाये।...कहीं उसे न लगे कि सत्यवती अपना नया राजवंश स्थापित कर रही है। भीष्म को परख लेना, अच्छी तरह पक्का कर लेना आवश्यक था।

"नहीं! ब्राह्मण नहीं।"

"तो?"

"तुम नियोग करो।"

"माता!" भीष्म को लगा, सहज उत्तेजना से उनका कण्ठ अवरुद्ध हो गया, "असम्भव को सम्भव करने का सामर्थ्य मुझमें नहीं है।...और वह आपमें भी नहीं है।"

"मैं तुम्हें प्रतिज्ञा से मुक्त करती हूँ।"

"उसका अधिकार आपको नहीं है।"

"मैं तुम्हें आदेश दे रही हूँ।"

भीष्म ने क्रुद्ध आहत सिंह के समान सत्यवती को देखा, "गुरु परशुराम ने अम्बा को अंगीकार करने का आदेश मुझे दिया था। उसका परिणाम भी आपने देखा था।"

"मेरी आज्ञा का उल्लंघन करोगे?"

"नहीं! मात्र आपकी पूर्व आज्ञा का ही पालन करता जाऊँगा।"

"पुत्र-धर्म का निर्वाह नहीं करोगे?"

धर्म—भीष्म मन-ही-मन मुस्कुराये—व्यक्ति का धर्म...पुत्र का धर्म...शिष्य का धर्म...राजकुमार का धर्म...और मनुष्य का धर्म...संसार में बहुत से धर्म हैं माता। क्यों जन्म लिया है मनुष्य ने? प्रकृति ने कैसे-कैसे प्रलोभन उत्पन्न किये हैं, मनुष्य के लिए; कैसे-कैसे आकर्षण...और कैसी-कैसी दुर्बलताएँ...

और तभी भीष्म को लगा, उसके मन में कहीं बहुत गहरे, माता गंगा का स्वर गूँज रहा है, 'यह सब मृग-मरीचिका है देवव्रत!...किसी भी कुतर्क में बँध कर इस दौड़ में सम्मिलित मत होना।'

एक ओर माता सत्यवती का आदेश था, और दूसरी ओर माता गंगा का...

वे मुस्कुरा कर बोले, "धर्म की गति अत्यन्त सूक्ष्म है माता।"

किन्तु सत्यवती का ध्यान, धर्म की गति की ओर नहीं था। कामना के तीव्र थपेड़े, उसकी समस्त प्रवृत्तियों को एक ही ओर बहाये लिये जा रहे थे, "भीष्म! यदि तुम नियोग नहीं करोगे, तो जो मनुष्य मैं नियुक्त करूँगी, उसे स्वीकार करना पड़ेगा। करोगे?"

"अवश्य माता!"

"कुरु-प्रमुखों ने विरोध किया, भरत-वंशी राजाओं ने अस्वीकार किया, पुरोहितों ने आपत्ति की, मन्त्रियों ने विघ्न खड़े किये...तो भी तुम मेरा समर्थन करोगे?"

"करूँगा माता!"

"तो मैं नियुक्त करती हूँ, महामुनि कृष्ण द्वैपायन वेदव्यास को...!"

"वेदव्यास! पराशर-पुत्र वेदव्यास!" भीष्म अचकचाये-से खड़े सत्यवती को देखते रहे; "वे इस निमन्त्रण को स्वीकार कर लेंगे?"

"हाँ!"

"आप इतने विश्वास के साथ कैसे कह सकती हैं माता?"

"तुम्हें तो कोई आपत्ति नहीं है न?"

"नहीं! वे स्वीकर करें, तो मुझे क्या आपत्ति है।"

"वे अस्वीकार नहीं करेंगे!"

"आप इतनी आश्वस्त कैसे हैं?"

सत्यवती ने भीष्म की आँखों में देखा, जैसे झाँक कर उनके मन को पहचान लेना चाहती हो।...और फिर उसने अपने मन से पूछा, 'बता दूँ!'

मन ने मना नहीं किया।

"पुत्र!" सत्यवती बोली, "अपना एक गोपन रहस्य तुम्हें बताने जा रही हूँ।"

भीष्म अनुमान लगाते-से लगे : कैसा रहस्य?...और बात वेदव्यास से माता सत्यवती के रहस्य पर कैसे चली गयी।

"तुम्हारी दृष्टि में मेरा सम्मान तो कम नहीं होगा?"

"पुत्र की दृष्टि में माता का सम्मान कभी कम नहीं होता।"

सत्यवती के मन में लहर उठी : एक बार अपने इस पुत्र को वक्ष से लगा ही ले।...किन्तु उसने स्वयं को सँभाला। भावुकता में वह अपना और अपनी अगली पीढ़ियों का भविष्य नष्ट नहीं कर सकती।

"भीष्म! उस पराशर-पुत्र की माँ, मैं ही हूँ। वह मेरा कानीन पुत्र है।"

भीष्म के चेहरे पर विस्मय था; और सहसा वह विस्मय प्रसन्नता में बदल गया, "वेदव्यास तो मेरे भाई हुए।"

"हाँ पुत्र! मेरे सम्बन्ध से वह तुम्हारा भाई ही है।"

"तो फिर वही नियोग करे।" भीष्म बोले।

"उसे आमन्त्रित करो। वह आयेगा।"

18

महामुनि कृष्ण द्वैपावन व्यास ने कक्ष में प्रवेश किया तो सत्यवती की आँखें उत्सुकता, लालसा और ममता लिये हुए बड़ी व्यग्रता से उठीं; किन्तु अगले ही क्षण पुत्र पर दृष्टि

पड़ने से पूर्व ही जैसे महामुनि के तेज से या अपने अपराध-बोध से उसकी आँखें झुक गयीं...यह सत्यवती का वह पुत्र था, जिसे वह उत्पन्न होते ही, पिता की गोद में फेंक आयी थी। उसे सत्यवती ने जन्म अवश्य दिया था, किन्तु माता बन कर उसके पालन-पोषण...

वेदव्यास ने अपने कमण्डल से जल ले कर छिड़का, "राजमाता! तुम्हारा कल्याण हो।"

सत्यवती द्वन्द्व में बँधी खड़ी थी : वह आगे बढ़ कर पुत्र के समान महामुनि को अपने अंक में भर ले या महामुनि का सम्मान देते हुए उन्हें प्रणाम करे!...

उसने दृष्टि उठा कर देखा : श्याम वर्ण का शीतघाम में तपा हुआ एक लम्बा शरीर, उसके सम्मुख खड़ा था। जटाएँ पिंगल वर्ण की, दाढ़ी-मूँछ लम्बी। कहीं-कहीं केशों में सफेदी। वल्कल वस्त्र धारी, प्रौढ़-सा लगने वाला यह संन्यासी, उसका अपना पुत्र था?...सत्यवती का मन जैसे साक्षी नहीं दे रहा था। उसकी आँखों में तो वह नन्हा-सा कृष्ण बसा था, जो अनायास ही उच्च स्वर में रो उठा था।...

लेकिन अब तक वह सुनती आयी थी कि पराशर-पुत्र महामुनि हो गया है... और यही वह महामुनि है। तो यही उसका पुत्र भी होगा...और सहसा उस जटाजूट वाली मुखाकृति में से बहुत कुछ जैसे कट-छँट गया, कुछ पिघल गया, कुछ विलीन हो गया...सत्यवती को लगा, और कुछ वही हो या न हो, किन्तु ये आँखें और अधर उसी के कृष्ण द्वैपायन के ही थे...बड़ी-बड़ी, सोई-सोई-सी आँखें 'ऊँ' का उच्चार करते-से अधर...

"महामुनि। आसन ग्रहण करें।" अन्ततः सत्यवती ने कहा।

व्यास बैठ गये।

सत्यवती ने संकेत किया। दासियाँ बाहर चली गयीं। कक्ष में पूर्ण एकान्त था।

"महामुनि!" अपनी बात कहने के लिए सत्यवती को अपने सम्पूर्ण आत्मबल का आश्रय लेना पड़ रहा था, "क्या महर्षि पराशर ने आपको, आपकी माँ का भी परिचय दिया था?"

"हाँ माता!" व्यास मुस्कुराये, "समाज नहीं जानता, किन्तु मैं जानता हूँ कि मेरी माता आप हैं। इसलिए आपका संदेश मिलते ही तत्काल चला आया। पिता का विचार था कि इस तथ्य के प्रचार से आपका अलाभ होगा। इसलिए इस तथ्य को यथासम्भव गोपन ही रखा गया है।"

"वत्स! तो फिर मुझे माँ के समान प्यार भी कर लेने दो।" सत्यवती ने पास आ कर, व्यास का मुख अपनी हथेलियों में लिया; उनकी आँखों में देखा, उनकी जटाओं पर हाथ फेरा और उन्हें वक्ष से लगा लिया।

कितना समय बीत गया था, इस पुत्र को अंक में भरे हुए।...

इस बीच उसके केश शुष्क और रुखड़े हो गये थे। उसकी त्वचा चिक्कण नहीं रह गयी थी। माथे पर चिन्तन और चिन्ता की कितनी ही लकीरें खिंच गयी थीं।

'तापस।' सत्यवती ने जैसे मन-ही-मन पराशर को सम्बोधित किया, 'कैसे पाला है, तुमने मेरा यह पुत्र? चित्रांगद और विचित्रवीर्य अब रहे नहीं, नहीं तो तुम्हें मैं दिखाती—कैसे थे उनके केश, कैसी थी उनकी त्वचा, और कैसा था उनका वर्ण... देखने से ही राजकुमार लगते थे।...पर तुम्हें उनसे क्या...वे तुम्हारे पुत्र नहीं थे... पर मेरे तो ये तीनों ही पुत्र हैं...।'

"पुत्र! पिता ने तुम्हें क्या बहुत कठोरता से पाला था?"

व्यास हँसे, "माँ! कोमल रह कर तपस्या नहीं होती।"

"तुमने कभी मुझे भी स्मरण किया पुत्र?"

"शैशव में बहुत याद करता था माँ!...जब दूसरे बालकों को अपनी माताओं के साथ देखता था।"

"फिर?"

"फिर माता प्रकृति को पहचानने लगा..."

'ठीक पराशर वाली बातें।' सत्यवती ने सोचा।

"...और उसके पश्चात् माता सरस्वती से परिचय हो गया।"

"तुमने मुझे बहुत कोसा होगा पुत्र! सोचा होगा, कैसी कठोर थी मैं, जो तुम्हें त्याग कर चली आयी।" सत्यवती बोली।

व्यास मुस्कुराये, "नहीं माँ! एक बार भी ऐसा नहीं सोचा।"

"तुम्हें मुझसे प्रेम है?"

"पुत्र अपनी माँ से प्रेम नहीं करेगा क्या?"

"तो फिर मैंने जो तुम्हें वंचित किया, उसके लिए तुमने मुझे भला-बुरा क्यों नहीं कहा?"

"तुमने मेरी प्रत्येक आवश्यकता पूरी की है माँ! वंचना कैसी?"

"मैंने?"

"हाँ! तुमने मुझे गर्भ में रखा। जन्म दिया। और फिर पालन-पोषण और विद्याभ्यास के लिए पिता को सौंप दिया। इससे अधिक प्रेम, मोह का दूसरा नाम है। वंचना का प्रश्न ही कहाँ है।"

सत्यवती की आँखों में आँसू आ गये, "यह सब तुम्हारे पिता के विचार हैं, या तुम स्वयं भी ऐसा ही सोचते हो?"

"पिता ने मुझे यह सिखाया है; और मेरे अनुभव ने उसे पुष्ट किया है।"

सत्यवती ने मन-ही-मन पराशर को नमस्कार किया, 'तापस! कैसे पालन किया है, तुमने मेरे पुत्र का। मैं तो अपने राज-लोभ में उसे छोड़ आयी; और तुमने उसके मन में मेरी छवि अंकित की...धन्य हो तुम तपस्वी! तुम महान् हो।'

"कितने दिन हस्तिनापुर में ठहरोगे पुत्र?"

"अकस्मात् चला आया हूँ, इसलिए अधिक दिन नहीं रुकूँगा। तुम अपनी मनोवांछा कहो माँ!" व्यास का स्वर बहुत शान्त था, "संन्यासी को वैसे भी सांसारिक भोग के स्थानों से दूर ही रहना चाहिए; और राजप्रासाद तो भोग के केन्द्र हैं माँ! यह स्थान मेरे लिए नहीं है; और मैं ऐसे स्थानों के लिए नहीं हूँ।"

बहुत प्रयत्न करने पर भी, सत्यवती अपने मन में उठती, पराशर के प्रति परिवाद की भावना का दमन नहीं कर पायी, 'ऐसे पाला है, तुमने मेरे पुत्र को कि वह मेरे योग्य न रहे, और मैं उसके योग्य न रहूँ।'

"राजप्रासाद में क्या दोष है पुत्र?"

"दोष तो किसी भी वस्तु अथवा स्थान में नहीं है माँ!" वेदव्यास उस प्रश्न से तनिक भी विचलित नहीं हुए थे, "किन्तु प्रत्येक वस्तु और स्थान का अपना गुण होता है। राज-वैभव, रजोगुणी भोग का प्रतीक है। उसके सामीप्य से मनुष्य का मस्तिष्क रजोगुणी हो जाता है। मेरे जीवन का, मेरी साधना और तपस्या का लक्ष्य, रजोगुण नहीं है माँ! मैं सत्त्व की प्राप्ति के लिए प्रयत्नशील हूँ। यहाँ रह कर मैं अपने लक्ष्य की ओर अग्रसर नहीं हो पाऊँगा।...व्यक्ति को अपना लक्ष्य निश्चित् करना पड़ता है, अपनी प्रकृति को समझना पड़ता है। उसी के अनुरूप कोई गणिका के आवास की ओर बढ़ता है और कोई मन्दिर के द्वार की ओर।" व्यास ने रुक कर माँ की ओर देखा, "व्यक्ति जिसे अखाद्य मान ले, उसे अपनी थाली में परोस कर उसको एकटक देखता नहीं रहता।"

'ठीक कहते हो पुत्र!' सत्यवती मन-ही-मन बोली, 'हमने भी अपना-अपना लक्ष्य ही निश्चित् किया था; तभी तो मैं हस्तिनापुर के राजप्रासाद में चली आयी और तुम्हारे पिता, उस द्वीप के अपने कुटीर में।'

"अपना अभिप्राय कहो माँ!"

"पुत्र!" सत्यवती का स्वर कुछ भारी हो आया, "चित्रांगद पहले ही चला गया था, अब विचित्रवीर्य भी नहीं रहा। भीष्म अपनी प्रतिज्ञा के कारण न राज-काज करेगा, न विवाह! शान्तनु के वंश का कोई उत्तराधिकारी नहीं है, और न हस्तिनापुर का राजा। मेरी इच्छा है कि विचित्रवीर्य की रानियों से सन्तान उत्पन्न करने के लिए मैं तुम्हें नियुक्त करूँ..."

सत्यवती रुक गयी और व्यास कुछ नहीं बोले।

"मेरी दोनों पुत्र-बधुएँ सुन्दर भी हैं और युवा भी।..."

"इन गुणों का मेरे लिए कोई अर्थ नहीं है माँ!" व्यास बोले, "ये गुण केवल मन के काम को उद्वेलित और आकर्षित करते हैं। मेरे भीतर अब काम नहीं, मात्र धर्म है। धर्म, नारी के रूप और यौवन से, न तो आन्दोलित होता है, न आकर्षित!"

सत्यवती का मन कुछ खिन्न-सा हो गया; समझ नहीं पायी कि पुत्र की इस उपलब्धि पर प्रसन्न हो, अथवा नारी-सौन्दर्य की इस अवहेलना पर शोक करे। सोचा, कहे, 'पुत्र! यदि तुम्हारे पिता भी इसी प्रकार काम को जीत चुके होते, तो क्यों वे मुझमें आसक्त होते; और क्यों तुम्हारा जन्म होता।'...पर यह सब कहा नहीं; बोली, "तुम्हारा धर्म क्या कहता है पुत्र?"

"इस वंश और राज्य को इस विकट स्थिति से निकालने में, मैं धर्म-सम्मत सहायता करूँ।" व्यास बोले, "किन्तु माँ! मेरे मन में राग नहीं है। वे मेरे भाई की रानियाँ न होतीं, तुम इस वंश की राजमाता न होतीं, तो भी मेरा धर्म यही कहता।"

सत्यवती को पुत्र की यह तटस्था प्रिय नहीं लगी। पूछा, "तो?"

"बड़ी रानी एक वर्ष तक संयम से रह, साधना कर, पवित्र हो, धर्मपूर्वक आचरण करे...।"

"कृष्ण!" सत्यवती ने जैसे प्रेम, आग्रह और अनुरोध, एक सम्बोधन में उँड़ेल दिये, "हम इतनी प्रतीक्षा नहीं कर सकते पुत्र! सिंहासन दीर्घकाल तक रिक्त नहीं रह सकता।"

व्यास कुछ चिन्तन करते रहे, फिर बोले, "अच्छा माँ! बड़ी रानी जब ऋतु-स्नान कर ले, तो मुझे सूचित करना। वे कामेच्छा से नहीं, धर्मतः सन्तान की इच्छा से अपने शयन-कक्ष में मेरी प्रतीक्षा करें। मैं अपरूप बना कर आऊँगा। मेरे मन में काम नहीं, धर्म होगा। वह मेरे अपरूप को देख कर विचलित न हो। मुझे निमित्त मान वह ईश्वर से सन्तान की कामना करे।...भरत-वंश, निर्वंश नहीं होगा माँ।"

व्यास उठ खड़े हुए।

"तत्काल जाओगे पुत्र?"

"हाँ माँ! मेरा जीवन, तपस्या और धर्म के लिए है; राग के लिए उसमें कोई स्थान नहीं है।"

"जैसी तुम्हारी इच्छा!" सत्यवती मन में कुलबुलाता एक प्रश्न रोक नहीं सकी, "विवाह कर लिया है पुत्र?"

"हाँ माता! महाअथर्वण जाबालि की पुत्री वाटिका मेरी पत्नी है; और एक छोटा-सा पुत्र भी है शुक !"

व्यास चले गये; और सत्यवती पछाड़ खा कर पलंग पर आ गिरी, "कैसी लीला है, तुम्हारी विधाता! मेरे जिन पुत्रों ने भोग माँगा था, उन्हें तुमने आयु नहीं दी; और जिसे आयु दी, उसके जीवन में भोग के लिए कोई अवकाश ही नहीं छोड़ा...।"

19

सत्यवती व्यास की प्रतीक्षा में थी। जाने से पूर्व वह माँ से मिलने तो आयेगा। इतना शिष्टाचार तो निर्मोही तपस्वी भी निभाते हैं।...

व्यास सचमुच आये।

"विदा लेने आया हूँ माँ!"

सत्यवती की आँखों में आँसू आ गये, "ऐसा क्षण कब आयेगा पुत्र! जब तुम कहोगे, माँ! मैं तुम्हारे पास रहने आया हूँ।"

"ऐसा क्षण कभी नहीं आयेगा माँ!"

"तो हम कभी साथ नहीं रहेंगे? हम माँ-बेटे के भाग्य में क्या वियोग ही लिखा है?" सत्यवती का मन बहुत दुखी था।

"नहीं। ऐसा नहीं है माँ!" व्यास शान्त और स्थिर स्वर में बोले, "हमारे एक साथ रहने की पूरी सम्भावना है; किन्तु हस्तिनापुर के राजप्रासाद में नहीं।"

"तो कहाँ?"

"यमुना के द्वीप में बसे, मुनि कृष्ण द्वैपायन के आश्रम में।"

सत्यवती का मन एकदम हिल्लोलित हो उठा। उसका मन हुआ, कहे, 'यदि उस आश्रम में ही रहना था, तो मैंने अपने तापस को ही क्यों छोड़ा होता...। पुत्र के साथ क्यों, मैं पति के साथ ही आश्रम में रही होती।...'

"तुम्हारा पुत्र अब वयस्क हो गया है माँ!" व्यास बोले, "जैसा भी है, उसका अपना आश्रम है। उस आश्रम में अनेक लोगों का पालन-पोषण होता है।...अतः सम्बन्ध कोई भी हो, तुम्हारा पुत्र किसी राजा का आश्रित हो कर नहीं रह सकता।..."

सत्यवती के मन के भीतर फिर कोई बोला, 'तो पुत्र! तुम्हारी माँ यहाँ महारानी थी। अब राजमाता है। वह किसी की आश्रित हो कर क्यों रहे। वह तुमसे कम समर्थ नहीं है। वह भी सहस्रों लोगों का भरण-पोषण कर सकती है...और तापसों के समान नहीं, राजसी ठाठ से...।'

पर ये शब्द उसकी जिह्वा पर नहीं आये। बोली, "कुछ क्षण रुको कृष्ण! तुम

से कुछ बातें करनी हैं।" सत्यवती ने आसन की ओर संकेत किया, "बैठो।"

व्यास बैठ गये।

"सच-सच बताना।" सत्यवती ने आग्रह किया।

"कृष्ण द्वैपायन कभी झूठ नहीं बोलता।"

"टालना भी मत।"

"टालना भी झूठ का ही एक रूप है।"

"अम्बिका ने तुम्हारा स्वागत किया।"

"नहीं। वह किसी और के स्वागत के लिए तत्पर थी, किन्तु अप्रत्याशित रूप में मुझे देख कर वितृष्णा से भर उठी। उसने अपनी आँखें बन्द कर लीं।"

"तो?"

"तुम्हारे प्रयोजन में उसने बाधा नहीं डाली माँ! तुम्हें पौत्र प्राप्त होगा।" व्यास बोले, "किन्तु उसके मन में धर्म नहीं, काम था। मुझे भय है कि तुम्हारा यह पौत्र कहीं कामान्ध न हो।"

सत्यवती कुछ देर तक चुपचाप व्यास को देखती रही, जैसे मन-ही-मन कुछ सोच रही हो। अन्ततः इस विषय को यहीं समाप्त करने का निश्चय कर बोली, "भीष्म से तुम्हारी भेंट हुई?"

"हाँ!"

"उसने तुम्हारे साथ कैसा व्यवहार किया?"

"बहुत सौहार्दपूर्ण! अत्यन्त आत्मीय।"

"वह तुम्हें अपना विरोधी तो नहीं मानता?"

"नहीं तो।" व्यास चकित हास के साथ बोले, "हममें विरोध है ही कहाँ।"

"विरोधी न सही, प्रतिस्पर्धी माना?"

"हममें प्रतिस्पर्धा भी नहीं है माँ!" व्यास बोले, "हम एक-दूसरे को कुछ दे ही सकते हैं। एक-दूसरे को वंचित करने का भाव हमारे मन में नहीं है।"

"अपनी माँ से कुछ छिपाओ मत पुत्र।"

"माता! कभी-कभी लोकहित में कुछ बातों पर मौन रह जाना अवश्य पड़ता है; किन्तु झूठ बोलने के अर्थ में छिपाना, मेरी प्रकृति में नहीं है।" व्यास ने उठने का उपक्रम किया, "अच्छा। अब चलूँगा।"

"नहीं। नहीं!!" सत्यवती के स्वर में हल्का-सा चीत्कार था, "अभी नहीं।"

वेदव्यास के लिए सत्यवती का यह चीत्कार आकस्मिक भी था और पीड़ादायक भी। वे रुक गये, "क्या बात है माँ!"

"मेरे मन में पिछले कई वर्षों से कुछ प्रश्न उथल-पुथल मचा रहे हैं पुत्र!"

सत्यवती ने व्यास की ओर देखा, "और मेरी विडम्बना यह है कि न तो मैं स्वयं उनका समाधान ढूँढ पायी; और न वे प्रश्न किसी से पूछ पायी।" सत्यवती जैसे साँस ले कर बोली, "चित्रांगद और विचित्रवीर्य अपनी अबोधावस्था में ही संसार छोड़ गये; और कोई मेरा अपना था नहीं। तुम थे तो इतनी दूर...।"

व्यास मुस्कुराये, जैसे कोई वृद्ध किसी शिशु की अटपटी बातों पर हँसता है, "ऐसे भी कौन-से प्रश्न हैं, जिन्हें मेरी माँ आज तक किसी से पूछ ही नहीं पायी?"

"तुम मुस्कुरा रहे हो द्वैपायन!" सत्यवती ने कहा, "पर जब-जब वे प्रश्न मेरे अपने मन के सम्मुख आये, मुझे अपने-आप से भय लगने लगा।"

व्यास कुछ गम्भीर हुए, "वे कैसे प्रश्न हैं मेरी माँ!"

"पुत्र! मेरे प्रति भीष्म की शत्रुता क्या तिरोहित हो गयी?" सत्यवती ने धीरे-से पूछा, "या क्या कभी वह तिरोहित हो पायेगी?"

व्यास ने माँ की ओर देखा, जैसे अपनी आँखों से कोई तरल पदार्थ माँ की आँखों में उँड़ेल रहे हों, "माँ! भीष्म कभी तुम्हारा शत्रु नहीं था।..."

"तो उसने नियोग को अस्वीकार क्यों किया? तुम्हें नहीं लगता कि वह नहीं चाहता कि विचित्रवीर्य का उत्तराधिकारी जन्म ले?"

व्यास हँसे, "तुम बहुत भोली हो माँ! अपनी आशंकाओं को संसार पर आरोपित कर, उन्हें सत्य मान लेती हो।...भीष्म का यदि विचित्रवीर्य के उत्तराधिकारी से विरोध होता, तो वे मेरा स्वागत क्यों करते?"

"तो उसने अस्वीकार क्यों किया?"

"क्योंकि वे अपनी प्रतिज्ञा की रक्षा करना चाहते थे।"

"चाहे उससे किसी की हानि हो?" सत्यवती बोली, "जिसकी हानि होगी, वह तो उसे अपना शत्रु मानेगा ही।"

"अपनी हानि और लाभ से शत्रुता और मित्रता को नापना स्वार्थजन्य वृत्ति है माँ!" व्यास बोले, "मित्रता भावना से होती है, कर्म से नहीं; और नीति सदा ही शत्रुता और मित्रता से निरपेक्ष होती है।"

"तो भीष्म मेरा शत्रु नहीं है?"

"नहीं।"

"कब से?"

"वे कभी तुम्हारे शत्रु नहीं थे।"

"तो मुझे सदा ऐसा क्यों लगता है?"

"क्योंकि तुम भीष्म की शत्रु हो...।"

सत्यवती की आँखों में विरोध भी था और क्षोभ भी : यह सब उसका अपना

पुत्र कह रहा है। जिस पर उसने सबसे अधिक विश्वास किया...पर कृष्ण द्वैपायन उसका अपना पुत्र है—वह जो कुछ कह रहा है, उसमें कोई तथ्य होना चाहिए...

सत्यवती मन-ही-मन जैसे कुछ उलझ गयी; पर साथ ही जैसे बहुत कुछ सुलझ भी गया। पर वह सुलझना उसके लिए सुखद नहीं था। जैसे उस सुलझने को वह अपनी आँखों से ओझल ही रखना चाहती थी, "क्या ये दोनों एक ही बात नहीं हैं पुत्र! कोई मेरा शत्रु है, तो मैं उसकी शत्रु हूँ; और मैं जिसकी शत्रु हूँ, वह भी मेरा शत्रु है।"

"सामान्य व्यवहार में कदाचित् ऐसा ही होता है माँ!" व्यास बोले, "किन्तु भीष्म जैसे लोगों के संदर्भ में, यह सच नहीं है। शत्रुता का विष तुम्हारे मन में था, इसलिए उसका कष्ट तुम ही पा रही थीं माँ। भीष्म के मन में तुम्हारी शत्रुता का विष कभी प्रतिबिम्बित नहीं हुआ। इसलिए भीष्म न कभी तुम्हारे शत्रु बने; और न कभी उन्होंने तुमसे शत्रुता पालने का कष्ट पाया।"

सत्यवती चुपचाप मुखर आँखों से पुत्र को देखती रही। उसकी स्थिति विचित्र थी। उसकी बुद्धि, कृष्ण द्वैपायन का तर्क स्वीकार कर रही थी, पर उसका मन उस तथ्य को ग्रहण नहीं कर पा रहा था।

"पर पुत्र! मैं भीष्म की शत्रु क्यों थी? भीष्म ने मेरा कुछ नहीं छीना था। मैंने भीष्म का राज्य छीना था; भीष्म को मेरा शत्रु होना ही चाहिए था।..."

व्यास मुस्कुराये, "तुम यह समझती रहीं कि तुमने भीष्म का राज्य छीना, इसलिए तुम्हारे मन में अपराध-बोध था। यही अपराध-बोध निरन्तर इस आशंका में बदल रहा था कि भीष्म अपना छिना हुआ राज्य पुनः प्राप्त करने का प्रयत्न करेंगे। अतः वे तुम्हारे शत्रु बन जायेंगे। तुम अपनी शत्रुता भीष्म के मन में प्रतिबिम्बित देखती रहीं।..."

"पर भीष्म मेरा शत्रु क्यों नहीं था?" सत्यवती आश्चर्य से बोली, "मैंने उसका राज्य छीना था।"

"भीष्म यह नहीं मानते कि उनका राज्य छीना गया।" व्यास शान्त भाव से बोले, "वे यह मानते हैं कि उन्होंने अपना राज्य स्वयं त्याग दिया है।"

सत्यवती देख रही थी, उसका पुत्र कृष्ण द्वैपायन, भीष्म की चर्चा आदरपूर्वक कर रहा था, "पर उसे राज्य त्यागने के लिए बाध्य किसने किया?"

"भीष्म मानते हैं कि ग्रहण और त्याग, किसी के बाध्य करने से नहीं, अपनी इच्छा से किया जाता है।"

"अपनी इच्छा से कोई राज्य क्यों त्यागेगा?"

"क्योंकि राज्य उनके लिए अनावश्यक था।" व्यास बोले, "अनावश्यक के

त्याग से व्यक्ति हल्का हो जाता है।"

"क्या वह यह कहता है?" सत्यवती ने पूछा और फिर जैसे उत्तर की आवश्यकता उसे नहीं रही, "यदि वह ऐसा कहता है, तो झूठ बोलता है। ऐसा कौन व्यक्ति है, जिसे राज्य की आवश्यकता नहीं है?"

"मुझे आवश्यकता नहीं है।" व्यास मुस्कुराये, "क्या तुम्हें मेरा विश्वास नहीं है, माँ?"

"तुम पराशर के पुत्र हो।" सत्यवती ने कहा, "भीष्म शान्तनु का बेटा है।"

"कभी-कभी कोई कृष्ण द्वैपायन, राजा शान्तनु के घर में भी जन्म ले लेता है।" व्यास पूरी गम्भीरता से बोले, "तुम तो भीष्म के राज्य-त्याग का निमित्त मात्र बनीं माँ! नहीं तो वे किसी और व्याज से यह त्याग कर देते।...इसलिए उनके मन में तुम्हारे विरुद्ध कुछ नहीं है। तुम आज तक अपने ही कलुष से जलीं माँ! भीष्म ने तुम्हें कभी नहीं तपाया।"

"मुझे विश्वास नहीं होता पुत्र!" सत्यवती बोली, "ऐसा त्याग क्या मानव के लिए सम्भव है।?"

"विवेकी व्यक्तियों के लिए, अपने सुख के निमित्त कोई भी त्याग साधारण बात है।"

"तुम अत्यन्त बुद्धिमान हो पुत्र! तुम्हारी बात में मुझे संदेह नहीं करना चाहिए।" सत्यवती बोली, "किन्तु मेरा मन आज भी यही कहता है कि ग्रहण का नाम सुख है; त्याग का दुख। अर्जन से लोग सुखी होते हैं, विसर्जन से दुखी।... राज्य-त्याग से भीष्म को दुखी होना ही चाहिए था।"

व्यास माँ को देखते रहे, जैसे कोई युक्ति सोच रहे हों, जो माँ की समझ में आ सके।...सहसा उन्होंने पूछा, "अपने विवाह से पहले, जब तुम अपने बाबा के घर में थीं माँ! तो क्या तुम सुखी थीं?"

"हाँ पुत्र! तब मैं अत्यन्त सुखी थी।"

"जब तुम्हारे पास प्रासाद नहीं थे; रथ नहीं थे; दास-दासियाँ नहीं थीं; स्वर्ण नहीं था, मणि-माणिक्य नहीं थे; सत्ता और शासन नहीं था; सेना और महारथी नहीं थे; तो भी तुम सुखी थीं माँ?"

"हाँ पुत्र! तब भी मैं सुखी थी।"

"और जब तुम कुरु साम्राज्य की महारानी बन कर हस्तिनापुर आयीं, तो तुम सुखी थीं माँ?"

सत्यवती ने तत्काल उत्तर नहीं दिया। वह कुछ सोचती रही।

"भली प्रकार सोच लो।"

"मुझे लगता है कि मैं हस्तिनापुर में एक दिन भी सुखी नहीं रही।" सत्यवती बोली, "वंचित और अपमानित होने का भय। विरोध, अनिष्ट और शत्रुता के भाव...।"

"तब तुम महारानी थीं। कुरु साम्राज्य तुम्हारा था। तुम्हारे एक संकेत पर सहस्रों लोगों के रुण्ड से मुण्ड अलग हो सकते थे; राजा कंगाल हो सकते थे, पथ के भिखारी किरीटधारी हो सकते थे।...तब भी तुम सुखी नहीं थी माँ?"

"नहीं पुत्र! तब भी मैं सुखी नहीं थी।"

"तो माँ। मन में धारण करो कि धन, सत्ता और शक्ति में सुख नहीं है।"

"तो लोग धन, सत्ता और शक्ति क्यों चाहते हैं पुत्र?"

"वह एक मद है, जो रक्त को उफश्नाता है। उससे उत्तेजना का अनुभव होता है। वह सुख नहीं है। सुख का भ्रम उससे अवश्य उत्पन्न होता है। उत्तेजना अपने-आप में कष्ट है। उसके अवसान की आशंका भय है।...और उसका अवसान पीड़ा है।"

"तो मुझे सुख कैसे मिलेगा पुत्र?"

"तुम हस्तिनापुर न आतीं, पराशर की कुटिया में जातीं, तो ही सुखी होतीं।" व्यास मुस्कुराये, "अब तुम मेरे साथ चलो। इस उत्तेजना से दूर हो, अपने स्नायुतन्त्र को कुछ शान्ति दो।"

"पर यह सब छोड़ा भी तो नहीं जाता।"

"कोई मद सरलता से नहीं छोड़ा जाता।" व्यास बोले, "यह बन्धन इतनी सुविधा से तोड़ा जाता, तो प्रत्येक व्यक्ति तोड़ देता।"

"तुम ठीक कहते हो पुत्र।" सत्यवती ने अपने गवाक्ष से मानो सारे हस्तिनापुर पर दृष्टि डाली, "मेरे पौत्र-प्रपौत्र...उनका पालन-पोषण, उनकी रक्षा, उनका राज्य, उनका धन...किसे सौंप दूँ यह सब?"

"भीष्म को।"

"भीष्म को ही सौंपना होता, तो उससे छीनती ही क्यों पुत्र?"

"तो तुम्हारे मोह के बन्धन टूटने का समय अभी नहीं आया माँ!" व्यास बोले, "कुछ और वंचित हो लो, कुछ और यातनाएँ सह लो...।"

"मैं बन्धनों की नहीं, सुख की बात कर रही हूँ पुत्र!"

"बद्ध जीव कभी सुखी नहीं हो सकता माँ!" व्यास बोले, "जब तक तुम अपने बन्धनों को पहचानोगी नहीं, उन्हें अपने दुखों का कारण नहीं मानोगी, उन्हें तोड़ने का संकल्प नहीं करोगी...तब तक भीष्म तुम्हें अपने शत्रु दिखायी पड़ेंगे।...और तुम सुखी नहीं हो सकोगी माँ!"

"पुत्र! अपनी माँ को शाप मत दो।"

"यह शाप नहीं, मात्र तथ्य-कथन है मेरी माँ"

20

अंबिके! तुमने अम्बालिका के पुत्र को देखा?" सत्यवती ने पूछा।

"हाँ! देखा है आर्ये!"

"कैसा है?"

"सुन्दर है।"

सत्यवती ने एक बार घूर कर अम्बिका को देखा, फिर जैसे अपना क्रोध जताती हुई बोली, "सुन्दर है का क्या अर्थ? क्या तुमने देखा कि बालक दुर्बल है। उसका वर्ण पाण्डु है। पता नहीं; जीवित भी रहेगा अथवा नहीं। और जीवित रहेगा, तो कितने दिन!"

"मैंने यह सब नहीं सोचा माता!" अम्बिका बोली, "बालक पाण्डु वर्ण का अवश्य है, किन्तु इससे उसकी आयु तथा शारीरिक और मानसिक क्षमताओं का क्या सम्बन्ध?"

"सम्बन्ध है।" सत्यवती का स्वर अभी तक कठोर बना हुआ था, "राजवैद्य का कहना है कि बालक के शरीर में रक्त की कमी है, इसीलिए उसका वर्ण पाण्डु है। गर्भ की स्थिति में भी उसके शरीर में रक्त की कमी रही होगी। सम्भवतः उसके अंगों का पूर्ण विकास न हुआ हो, और शरीर में इतनी क्षमता न हो कि उसे लम्बी आयु प्राप्त हो सके।"

अम्बिका ने कोई उत्तर नहीं दिया।

सत्यवती ने ही पूछा, "बताओ! युवराज कौन होगा—धृतराष्ट्र या पाण्डु?"

अम्बिका के मन में जैसे यह प्रश्न था ही नहीं, इसलिए कुछ देर तक तो वह अवाक्-सी सत्यवती को देखती रही, और फिर जैसे कुछ सूझ गया हो; बोली, "आपकी इच्छा! जिसे चाहें बना दें! मेरा कोई आग्रह नहीं है।"

सत्यवती कुछ उग्र हुई, "तुम्हारी इच्छा जानने का प्रयत्न नहीं कर रही हूँ। उन दोनों बच्चों की अपूर्णता की बात कह रही हूँ। धृतराष्ट्र जन्मान्ध है और पाण्डु रोगी। दोनों में से कोई भी इस योग्य नहीं है कि युवराज बनाया जा सके।...कुरु-वंश और कुरु साम्राज्य की आज भी वही स्थिति है, जो इन दोनों के जन्म के पूर्व थी।

विचित्रवीर्य के दो-दो पुत्र होते हुए भी, हस्तिनापुर के सिंहासन पर बैठने योग्य कोई नहीं है।"

अम्बिका जैसे इन चर्चाओं से सर्वथा ऊब चुकी थी : या अपनी उदासीन तटस्थता के कारण उसे कभी इन चर्चाओं में रुचि थी ही नहीं। अपनी वितृष्णा को गोपन नहीं रख पायी तो बोली, "तो इसमें मेरा क्या दोष है?"

"तो दोष किसका है?" सत्यवती ने कोमलता का छद्म भी उतार दिया, "तुम दोनों बहनें कुरुकुल की शत्रु हो रही हो और अपनी भी। तुम दोनों ने जानबूझ कर, सायास अपने स्वास्थ्य की उपेक्षा की और इस प्रकार की सन्तानें उत्पन्न कीं, जिनसे मेरी कमना पूरी न हो सके। जाने किस धातु की बनी हो तुम दोनों कि न अपना लाभ समझती हो, न स्वार्थ। समझती हो कि उसमें केवल मेरा स्वार्थ है। और मुझसे जाने कैसी शत्रुता है तुम लोगों को, कि मेरी इच्छानुसार कर्म करके भी मुझे सन्तोष नहीं होने दिया। राजवैद्य के निर्देश मान कर तुम लोग अपने भोजन की व्यवस्था ठीक रखतीं और इस प्रकार पंगु और रुग्ण सन्तानें उत्पन्न न कर, स्वस्थ बालकों को जन्म देतीं तो क्या बिगड़ जाता तुम्हारा?"

अम्बिका के मन में बवण्डर-सा उठ खड़ा हुआ। उसका मन हुआ कि सत्यवती को फटकार दे : कहाँ तो अम्बिका आज तक यह मानती आयी है, कि इस राजकुल में उसके साथ भयंकर अन्याय हुआ है और उसकी इच्छाओं की भयंकर उपेक्षा, और कहाँ राजमाता उस पर आरोप लगा रही है कि उन दोनों बहनों ने उसके विरुद्ध जैसे कोई षड्यंत्र किया हो।

किन्तु आज तक अम्बिका ने अपने मन के बवण्डरों को दबाना ही सीखा था; उन्हें अभिव्यक्ति उसने कभी नहीं दी। आज भी नहीं दी। बोली, "क्या चाहती हैं आप?"

"मुझे एक स्वस्थ पौत्र दो।" इस बार राजमाता का स्वर कुछ कोमल हो आया था।

"अब फिर?"

"हाँ! एक बार और।"

अम्बिका ने कुछ कहा नहीं! आँखें मूँद कर सिर झुका दिया।

राजमाता सन्तुष्ट हो कर लौट गयीं।

21

सत्यवती अत्यन्त चिन्तित और व्याकुल थी!

"अब क्या होगा पुत्र! अम्बिका अपनी अनिच्छा प्रकट कर देती, तो मैं उसे बाध्य नहीं करती।..." उसने रुक कर संशय-युक्त दृष्टि से द्वैपायन को देखा, "क्या मैं अम्बालिका को पुनः तैयार करूँ।"

"नहीं।" द्वैपायन बहुत स्पष्ट स्वर में बोले, "नियोग की भी सीमा है माँ! यदि मैं कुरु-वंश के लिए तीन से अधिक सन्तानें उत्पन्न करूँगा, तो 'नियुक्त-पुरुष' के स्थान पर व्यभिचारी कहलाऊँगा।"

"तुम अपने धर्म की बात कह रहे हो।" सत्यवती क्षुब्ध थी, "किन्तु मेरा धर्म कुछ और है। मुझे कुरु-वंश के लिए उत्तराधिकारी चाहिए। मैं इस वंश और इस राज्य को समाप्त नहीं होने दूँगी।"

"ईश्वर की इच्छा, मनुष्य की इच्छा से बड़ी होती है।" द्वैपायन बोले, "माँ! तुमने अपनी ओर से प्रयत्न करके देख लिया। तुम्हारे तीन पौत्र हैं...।"

"तीन नहीं, दो।" सत्यवती ने बात काटी, "तीसरे को तो अम्बिका ने सम्भव ही नहीं होने दिया।"

"तीसरे का जन्म होगा।" द्वैपायन बोले, "उसकी माता मर्यादा होगी।"

"मर्यादा दासी है, और विचित्रवीर्य का क्षेत्र नहीं है। उसका पुत्र न राजपुत्र हो सकता है, न मेरा पौत्र!"

"राजमाता ऐसी बात कह सकती हैं; किन्तु मेरे लिए उन तीनों में कोई अन्तर नहीं है। जिसे चाहो युवराज बना लो।"

"पर...।"

"पर क्या माँ! राज्य-संचालन तो वैसे भी भीष्म ही करेंगे। युवराज तथा राजकुमार अभी छोटे हैं।"

सत्यवती चुपचाप द्वैपायन को देखती रही जैसे कोई कठोर बात कहना चाह रही हो, किन्तु कह नहीं पा रही हो।

"मुझसे सहमत नहीं हो माँ?"

"तुमसे कैसे सहमत हो सकती हूँ।" सत्यवती जैसे अपने आक्रोश का गला घोंट कर बोली, "तुम ऋषिकुल में पले संन्यासी। तुम्हारे लिए आरोग्य और रोग में अन्तर नहीं, दासी और महारानी में अन्तर नहीं; युवराज के होने-न-होने में अन्तर नहीं...।"

द्वैपायन हँस पड़े, "सच कहती हो माँ! सारे भेद, आभास मात्र हैं। मूल स्थिति में कोई अन्तर नहीं है। अस्तित्व और अनस्तित्व तक में कोई अन्तर नहीं है। दोनों ही विश्वनियन्ता के दो रूप हैं।"

"यही बात मैंने भीष्म में देखी थी", सत्यवती बोली, "उसके लिए ग्रहण और

त्याग में कोई अन्तर नहीं, मित्र और शत्रु में कोई अन्तर नहीं।...इसलिए मैंने चित्रांगद और विचित्रवीर्य को ऋषि-कुलों में नहीं जाने दिया।..."

"तो उससे तुमने क्या-पाया माँ!" द्वैपायन का स्वर शान्त था, "यदि उन्हें ऋषि-कुलों में भेजा होता, तो जिस वय में उनका देहावसान हुआ, उसमें वे ब्रह्मचर्य का पालन कर जीवन जीने की पद्धति सीख रहे होते। वे, यह पद्धति सीख कर आते,...स्वयं भी सुखी होते और तुम्हें भी सुख देते...।"

"मैंने उन्हें सुख भोगने के लिए ही राजप्रासाद में पाला था।"

"'सुख' और 'भोग' दो अलग स्थितियाँ हैं माँ!" द्वैपायन बोले, "'सुख' एक मानसिक स्थिति है, जो भोग के अभाव में भी सम्भव है। या शायद अधिक सत्य यही है कि सुख, भोग के अभाव में ही सम्भव है। और भोग तो दुख का प्रवेश-द्वार है माँ! भोग ने कभी किसी को सुखी नहीं किया।"

"यह संन्यासियों का दर्शन है द्वैपायन! मैं इसे अंगीकार नहीं कर सकती। नहीं कर सकी। इसे स्वीकार कर सकी होती, तो शायद तुम्हारे तपस्वी पिता को भी अंगीकार कर पाती। तब राजप्रासाद में नहीं, आश्रम में जीवन व्यतीत करती।"

"विश्वास करो माँ! तुम अपने वर्तमान जीवन से अधिक सुखी जीवन पातीं।"

सत्यवती ने तत्काल कोई उत्तर नहीं दिया।

"छोड़ो! इस विषय में विवाद कर क्या होगा!" थोड़ी देर बाद वह बोली, "...अतीत को पीसने-छानने से क्या लाभ! वर्तमान मेरे सामने है। दासी मर्यादा का पुत्र न राजकुमार हो सकता है, न युवराज! हाँ इतना ध्यान अवश्य रखूँगी कि वह तुम्हारा पुत्र है, इसलिए उसे कोई कष्ट न हो। तुम्हारे पुत्र की माता होने के नाते, मर्यादा अब दासी नहीं रहेगी : पर न वह रानी हो सकती है, न मेरी पुत्रवधू!"

"जैसी तुम्हारी इच्छा माँ!" द्वैपायन सदा के समान शान्त थे, "मैं तो केवल इतना कह रहा था कि तुमने तीन बार प्रयत्न करके देख लिया; किन्तु तुम्हें मनोनुकूल पौत्र नहीं मिला। नियति का संकेत समझो और धैर्य धारण करो। ऐसा न हो कि तुम अपने दर्प में अपने लिए कोई और समस्या उत्पन्न कर लो। जो बहुत वेग से भागता है, वह बहुत शीघ्र थक जाता है माँ!"

द्वैपायन उठ खड़े हुए।

सत्यवती कुछ नहीं बोली और व्यास अपनी सहज मंथर गति से कक्ष के बाहर निकल गये।

सत्यवती अपने स्थान पर बैठी सोचती रही : द्वैपायन कह गया है कि मैं और पौत्र प्राप्त करने का प्रयत्न न करूँ। क्या समझता है वह कि मैं किसी भी ब्राह्मण को बुला कर नियुक्त कर दूँगी।...क्या वह इतनी-सी बात नहीं समझता, कि मैंने

उसे 'कोई भी ब्राह्मण' समझ कर नहीं बुलाया था।...मैंने अपने वंश को अक्षुण्ण रखने का प्रयत्न किया है। वह नहीं आयेगा, तो और भी कोई नहीं आयेगा...भीष्म भी नहीं!

पर युवराज? तो फिर युवराज, धृतराष्ट्र और पाण्डु में से कोई एक बन जाये। मर्यादा का पुत्र तो किसी भी स्थिति में युवराज नहीं हो सकता।...क्या ऐसा सम्भव नहीं है कि धृतराष्ट्र और पाण्डु एक हो जायें। आँखें पाण्डु की हों और शरीर धृतराष्ट्र का...सत्यवती को एकपूर्ण पौत्र तो मिले...

युवराज का निर्णय भीष्म पर छोड़ना होगा क्या? द्वैपायन तो कह गया है कि वह उनमें कोई भेद नहीं करता। उसके लिए सब समान हैं...सत्यवती भी सबको समान मान पाती तो...

22

भीष्म स्वयं ही चकित थे : जाने कैसे उनके मन में यह धारणा जम गयी थी कि पाण्डु का राज्याभिषेक करके उनका दायित्व समाप्त हो जायेगा और वह अपनी इच्छा का शान्त और एकान्त जीवन व्यतीत करने को स्वतन्त्र होंगे। क्या हो गया दायित्व समाप्त?...क्या अब वे हस्तिनापुर को छोड़ कर जा सकते हैं? क्या अपनी प्रतिज्ञा की रक्षा के लिए, उनका हस्तिनापुर में रहना अब आवश्यक नहीं है? क्या माता सत्यवती को दिया गया वचन पूरा हो गया?...

वे मन-ही-मन हँसे। स्वयं ही सोचा और उसे सत्य मान लिया। इस ओर ध्यान ही नहीं गया कि यह सब उनकी अपनी इच्छाओं की मृग-तृष्णा है...वे माता सत्यवती के पास पहुँचे थे...

"माता! पाण्डु का राज्याभिषेक हो गया है। विचित्रवीर्य का पुत्र सम्राट के रूप में प्रतिष्ठित हो चुका है।...अब अनुमति हो तो, मैं हस्तिनापुर छोड़ कर...।"

सत्यवती समझ गयी, "संन्यास लेना चाहते हो?"

"हाँ, माता!"

"पुत्र भीष्म!" सत्यवती का स्वर बहुत मधुर था, "हस्तिनापुर के घर-घर घूम जाओ। एक-एक बालक से पूछो। तब तुम्हें पता लगेगा कि तुम तो कब का संन्यास ले चुके। कोई कोर-कसर शेष है क्या तुम्हारे संन्यास में! राजप्रासाद में रहते हो और भूमि पर शयन करते हो। तुम्हारे दास-दासियाँ राज-भोज खाते हैं और तुम तपस्वियों का-सा भोजन करते हो। राज-कर्मचारी, दास-दासियाँ, प्रजा—सब नाना प्रकार के

भोगों और मनोरंजनों में आसक्त होते हैं और तुम अपनी साधना में रत रहते हो। साधारण-से-साधारण दण्डधर भी अपने अधिकार का उपभोग करता है, और तुम सम्राटों के नियन्ता हो कर भी, राज्याधिकार का अंश तक ग्रहण नहीं कर रहे। राज-वैभव में रहते हो और तुम्हें न राज्य का लोभ है, न वैभव का मद! संन्यासी तो तुम हो ही!"

भीष्म हँसे, "यह संन्यास कहाँ है माता! चारों ओर तो सांसारिक प्रपंच है। एक क्षण के लिए भी तो ध्यान ब्रह्म में रम नहीं पाता। इसे संन्यास कैसे माना...।"

"यह संन्यास से भी कठिन साधना है भीष्म!" सत्यवती बोली, "द्वैपायन कहता था, वह इस परिवेश में नहीं रह सकता। तुम संन्यासी हो कर भी इस परिवेश में रह रहे हो। तुम्हारी साधना उससे भी कठोर है।"

"मैं माता प्रकृति की गोद में जाना चाहता हूँ।" भीष्म धीरे-से बोले, "मानव-निर्मित नगर में व्यक्ति ईश्वर की विराट्ता को विस्मृत कर बैठता है। वह विराट् प्रकृति ही है, जो उस विराट्ता का साक्षात्कार कराती है और मनुष्य को उसकी तुच्छता से मुक्त करती है।"

इस बार सत्यवती कुछ नहीं बोली। मौन बैठी भूमि को ताकती रही।

"आप सहमत नहीं हैं माता?" भीष्म ने पूछा।

"मैं तुम्हारी पीड़ा समझती हूँ पुत्र!" सत्यवती बोली, "और इस बार मैं तुम्हें तुम्हारा वचन भी याद नहीं दिला रही। वचन के अनुसार तुमने पाण्डु को सिंहासन पर प्रतिष्ठित कर दिया है...और वचन में से यदि कुछ शेष भी हो, तो मैं तुम्हें उससे मुक्त करती हूँ! किन्तु पुत्र!..."

भीष्म ने सत्यवती की ओर देखा।

"धृतराष्ट्र जन्मान्ध है। विदुर पोथी-चतुर ज्ञानी है। रह गया एक पाण्डु—जो ठण्डी हवा के झोंके से भी अस्वस्थ हो जाता है। मैंने चित्रांगद और विचित्रवीर्य को भी सिंहासन पर बैठते देखा है पुत्र! किन्तु क्या हुआ—एक को शत्रु खा गया और एक को रोग लील गया।...अब इतनी कठिनाई से तो इस पाण्डु को पाया है। तुम समझते हो कि वह इतना समर्थ हो गया है कि वह द्वेषी राजाओं से लड़ लेगा, कुरु-प्रमुखों की कूट-नीति को झेल लेगा और रोगों के आक्रमणों को ध्वस्त कर देगा?" सत्यवती ने भीष्म को सीधे देखा, "वह अभी मात्र एक तरुण ही तो है। विवाह तक नहीं हुआ उसका। एक युद्ध तक का अनुभव नहीं है उसे। और आपत्ति-विपदा में कौन है उसके सिर पर? एक अन्धा, अनुत्तरदायी भाई, जीवन के प्रति वीतराग माता, और वृद्धावस्था के द्वार पर खड़ी मैं असहाय अभागिनी...।"

"ऐसा न कहो माता!"

"कहने दो पुत्र!" वह बोली, "हमारे सिर पर कौन है?"

भीष्म कुछ देर बैठे सोचते रहे, और फिर उठे, "अच्छा माता!"

"क्या निश्चय किया?"

"माता! यद्यपि तुमने भी मुझे मुक्त कर दिया है; पिता ने भी मुझे इच्छा-मुक्ति का वरदान दिया था; किन्तु...कदाचित् अभी मेरी मुक्ति का समय नहीं आया।"

"यही तो मैं कह रही हूँ।"

23

हस्तिनापुर के मुख्य द्वार पर आ कर कणिक का रथ रुक गया। आगे-पीछे दौड़ते अश्वारोही थम गये।

सबको रुकते देख, शकुनि ने भी सारथि को रथ रोकने का आदेश दिया। उसका अनुमान था कि अब हस्तिनापुर आने ही वाला होगा। पिछले पड़ाव से जब हस्तिनापुर में सूचना देने के लिए अश्वारोही दौड़ाये गये थे, तभी से शकुनि के अनुमानों के अश्व भी दौड़ पड़े थे। उसकी कल्पना जैसे किसी तीव्रगामी खग पर आरूढ़ हो कर, आकाश में पँख फैला रही थी।...गन्धार की घाटी बहुत पीछे छूट गयी थी। मार्ग में अनेक पार्वत्य प्रदेश भी आये थे। अनेक छोटी-बड़ी नदियाँ। अनेक वनों में से हो कर भी आना पड़ा। समतल भूमि तो जैसे समाप्त होने को ही नहीं आती।... शकुनि को इन सबने बहुत थका डाला था।...भौगोलिक परिवर्तनों के साथ-साथ मानवों की आकृति भी बदलती चली गयी थी। उनका रूपाकार, उनकी भाषा, उनका व्यवहार, शिष्टाचार! शकुनि ने इतनी लम्बी यात्रा पहले कभी नहीं की थी। उसने कभी ऐसी यात्रा के विषय में सोचा भी नहीं था। ये तो कुरु लोग ही थे, जो गन्धार तक का समाचार रखते थे, और वहाँ तक पहुँचने का साहस करते थे...

शकुनि रथ से उतर आया।

राजकुल के अनेक लोग उसका स्वागत करने के लिए नगर-द्वार पर उपस्थित थे।

भीष्म आगे बढ़ आये, "स्वागत गान्धारकुमार! हस्तिनापुर में तुम्हारा स्वागत है।" और फिर उन्होंने परिचय कराया, "यह माता सत्यवती हैं।"

शकुनि ने आगे बढ़ कर उनके चरण छुए।

"कहाँ है मेरी पौत्र-वधू?" सत्यवती की आँखों में उसके हृदय की व्यग्रता अत्यन्त मुखर थी।

"अभी उपस्थित करता हूँ।"

शकुनि ने अपने रथों के निकट जाकर दासियों को संकेत किया। केसनी और वासन्ती ने मुख्य राजकीय रथ में से अवगुण्ठनवती गान्धारी को हाथों का अवलम्ब दे कर उतारा।

सत्यवती में और धैर्य नहीं था। वह आगे बढ़ी और गान्धारी को अपनी भुजाओं में बाँध लिया।

शकुनि ने धीरे से गान्धारी के कान में कहा, "राजमाता सत्यवती हैं। प्रणाम करो।"

किन्तु सत्यवती ने उसे प्रणाम करने का भी अवसर नहीं दिया। उसे कन्धों से पकड़ कर अपनी भुजाओं की दूरी पर रख उसका अवगुण्ठन उठाया : नेत्रों पर यह पट्टी!...

"यह पट्टी क्यों है गान्धारकुमार?" सत्यवती की वाणी में आशंका और यत्किंचित रोष की मात्रा थी।

शकुनि क्या कहता : वह तो स्वयं हतप्रभ, अवाक्-सा खड़ा था।

उत्तर स्वयं गान्धारी ने दिया, "आर्ये पितामही! जिसका पति प्रज्ञा-चक्षु हो, उस स्त्री को अपने चर्म-नेत्रों का उपयोग करने का कोई अधिकार नहीं है।"

सत्यवती स्तब्ध खड़ी रह गयी। उसने इस प्रकार की किसी प्रतिक्रिया की कल्पना भी नहीं की थी।...यह गान्धारी का धर्म था अथवा प्रतिरोध...यह उसका शील था अथवा रोष...बड़ी देर के पश्चात् उसके मुख से शब्द उच्चरित हुए, "मैंने तो समझा था कि तुम धृतराष्ट्र का अवलम्ब बनोगी। धृतराष्ट्र तुम्हारी ही आँखों से देखेगा।"

"कोई सती नारी, किसी भी क्षेत्र में अपने पति से स्पर्धा नहीं करती पितामही!" गान्धारी ने स्थिर वाणी में कहा।

सत्यवती ने पहली बार, गान्धारी पर एक तटस्थ दृष्टि डाली : अत्यन्त गौर वर्ण की यह लम्बी-ऊँची, हृष्ट-पुष्ट किशोरी, किसी भी पुरुष का मन मोह सकती थी। रूप और यौवन का तेज तो था ही गान्धारी में; किन्तु उसकी दृढ़ता।...कहीं ऐसा तो नहीं उसके नेत्रों में कोई दोष हो, जिसे वह इस व्याज से छिपा रही हो।...या कोई और बात! किन्तु वह इसे सतीत्व की संज्ञा दे रही है। वाक्चातुर्य कम नहीं है इस किशोरी के पास। अपने इस कृत्य को ऐसे गौरवपूर्ण शब्दों में प्रस्तुत कर रही है, जिससे न कोई आपत्ति कर सके : और न ही विरोध...ऐसे ही कोई चौबीस-पच्चीस वर्ष पूर्व भीष्म अम्बिका और अम्बालिका को भी लाया था—लगता था, उनके मुख में जिह्वा नहीं है। आज तक नहीं बोल पायीं कभी सत्यवती के सामने!...किन्तु गान्धारी, अम्बिका और अम्बालिका जैसी नहीं है।...हाँ! अम्बा तेजस्विनी थी। कहीं

यह गान्धारी दूसरी अम्बा ही न हो...

सत्यवती ने अपने मस्तक को झटका : यह अवसर सोचने और स्मरण करने का नहीं है। वह तो अपनी पौत्र-वधू का स्वागत करने आयी है।

"आओ गान्धार कन्ये!" सत्यवती गान्धारी का हाथ पकड़ उसे अपने रथ की ओर ले चली, "तुम मेरी प्रथम पौत्र-वधू हो। ज्येष्ठा।"

"किन्तु सम्राज्ञी नहीं हूँ मैं।"

जाने कैसा विष था गान्धारी के शब्दों में कि सत्यवती के सारे शरीर में पीड़ा लहरें लेने लगी; जैसे गान्धारी ने एक वाक्य न कहा हो, किसी नागिन ने डस लिया हो सत्यवती को।

अतिथियों को सम्मानपूर्वक ठहरा देने के पश्चात् सत्यवती अपने कक्ष में अकेली हुई तो उसका मस्तिष्क दिन-भर की घटनाओं की जुगाली करने लगा : गान्धारी चुप रही होती, कुछ न बोली होती, या संकोच से उसने सिर झुका लिया होता, तो उसके रूप पर वारी-वारी गयी होती सत्यवती! कैसा गौर वर्ण है उसका, जो कभी नवनीत जैसा लगता है, कभी सिन्दूर जैसा। ऐसा वर्ण कि हाथ लगाते मैला हो जाये। काया कैसी लम्बी है, जैसे देवदारु का वृक्ष हो। नाक तीखी है, चिबुक में कैसा मनोहारी घुमाव है।...घने, लम्बे केश हैं उसके; प्रकाश की किरणों के साथ जैसे उनका रंग बदलता है। कभी नीले लगते हैं कभी पीले।...ऐसे में मन होता है, उसकी पट्टी खुलवा कर देखा जाये, आँखें कैसी हैं उसकी।...जाने किससे सुना था, सत्यवती ने कि गान्धार-कन्याओं के नेत्रों की पुतलियाँ या तो नीली होती हैं, या हरित!... पर सत्यवती का मन कैसा भीरु हो रहा था आज!...कहीं ऐसा न हो कि आग्रह करने पर गान्धारी अपने सतीत्व के आदर्शों की दुहाई दे।...कहीं वह अपने शब्दों से सत्यवती को अपराधिनी ही न बना दे,...फिर यह भी तो सम्भव है कि गान्धारी आँखों की पट्टी खोल, पलकें उठाये तो वहाँ झील का नीला-नीला स्वच्छ जल न हो, वहाँ ज्वालामुखी का लावा हो, जो सत्यवती को भस्म कर दे।...अभी घर में प्रवेश किया नहीं और कैसा उपालम्भ कर दिया है उसने...ज्येष्ठा तो हूँ, किन्तु सम्राज्ञी नहीं हूँ...'

कैसी चाल चली है गान्धारी ने...हस्तिनापुर में प्रवेश से पहले ही उसने आँखों पर पट्टी बाँध ली है। उसने कौरवों का वैभव भी नहीं देखा। उसने सत्यवती का न रूप देखा है, न अधिकार। उसने भीष्म की गरिमा भी नहीं देखी। किस बात से प्रभावित होगी वह, जब उसने कुछ देखा ही नहीं।...और सत्यवती है कि उसे देख-देख कर जैसे हतप्रभ होती जा रही है।...

कहीं भ्रम से भीष्म पुनः अम्बा को ही तो हस्तिनापुर में आमन्त्रित नहीं कर बैठा? किस तेज के साथ उसने कहा था : भीष्म भी उसका था, और कौरवों का

साम्राज्य भी। गान्धारी ने भी संकेत दिया है...वह 'ज्येष्ठा है, पर...विवाह के पश्चात् यदि वह भी यह बखेड़ा ले कर बैठ जाय कि राज्य धृतराष्ट्र का है, पाण्डु का नहीं... तो? सत्यवती को व्यक्तिगत रूप से कोई अन्तर नहीं पड़ता कि सिंहासन पर पाण्डु बैठता है, या धृतराष्ट्र! दोनों ही उसके पौत्र हैं।...किन्तु ऐसी महत्त्वाकांक्षिणी नारी से सत्यवती को भय लगता है...

वह नेत्रों पर पट्टी बाँध कर आयी है...कहीं कुरु-वंश की अवहेलना करने के लिए तो नहीं? अन्धा पति मिलने का प्रतिवाद तो नहीं है यह?...कहीं वह यह तो नहीं जताना चाहती कि उसे कुरु-वंश की न कोई चिन्ता है, न भय! कहीं वह यह तो नहीं चाहती कि उससे रुष्ट हो कर, हम उसे मुक्त कर दें।...हस्तिनापुर से निकाल दें...अम्बा ने भी तो मुक्त होने के लिए शाल्व की ओट ली थी, यद्यपि शाल्व ने उसे स्वीकार ही नहीं किया था।

...पता नहीं, गान्धारी को रोकना कुरु-वंश के हित में है, या अम्बा के समान मुक्त कर देना...

24

सत्यवती को सूचना मिली और उसने तत्काल भीष्म को बुला भेजा।

"यह लड़का क्या कर रहा है भीष्म?"

भीष्म को सत्यवती की बात समझने में कुछ समय लगा, "कौन? पाण्डु?"

"हाँ"! सत्यवती उत्तेजित स्वर में बोल रही थी, "कल अभी वधू को ले कर घर आया है; और आज से दिग्विजय के लिए प्रस्थान की घोषणा कर रहा है। रात भर में वीरता के सागर में यह कैसा उफान ला दिया नव-वधू ने?"

भीष्म कुछ सोचते रहे। फिर बोले, "सम्भव है, कुन्ती ने अपने प्रेम का कोई मूल्य माँगा हो—वीरत्वपूर्ण मूल्य।"

"क्या यह सम्भव है?"

"मैं क्या जानूँ माता!" भीष्म हँसे, "मेरा तो इस क्षेत्र में कोई अनुभव नहीं है। किन्तु जीवन में जो कुछ देखा-सुना है, उसके आधार पर कह सकता हूँ कि नारी, पुरुष से अपने प्रेम का कुछ भी मूल्य माँग सकती है।"

"मुझे उपालम्भ दे रहे हो?"

"नहीं माता! ऐसा अपराध मैं कैसे कर सकता हूँ।" भीष्म बोले, "मैं तो पुरुष

की प्रकृति की चर्चा कर रहा हूँ।"

"यह भी तो हो सकता है कि कुन्ती उसके मन को भायी न हो।" सत्यवती बोली, "वह उससे बचने के लिए भाग रहा हो।"

"यह भी सम्भव है।" भीष्म कुछ सोचते हुए बोले।

"तो उसे रोको!"

"कुरुकुल के सम्राट को दिग्विजय पर जाने से कैसे रोका जा सकता है?"

"सम्राट है तो क्या हुआ, है तो लड़का ही।" सत्यवती बोली, "समझा दो, डाँट दो, अपनी या मेरी शपथ दे दो।"

भीष्म मन-ही-मन मुस्कुराये...क्या समझती हैं माता सत्यवती! ये लड़के अब वैसे ही लड़के हैं क्या! इस परिवर्तित नयी पीढ़ी की प्रकृति को नहीं जानतीं माता। वे इन लड़कों को भी भीष्म ही समझती हैं। वैसे वे चित्रांगद और विचित्रवीर्य को ही अपनी मनमानी करने से नहीं रोक पायीं, तो पाण्डु तो एक पीढ़ी और आगे का लड़का है...नयी पीढ़ी के सम्मुख भीष्म की इस बढ़ती हुई असहायता को समझ पायेंगी माता सत्यवती...

"इस वंश में वीर-कर्म के लिए आगे बढ़ते हुए युवकों को न तो हतोत्साहित किया जाता है, न उन्हें कायरता सिखायी जाती है।"

"भीष्म! चित्रांगद और विचित्रवीर्य तो गये : किन्तु मैं नहीं चाहती कि कुरुकुल का एक और सम्राट निस्सन्तान अपनी आयु पूरी करे और हमें फिर से वंश बचाने के लिए, नये सिरे से अभियान चलाना पड़े।"

भीष्म हँसे, "आप उसकी चिन्ता न करें। पाण्डु बहुत अक्षम नहीं है, फिर हस्तिनापुर की सेना उसके साथ है। युद्ध में पराजय अथवा वीरगति की स्थिति नहीं आयेगी।" भीष्म रुके, "हाँ! इस व्याज से पाण्डु कुछ क्षेत्र और जीत लेगा। युद्ध के जीवन का कुछ अनुभव उसे हो जायेगा। कोई क्षति नहीं होगी।"

"तुम तो प्रत्येक बात को इतना निश्चित मान लेते हो," सत्यवती बोली, "और हस्तिनापुर की सेना प्रशिक्षित और सक्षम है तो क्या; दुर्घटना कहाँ नहीं हो सकती?"

"दुर्घटना तो हस्तिनापुर में भी हो सकती है माता!"

"पर युद्ध में उसकी सम्भावना तो कहीं अधिक होती है।"

"सम्राटों के किरीट भी तो युद्धों से ही ऊँचे होते हैं।"

"तुम समझते क्यों नहीं हो! वह लड़का पागल हो रहा है। इतनी-सी अवस्था। न युद्ध का अभ्यास, न अनुभव! उठ कर चल देगा युद्ध करने। उसका क्या है, वहाँ वह वीरगति पा कर शान्ति से सो जायेगा, और यहाँ वक्ष पीटने को रह जायेंगी हम—मैं, उसकी माँ और नव-वधू!..."

"कोई ऐसा नहीं चाहेगा माता!" भीष्म अत्यन्त धैर्य से बोले, "किन्तु जब कुरु वंश का सम्राट दिग्विजय के लिए प्रस्थान की घोषणा करता है, तो उसकी वीरता की अग्नि को प्रज्वलित ही किया जाता है, उसे मंद करने की परम्परा नहीं है।"

"तो फिर तुम उसके साथ जाओ।"

"मुझे इसमें कोई आपत्ति नहीं है, किन्तु स्वयं सम्राट पाण्डु को यह प्रिय नहीं होगा।"

"क्यों?"

"मेरे साथ जाने से दिग्विजय का श्रेय पाण्डु को नहीं मिलेगा। लोग यही मानेंगे कि विजय मेरे कारण मिली। सम्राट लोग दिग्विजय के लिए अपने पिता अथवा पितृव्य को साथ ले कर नहीं चलते। दिग्विजय तो सम्राट को ही करने दीजिए।"

"पुत्र! तुम इतने निश्चिन्त कैसे हो! तुमने कितनी कठिनाई से उसका पालन-पोषण कर, उसे बड़ा किया है। तुम्हें क्या उसकी तनिक भी माया नहीं व्यापती?"

"मुझे हस्तिनापुर का सैनिक बल आश्वस्त करता है।"

"तो क्या वह जायेगा ही?"

"उसे जाने ही दें।"

"मेरा आदेश भी उसे नहीं रोकेगा?"

"युद्ध अथवा सैनिक अभियानों के संदर्भ में सम्राट का आदेश ही अन्तिम होता है।"

सत्यवती ने भीष्म को पथराई-सी आँखों से देखा; फिर जैसे अपने भीतर से विष का आह्वान किया और उसे भीष्म पर उँड़ेल दिया, "मुझे तो तुम भी विक्षिप्त हो गये लगते हो।"

सत्यवती का यह रूप बहुत दिनों बाद जागा था। भीष्म ने विचार किया। माता सत्यवती को आज फिर अपनी सन्तति पर संकट आया लग रहा था—यदि उनको कोई आश्वासन नहीं मिला तो उनकी हीन-वृत्तियाँ जागेंगी और उनके विवेक को त्रस्त कर देंगी।

सत्यवती की उस कटुता को वह अनदेखा कर गये, "आपको ऐसा क्यों लगता है?"

सत्यवती का जैसे सारा धैर्य चुक गया, "अरे इतनी-सी बात नहीं समझते तुम! लड़का अपनी पत्नी से रुष्ट हो कर भागा जा रहा है। पत्नी न भाये तो उसका विकल्प युद्ध में शत्रु के हाथों वीरगति पाना तो नहीं है! यह आत्महत्या है।"

बात भीष्म के मन में उतर गयी।...उनका ध्यान पहले इस ओर नहीं गया

था।...भीष्म को इस क्षेत्र का कोई अनुभव नहीं था।...वैसे पिता शान्तनु के साथ भी तो यही हुआ था। जब माता गंगा उन्हें छोड़ गयी थीं, तो वे कैसे उद्भ्रान्त से हो गये थे। कहीं पाण्डु के साथ भी वही तो नहीं हुआ...

तभी उनका ध्यान मद्रराज शल्य की बहन माद्री की ओर गया : दूतों ने सूचना दी थी कि वह अपूर्व सुन्दरी थी।...उसके विषय में उन्होंने पहले सोचा भी था। दूतों ने यह भी बताया था कि मद्र देश के लोग अभी अपनी पुरानी परम्परा पर ही चल रहे.हैं। वे कन्यादान करते हुए, उसके विनिमय में शुल्क स्वीकार करते हैं। यदि भीष्म माद्री के लिए पर्याप्त शुल्क दें, तो शल्य को कोई आपत्ति नहीं होगी...उसके हरण की बात अब भीष्म नहीं सोचते, उन्होंने अम्बिका को वचन दे दिया है...

"माता!" भीष्म बोले, "यदि पाण्डु अपने वंश की वीरता के आवेग में अथवा दिग्विजय की अपनी महत्त्वाकांक्षा के कारण सैनिक अभियान पर जा रहा है, तो उसे रोकना कठिन है; और मैं उसे रोकना चाहूँगा भी नहीं। किन्तु..."

"भीष्म।" सत्यवती ने कुछ कहना चाहा।

"मेरी बात सुन लें," भीष्म बोले, "यदि वह अपनी पत्नी से रुष्ट हो कर सैनिक अभियान पर जा रहा है, तो मैं आपको विश्वास दिलाता हूँ, कि वह नहीं जायेगा...।"

"ओह भीष्म! तुम प्रत्येक बात में इतने आश्वस्त कैसे रहते हो?"

"आप देख लीजिएगा।" भीष्म बोले, "यदि वह आसक्ति के खण्डित होने के कारण हिंस्र हो कर युद्ध करने जा रहा है, तो मैं उसकी आसक्ति को अन्यत्र पुनरारोपित कर दूँगा। उसकी दृष्टि पत्नी पर से हटेगी ही नहीं, तो वह शस्त्र की ओर देखेगा कैसे!"

"किन्तु तुम्हारे प्रयास से पहले ही वह निकल गया तो?"

"मैं उसे सम्भव नहीं होने दूँगा।"

भीष्म पाण्डु के पास आये, तो वह बहुत व्यस्त दिखायी पड़ने का प्रयत्न कर रहा था, किन्तु भीष्म की परीक्षक दृष्टि ने उसे व्यस्त से अधिक अस्त-व्यस्त ही पाया।

"सुना है पुत्र, तुम दिग्विजय के लिए जा रहे हो।"

"हाँ तात!" पाण्डु बोला, "कुरु-जांगल के आस-पास के राजा उपद्रवी हो गये हैं, उन्हें अनुशासित करना होगा।"

"किन्तु अभी तो तुम कल ही नव-वधू को ले कर आये हो।"

पाण्डु कुछ देर तक भीष्म को देखता रहा। फिर बोला, "राज-धर्म विलास से पराजित हो जायेगा, तो प्रजा का पालन कैसे होगा..."

उसके शब्दों की कृत्रिमता भीष्म से छिपी नहीं रही; किन्तु उसकी ओर संकेत करना, उसके लिए अपमानजनक होता। बोले, "मैं तुमसे अत्यन्त प्रसन्न हूँ पुत्र! तुम राज-धर्म का दायित्व समझते हो। किन्तु..."

"आज्ञा करें तात!"

"सैनिक अभियान न आधे मन से सफल होते हैं, न आधी तैयारी से।"

"मैं पूरी तैयारी कर रहा हूँ।" वह बोला।

"मुझे तुम पर विश्वास है पुत्र!" भीष्म बोले, "किन्तु मेरा एक आग्रह है।"

"आदेश दें।"

"कुरु-वंश सन्तान के अभाव से पीड़ित है। इसलिए मेरी इच्छा है कि तुम्हारी अधिक सन्तानें हों। इसलिए तुम्हारा एक और विवाह हो।"

पाण्डु के चेहरे पर हल्की-सी घबराहट आयी, "उसकी क्या आवश्यकता है?"

"आवश्यकता है।" भीष्म बोले, "यदि एक पत्नी अस्वस्थ हो, तो राजा को दूसरी पत्नी की आवश्यकता होती है। एक से न निभे तो दूसरी अनिवार्य हो जाती है।...या तुम समझ लो कि यह मेरी इच्छा है।"

पाण्डु ने कुछ नहीं कहा। चुपचाप भीष्म को देखता रहा।...किन्तु उसके मन का एक अंश अभी भी निराशा के विरुद्ध लड़ रहा था...सम्भव है कि मैं और कुन्ती, एक-दूसरे के अनुकूल न हों...सम्भव है कि एक स्त्री के संदर्भ में पराजित पुंसत्व, दूसरी स्त्री के प्रसंग में विजयी हो जाये। सम्भव है, कुन्ती के प्रसंग में हुई यातना, दूसरी पत्नी के संग, आनन्द में बदल जाये।

"मद्रपति शल्य से मैं उसकी छोटी बहन माद्री की याचना करने जा रहा हूँ।"

"सैनिक अभियान से उसका क्या सम्बन्ध है तात?"

"है।" भीष्म बोले, "मैं अपने साथ मन्त्री कणिक, पुरोहित वसुभूति, अनेक ब्राह्मणों और चतुरंगिणी सेना ले कर जा रहा हूँ। पीछे तुम्हारे पास किसी अभियान के लिए पर्याप्त सेना नहीं होगी। अतः दिग्विजय की तैयारी करते रहो; किन्तु जब तक मैं लौटूँ नहीं, प्रयाण मत करना...।"

पाण्डु ने मुग्ध दृष्टि से भीष्म को देखा : कदाचित् पितृव्य उसकी समस्या कुछ-कुछ समझ रहे थे। वह सम्राट का विरोध अथवा निषेध नहीं कर रहे, किन्तु उसे कीलित तो कर ही रहे हैं।...

"आप मुझे रोक तो रहे हैं।" पाण्डु बोला, "किन्तु अब मेरा राजप्रासाद में लौटना कठिन है। आपके आने तक मैं सैनिक स्कन्धावार में ही रहूँगा और सैनिकों को अनवरत शस्त्राभ्यास कराऊँगा।"

"मुझे स्वीकार है।" भीष्म उठ खड़े हुए।

25

"भीष्म!" सत्यवती अत्यन्त हताश लग रही थी, "तुम्हारा अनुमान असत्य सिद्ध हुआ। पाण्डु अब भी दिग्विजय पर जा रहा है। माद्री का आकर्षण उसे रोक नहीं पाया।"

भीष्म चुपचाप बैठे थे। वे सत्यवती की बात सुन भी रहे थे; और नहीं भी सुन रहे थे। उनकी गम्भीर मुद्रा बता रही थी कि वे किसी गहन चिन्ता में हैं। सहसा वे अम्बालिका की ओर मुड़े, "तुम्हें कुछ बताया है, पाण्डु ने?"

"नहीं तात!" वह बोली, "उसने मुझे तो कुछ नहीं बताया। मैं ही उसके आस-पास घूमती रही हूँ। वह स्वयं तो कोई चर्चा करता ही नहीं; यदि मैं प्रयत्न करती भी हूँ, तो टाल जाता है!"

"कुछ तो कहता ही होगा।" सत्यवती के स्वर में अधैर्य अत्यन्त स्पष्ट था, "कैसी माँ हो तुम! जिसे अपने गर्भ में रखा, उसके मन में प्रवेश नहीं कर सकतीं। पता नहीं, कैसी हैं आजकल की माताएँ।"

अम्बालिका ने जिस दृष्टि से सास को देखा, उसमें तनिक भी सम्मान नहीं था; किन्तु जब बोली, तो उसकी वाणी संयत ही थी, "मुझे तो लगता है कि मैं उससे बात करने लगती हूँ, तो वह भागने का कोई-न-कोई बहाना खोजने लगता है। कुरेदती हूँ, तो दार्शनिकता बघारने लगता है। तर्क करती हूँ, तो खीझ कर लड़ने लगता है।..."

"किन्तु पाण्डु ऐसा तो नहीं था। वह सदा आज्ञाकारी पुत्र और विनीत बालक रहा है।" सत्यवती जैसे झल्ला कर बोली, "धृतराष्ट्र के व्यवहार के विषय में अम्बिका तक शिकायत करती है; किन्तु पाण्डु की शालीनता में तो कभी किसी ने संदेह नहीं किया।"

"आप ठीक कहती हैं माता!" अम्बालिका धीरे से बोली, "मुझे भी कभी उससे कोई शिकायत नहीं रही; किन्तु कुन्ती के साथ प्रथम रात्रि व्यतीत करने के पश्चात् से ही, उसका व्यवहार अत्यन्त उद्धत हो गया है।"

"तो कुन्ती ने ही माता और मातामही के विरुद्ध उसके मन में असन्तोष जगाया होगा।" सत्यवती तीव्र स्वर में बोली, "ये आजकल की लड़कियाँ..." उसके चेहरे पर वितृष्णा का भाव उभरा, "श्वसुर कुल में पग बाद में पड़ेगा, और गृहदाह ये पहले आरम्भ कर देंगी।"

"नहीं! ऐसी बात नहीं है माता!" भीष्म बोले, "मैं नहीं समझता कि कुन्ती का

इसमें तनिक भी दोष है। जो पत्नी अपने पति को बाँध नहीं पायी, वह उसे उसकी माता और मातामही के विरुद्ध क्या भड़काएगी!"

"तुम्हें क्या पता है इस विषय में?" सत्यवती पूरे रोष के साथ बोली, "तुम सबको अपने ही समान समझते हो।" और उसने रुक कर भीष्म को देखा, "कहीं तुम्हारी ही तो छाया नहीं है पाण्डु पर। तुम्हें भी नारी का आकर्षण नहीं व्यापता; और वह भी दो-दो सुन्दरी युवती पत्नियों को छोड़ कर, दिग्विजय के लिए भागा जा रहा है।"

भीष्म के मन में चिन्तन की एक नयी दिशा उद्घाटित हुई : माता सत्यवती के उपालम्भ में कहीं कोई तथ्य तो नहीं? कहीं पाण्डु को भी काम-सुख, काम-यातना ही तो नहीं लगता? कहीं नारी का सौन्दर्य उसे भी मृग-तृष्णा ही तो दिखाई नहीं देता?...किन्तु यदि ऐसा होता, तो वह कुन्ती के स्वयंवर में क्यों जाता? माद्री के साथ विवाह के लिए क्यों सहमत हो जाता?...क्या बात है—वह नारी-सौन्दर्य के प्रति आकृष्ट तो होता है, उसकी ओर बढ़ता भी है; किन्तु उसके निकट जा कर, जैसे पलट कर भागता है। क्या यह भी उसका दर्प ही है, कि पत्नी से पहली रात ही ऐसी अनबन हो जाती है, कि पुनः वह उसके निकट ही नहीं जाना चाहता...

भीष्म मुस्कुराये, "मेरी छाया पड़ी होती माता! तो दिग्विजय के लिए इतना व्याकुल भी न होता। मैं तो स्वयं चकित हूँ," भीष्म रुके, "कि वह सैनिक अभियान के लिए इतना उत्कण्ठित क्यों है। वह तो जैसे सम्राट चित्रांगद के समान आक्रामक और उग्र हो रहा है।...हमारी सीमाओं पर कोई आक्रमण नहीं हो रहा। कोई सम्राट का युद्ध के लिए आह्वान नहीं कर रहा और वह दो-दो नवोढ़ाओं को छोड़, इस आतुरता से युद्ध के लिए भाग रहा है...।"

"वह सब कुछ नहीं है।" सत्यवती अधीरता से बोली, "आजकल के लड़के और लड़कियों में तनिक भी धैर्य नहीं है। न ये कुछ सुनने को तैयार हैं, न वे कुछ सहने को। क्रोध तो जैसे इनकी नाक पर धरा रहता है। पता नहीं अपने-आपको समझते क्या हैं। अरे पति-पत्नी में तो निर्वाह ऐसे ही होता है : तू दो मेरी मान ले और मैं दो तेरी मान लूँ...।"

भीष्म मन-ही-मन मुस्कुराये : माता सत्यवती वय की दृष्टि से उतनी वृद्धा हुई नहीं, जितनी अपने व्यवहार और चिन्तन में हो गयी हैं।...उन्हें अपनी अगली पीढ़ियों का व्यवहार अत्यन्त आपत्तिजनक लगता है...वे अपना समय भूल गयीं—उन्होंने प्रत्यक्ष रूप में अपने पति पर कितने कठोर प्रतिबन्ध लगाये थे।...और अपने एकान्त में, जब पति अथवा प्रेमी, काम-याचना की भूमिका में अपने अहंकार को सर्वथा तिलांजलि दे चुका होता है—जाने क्या-क्या प्रतिबन्ध लगाती होंगी। जाने कैसी

इच्छाएँ प्रकट करती होंगी।...इनसे विवाह कर, राजा शान्तनु का वह सम्राटों वाला तेज रह पाया था क्या? और इन्होंने ही तो अपने पुत्रों में वह दर्प भरा था, जो संसार में किसी और के अधिकार को स्वीकार ही नहीं करता था...और अब ये...अपने विवाह के पश्चात् वे यह भी नहीं चाहती थीं कि भीष्म अपने पिता से मिल पायें... इनकी चिन्तन-पद्धति कैसी एकांगी है। वे अपने तर्क को स्वयं अपने ऊपर लागू कर कभी नहीं देखतीं। भीष्म को कभी भी यह नारी तर्क-शास्त्र समझ में नहीं आया था, जो केवल बोलता था, सुनता कुछ भी नहीं था। तर्क-पद्धति किसी नियम से नहीं, मात्र अपने स्वार्थ अथवा सुविधा से परिचालित होती थी...और सबसे महत्त्वपूर्ण तथ्य तो यह था कि जो सब कुछ इन्होंने स्त्री अथवा पत्नी के अधिकार के रूप में स्वयं पाया था, वही सब न वे पुत्र-वधुओं को देने को प्रस्तुत थीं, न पौत्र-वधुओं को। अधिकार पा कर, अथवा समर्थ होने पर, नारी का दमन-चक्र नारी के ही विरुद्ध कुछ अधिक ही तीव्र गति से चलने लगता है...

"भीष्म!" सत्यवती उनसे सम्बोधित थी, "मैं सोचती हूँ कि यदि पाण्डु कुछ नहीं बताता, तो कुन्ती और माद्री से ही पूछा जाये कि बात क्या है? इन दोनों के आ जाने के बाद, पाण्डु शान्ति से हस्तिनापुर में टिक कर क्यों नहीं रहा?"

"सम्भवतः पति-पत्नी के मध्य की कोई ऐसी गोपनीय बात हो, जो वे किसी अन्य व्यक्ति को बताना न चाहते हों। कोई अशोभन प्रसंग! आपकी पौत्र-वधुओं को आपके पौत्र के विरुद्ध कोई ऐसी शिकायत हो, जिसका परिमार्जन आप भी न कर सकें...।"

"तात्!" सहसा अम्बालिका बोली। उसका स्वर अत्यन्त धीमा और शालीन ही नहीं, एक सीमा तक संकुचित भी था।

भीष्म ने उसकी ओर देखा।

"एक निवेदन मेरा भी है।"

"बोलो अम्बालिके!"

"यदि पाण्डु अपने दर्प में, दिग्विजय करने जा रहा है, तो और बात है। मैं कामना करूँगी कि मेरा पुत्र दिग्विजयी हो कर लौटे। अपनी रानियों के साथ सुखी जीवन व्यतीत करे और अपनी प्रजा का धर्मतः पालन करे। किन्तु तात्...!" उसने रुक कर पुनः भीष्म की ओर देखा, "यदि पाण्डु और उसकी पत्नियों के मध्य कुछ ऐसा घटित हुआ है कि वे लोग परस्पर सुखी दाम्पत्य जीवन व्यतीत नहीं कर सकते तो एक कृपा मुझ पर कीजिएगा...।"

"क्या अम्बालिके?"

"कृपया उसके लिए और रानियों की व्यवस्था मत कीजिएगा।"

"इसकी तो बुद्धि ही भ्रष्ट हो गयी है।" भीष्म से पहले ही सत्यवती बोल उठी, "हस्तिनापुर के सिंहासन के लिए युवराज चाहिए या नहीं!"

"युवराज आपको गान्धारी से प्राप्त हो जायेगा।" अम्बालिका बोली, "माता! संसार में कोई भी सिंहासन रिक्त नहीं रहा। प्रत्येक सिंहासन अपना उत्तराधिकारी स्वयं ही चुन लेता है। राजाओं द्वारा मनोनीत युवराज बैठे रह जाते हैं, और सिंहासन चल कर स्वयं किसी को कंधों पर उठा लेता है।"

भीष्म ने अम्बालिका को देखा : वह जैसे विषाद की साकार मूर्ति लग रही थी। कितनी पीड़ा थी, उसके स्वर में; और कैसा वैराग्य। भीष्म ने उसके विषय में न कभी अधिक जाना था, न सोचा था। उसे हस्तिनापुर के राजप्रासाद में ला कर जैसे वे भूल ही गये थे कि उसका भी कोई अस्तित्व है।...आज वे देख रहे थे कि उसका अस्तित्व ही नहीं था...उस अस्तित्व में कहीं बहुत गहरे जैसे दुख का कोई उद्गम था।...जब माता सत्यवती हस्तिनापुर के राजप्रासाद में आयी थीं, तो दर्प से जगमगाया करती थीं; किन्तु अम्बिका और अम्बालिका तो जैसे पहले व्यथा की अग्नि से जल कर काली होती गयीं; और अन्ततः जल कर भस्म-सी श्वेत हो गयीं। तप्त अंगार-सी वे कभी नहीं जलीं, दर्प का दाह उनमें कभी नहीं जागा...और आज अम्बालिका क्या कह रही है, जैसे माता अपने पुत्र के विषय में चर्चा न कर रही हो, कोई वैरागी संसार-चक्र में फँसे लोगों को उससे बचने का उपदेश कर रहा हो...

"ऐसा क्यों सोचती हो अम्बालिके?" भीष्म बोले, "क्यों तुम नहीं चाहतीं कि हस्तिनापुर के सिंहासन पर तुम्हारे पौत्र का अधिकार हो?"

"मेरा पौत्र जन्म ले और अधिकार-दण्ड हाथ में ले कर, सम्राट के रूप में हस्तिनापुर के सिंहासन पर बैठे, तो मुझे प्रसन्नता ही होगी।" अम्बालिका बोली, "मानव सुलभ तृष्णाएँ मुझमें भी बहुत हैं। किन्तु संसार की तृष्णा में जल कर बहुत कष्ट पाया है तात्! कभी कोई अपनी तृष्णा में जलता है; और कभी किसी एक की तृष्णा, अन्य लोगों को दग्ध करती है। उस दाह को मैंने बहुत सहा है। अब नहीं चाहती कि कोई और मेरी तृष्णाओं का दाह सहे और संसार को शापित करे।" उसने रुक कर भीष्म को देखा, "क्या आपको नहीं लगता कि कुरु-कुल के माथे पर परित्यक्ता स्त्रियों का बोझ वैसे ही बहुत अधिक है। मुझ पर दया करें, और किसी भी ब्याज से उस बोझ को न बढ़ायें।..."

लगा, उसका कण्ठ अवरुद्ध हो गया और सहसा ही वह उठ कर चली गयी।

सत्यवती आँखें तरेरे जाती हुई अम्बालिका को देखती रही और उसके आँखों से ओझल होते ही अपनी घृणा का उसने वमन किया, "जिसे देखो वही अपने-आपको बहुत बुद्धिमान समझता है, जैसे साम्राज्यों का नीति-संचालन उसी की बुद्धि से प्रेरित

होता है। राजमाता बनना कोई इतना सरल नहीं है।" और वह भीष्म की ओर मुड़ी, "पुत्र भीष्म! क्या सोचा है तुमने?"

"माता! पुत्र और पौत्र को आप समझा भी सकती हैं और आदेश भी दे सकती हैं; किन्तु सम्राट के सम्मुख तो केवल विचारार्थ प्रस्ताव ही रखे जा सकते हैं। स्वीकार करना, न करना सम्राट की अपनी इच्छा पर निर्भर करता है।"

"ओह सम्राट!" सत्यवती बोली।

26

"आओ भीष्म!" सत्यवती बोली, "मैं आज प्रातः से ही तुमसे मिलना चाह रही थी।"

"क्या बात है माता?"

"मेरा मन इस पाण्डु के लिए बहुत चिन्तित रहने लगा है।"

"क्यों माता?"

"एक तो इसलिए पुत्र! कि तुम्हारे पिता के पश्चात् हस्तिनापुर का यह पहला सम्राट है, जो अपने पूर्ण अधिकारों के साथ सिंहासन पर बैठा है, वयस्क है, स्वतन्त्र है, सत्ता सँभालने में समर्थ है।"

"यह तो शुभ लक्षण है माता!"

"तभी तो चिन्तित रहती हूँ कि इतने समय के पश्चात् तो ऐसा राजा आया है : और उसके पैरों में ऐसा चल-चक्र है कि वह हस्तिनापुर में टिकता ही नहीं।"

"तो भी चिन्ता की क्या बात है माता!" भीष्म, सत्यवती को मात्र सान्त्वना देने के लिए कहते जा रहे थे, "राजा को तो अपने राज्य में भ्रमण करते रहना चाहिए। विभिन्न स्थानों का निरीक्षण करते रहना चाहिए। प्रजा-जनों से मिलते रहना चाहिए। इससे उसका अपनी प्रजा से सम्पर्क बढ़ता है, वह अधिक सचेत रहता है...वह अधिक समर्थ बनता है।"

"वह तो ठीक है।" सत्यवती बोली, "पर वह भ्रमण कहाँ करता है रे! कभी युद्ध करता है, कभी मृगया। जोखिम के काम हैं। लगता है, स्वयं से ही रुष्ट है जैसे। ऐसा ही मेरा चित्रांगद था। किसी-न-किसी से भिड़ना ही था उसको। परिणाम शुभ तो नहीं हुआ न! वही स्थिति अब इसकी है।...मैंने सुना है कि पांचालों को इसने इतना पीड़ित किया है कि वे कौरवों के परम शत्रु हो गये हैं। मुझे कुछ ऐसी भी सूचनाएँ मिली हैं कि द्रुपद का विचार है कि यह सब तुम करवा रहे हो। अतः वह

तुमसे शत्रुता पाल रहा है...।"

"तो क्या हो गया माता!" भीष्म बोले, "जिन राज्यों की सीमाएँ मिलती हैं, उनमें मित्रता कम ही होती है। कुरुओं और पांचालों में तो मित्रता की परम्परा कभी रही ही नहीं!..."

"और अब मृगया के लिए गया है।" सत्यवती ने जैसे भीष्म की बात सुनी ही नहीं, "वहाँ जा कर सिंहों और हिंस्र पशुओं से भिड़ेगा। नयी-नवेली दो पत्नियाँ साथ ले गया है। पगला गया है यह तो।"

"पगला नहीं गया है माता!" भीष्म हँसे, "नया-नया विवाह हुआ है। एक नहीं, दो-दो पत्नियाँ साथ हैं। योद्धा, युद्ध-क्षेत्र से लौटेगा, तो कामदेव का आह्वान नहीं सुनेगा क्या! क्षत्रिय तो जीवन को भरपूर भोगता है। ग्रहण करता है तो समग्र को, और त्यागता है तो समग्र को। उन्हें जीवन भोगने दीजिए।"

"जीवन यहाँ भी तो भोगा जा सकता था।" सत्यवती अपनी भीतरी व्याकुलता से आविष्ट थी, "यहाँ प्रासाद हैं, दास-दासियाँ हैं, कामिनियाँ हैं, खाद्य पदार्थ हैं, मद्य-मदिरा-सुरा...क्या नहीं है?"

भीष्म हँसे, "यहाँ भाई-भाभियाँ हैं, माताएँ हैं, पितृव्य हैं, पितामही हैं, राज्य के दायित्व हैं, और जन-संकुलता है।..." भीष्म मन-ही-मन सोचते जा रहे थे कि जिन तथ्यों से वह स्वयं सहमत नहीं हैं, उनसे वे सत्यवती को क्यों बहला रहे हैं, "यहाँ न मुक्त विहार हो सकता है, न उन्मुक्त व्यवहार। यहाँ वे यह नहीं भूल सकते कि वे राजा और रानी हैं, उनकी मर्यादा है। वहाँ वे प्रकृति के जीव होंगे। उन्मुक्त विहार करेंगे।..."

"और हस्तिनापुर में छोड़ गये हैं इस नराधम धृतराष्ट्र और उस दुर्वृत्त पापी शकुनि को..." सत्यवती बोली।

"उनसे आपका क्या विरोध है माता?"

सत्यवती ने सठियाये-से ढंग से भीष्म को देखा, "क्या तुम नहीं जानते कि धृतराष्ट्र के हाथों कोई दासी सुरक्षित नहीं है और शकुनि के आस-पास, सिवाय जुआरियों और मद्यपों के और किसी का अस्तित्व ही सम्भव नहीं है। जब लम्पटता, व्यभिचार, सुरापान और द्यूत—ये सारे एकत्रित हो जायेंगे, तो कौन-सा अनर्थ होने से रह जायेगा पुत्र?"

"आजकल यही तो क्षत्रिय राजपुत्रों के आभूषण हैं माता!" भीष्म के स्वर में विषाद का विष घुला हुआ था, "सबसे बड़ी कठिनाई यह है कि यह सब शासन के केन्द्र से हो रहा है। हीन-वृत्तियों को गौरवान्वित किया जा रहा है।"

"ये लोग राजा, राजकुमार हैं अथवा दुर्वृत्त आततायी गुण्डे।" सत्यवती जैसे

अपने-आपसे पूछ रही थी, "जो अपराधी हैं, वे ही न्यायकर्ता के आसन पर आसीन हैं। तो अपराधियों को दण्डित कौन करेगा?...मेरा पाण्डु ऐसा नहीं है। उसे हस्तिनापुर में रहना चाहिए।...मुझे तो सोच-सोच कर भय-सा लगने लगा है।"

"किस बात का भय माता!"

"अरे जब दुष्ट, मद्यप और व्यभिचारी लोगों के हाथों में सत्ता आ जायेगी तो कौन-सा दुराचार होने से रह जायेगा। हत्याएँ नहीं होंगी या बलात्कार नहीं होंगे। जब ऐसे निर्लज्ज और पापी शासक होंगे, तो कोई न्याय माँगने कहाँ जायेगा।"

"चिन्तिन न हों माता! अभी आपका भीष्म इतना असमर्थ नहीं हुआ है।" भीष्म ने सत्यवती को सान्त्वना दी।

"नहीं हुआ है, तो हो जायेगा।" सत्यवती बोली, "मुझे लगता है कि सब कुछ मेरे हाथों से निकल गया है। तुम्हारे हाथों से भी निकल गया है। अब तुम्हारे हाथ में कोई भी अधिकार नहीं रह गया है। है न?"

"नहीं माता! ऐसा कैसे हो सकता है।" भीष्म ने हँसने का प्रयत्न किया।

"ऐसा नहीं है तो शकुनि को गन्धार भेज दो; और जैसे तुमने एक बार अविनीत व्यवहार करने पर, विचित्रवीर्य को चाँटा मारा था, वैसे ही धृतराष्ट्र को चाँटा मारो। जिन दासियों के साथ वह अत्याचार करे, उनका न्याय करो।"

भीष्म स्तम्भित-से खड़े रहे : क्या ऐसा सम्भव है?...राजा धृतराष्ट्र को न दण्डित किया जा सकता है, न सत्ताच्युत किया जा सकता है। तो माता सत्यवती ठीक कह रही हैं।

"नहीं कर सकते न!" सत्यवती बोली, "तभी तो कहती हूँ कि समय बदल गया है। तुम्हारे पिता चाहते तो मेरा अपहरण कर सकते थे, मुझे असत्य वचन दे कर वंचित कर सकते थे; किन्तु उन्होंने ऐसा नहीं किया। तुमने वचन दिया और आज तक निभाया।" वह भीष्म की ओर मुड़ी, "और धृतराष्ट्र से कहो कि कोई एक दिन ऐसा बता दे, जिस दिन उसने झूठ न बोला हो। किसी को झूठा वचन न दिया हो। झूठा वचन और आश्वासन देना तो जैसे शासक का जन्मसिद्ध अधिकार हो गया है।"

भीष्म चुप खड़े रहे। क्या कहते।

"इसीलिए कहती हूँ, पाण्डु को शीघ्र वापस बुलाओ।" सत्यवती बोली, "इन दुर्वृत्तों को दण्डित चाहे न कर पाये, किन्तु स्वयं तो वह गुण्डई नहीं करेगा न!"

"प्रयत्न करूँगा माता!" भीष्म धीरे से बोले।

27

भीष्म ने माता सत्यवती को प्रणाम किया; और एक ही क्षण में वे समझ गये कि माता किसी चिन्ता में निमज्जित हैं।

"बैठो भीष्म!" सत्यवती ने कहा और परिचारिका की ओर देखा।

परिचारिका ने हाथ जोड़े और कक्ष से बाहर निकल गयी।

"क्या आप पाण्डु-पुत्र के जन्म से प्रसन्न नहीं हैं?"

सत्यवती सायास हँसी, "लगता है कि तुम पाण्डु-पुत्र के जन्म की सूचना पाते ही हस्तिनापुर से निकल गये थे। उसके पश्चात् हस्तिनापुर में क्या घटित हुआ, उसकी सूचना तुम्हें नहीं है!"

"कुछ विशेष घटित हुआ क्या?" भीष्म ने पूछा। उनका अपना मन भी जैसे इस खोज में निकल गया था कि ऐसा क्या घटित हो सकता है...

"धृतराष्ट्र-पत्नी अस्वस्थ है।" सत्यवती धीरे से बोली।

"गान्धारी?"

"गर्भपात के लक्षण हैं; और वैद्यों से स्थिति सँभल नहीं रही। निरन्तर रक्तस्राव हो रहा है," सत्यवती ने रुक कर भीष्म की ओर देखा, "कौन्तेय का जन्मोत्सव मनाऊँ या गान्धारी के गर्भपात का शोक? जाने विधाता ने मेरे भाग्य में क्या लिख रखा है कि जब मैं हर्ष मनाने के लिए अपनी आँखें खोलती हूँ, तो विषाद का दैत्य अपना विराट आकार लिए मेरे सामने आ खड़ा होता है।"

भीष्म कुछ नहीं बोले : चिन्ता ने जैसे उनकी जिह्वा को जकड़ लिया था।

"किन्तु आज प्रातः तक तो ऐसी कोई सूचना नहीं थी।" भीष्म जैसे सायास बोले, "राजवैद्य गान्धारी की पूरी तत्परता से देखभाल कर रहे थे। फिर यह अकस्मात् ही..."

"यही तो दैव का षड्यन्त्र है।" सत्यवती बोली, "सूचना दे कर कोई अनिष्ट नहीं करता। अकस्मात् ही वज्रपात होता है।"

"राजवैद्य क्या कहते हैं?"

"वे प्रयत्न कर रहे हैं।" सत्यवती बोली, "पर वे तो प्रयत्न करते ही रहते हैं। विचित्रवीर्य के प्राण बचाने के लिए भी वे प्रयत्न करते ही रहे थे। मेरा तो राज-वैद्यों पर से विश्वास ही उठ गया है।"

"तो?" भीष्म ने सत्यवती की ओर देखा।

"मैंने तत्काल कृष्ण द्वैपायन को बुला भेजा था। वह किसी भी राजवैद्य से बड़ा

वैद्य है। वह मन्त्र-द्रष्टा भी है, और मन्त्र-उपचारक भी। वह अवश्य कोई-न-कोई उपाय करने में सफल होगा।"

"वे आ गये क्या?"

"हाँ! अपराह्न में ही आ गया था। इस समय धृतराष्ट्र के प्रासाद में है।"

भीष्म को पूर्ण विश्वास था कि कृष्ण द्वैपायन गान्धारी का उपचार करने में पूर्णतः सफल होंगे। वे वैद्य नहीं, प्राणदाता माने जाते थे। सामान्य जन तो विश्वास करता था कि उनके पास संजीवनी है, जिससे वे मृत को भी जीवित कर सकते हैं। भीष्म की इच्छा हुई कि पूछें, 'आपने मुझे किसलिए बुलाया था? मात्र सूचना ही देनी थी तो प्रतिहारी के माध्यम से सूचना भी भेजी जा सकती थी।'... किन्तु उन्होंने पूछा नहीं। कदाचित् माता सत्यवती घबरा गयी थीं; और घबराहट के क्षणों में वे भीष्म को बुला ही लिया करती थीं।

"आप चिन्तित न हों।" भीष्म बोले।

"चिन्तित न होऊँ!" सत्यवती के स्वर में क्षोभ था, जैसे भीष्म ने कुछ बहुत अनुचित कह दिया हो, "मैं देख रही हूँ कि इस वंश पर विधाता का जैसे कोई अभिशाप है। यहाँ कोई पूर्ण पुरुष जन्म ही नहीं लेता...।"

भीष्म की इच्छा हुई की पूछें कि माता ऐसा क्यों कह रही हैं?...किन्तु मन में उठे सारे प्रश्न तो वे नहीं पूछ सकते थे।

सत्यवती, स्वयं ही बोली, "चित्रांगद पूर्णायु नहीं था। विचित्रवीर्य को न आयु मिली न सन्तान! धृतराष्ट्र जन्मान्ध है, पाण्डु पलायन कर गया, विदुर दासी-पुत्र है... और अब जन्म से पूर्व ही वज्रपात होने लगे हैं...।"

भीष्म बल दे कर कहना चाहते थे कि माता युधिष्ठिर के जन्म से क्यों सन्तुष्ट नहीं होतीं।...किन्तु वे जानते थे कि सत्यवती सन्तान, विशेष कर पुत्र, के जन्म को कितना मूल्यवान समझती हैं। इसलिए प्राप्त सन्तान की ओर ध्यान न दे कर, भावी सन्तान के छिन जाने की आशंका से ही पीड़ित हैं...

व्यास आये तो चिन्तित वे भी थे। किन्तु उनके चिन्तित होने और सत्यवती की चिन्ता में अन्तर था। उनकी आँखों में उनकी प्रसन्नता की सहज ज्योति न हो कर, विषादपूर्ण गम्भीरता थी। इससे अधिक चिन्तित शायद वे होते ही नहीं थे।

भीष्म को देख, उनके आनन पर एक हल्की स्मिति आयी। भीष्म ने उनका आलिंगन किया।

आलिंगनमुक्त हो कर, वे सत्यवती की ओर मुड़े, "मैंने औषध दे दी है। रक्तस्राव रुक गया है। गर्भपात नहीं होगा। गर्भस्थ शिशु स्वस्थ है। उस दृष्टि से चिन्ता का कोई कारण नहीं है माता। किन्तु...।"

"किन्तु क्या?"

"गान्धारी रुग्ण है। उसके रोग का उपचार मेरे पास भी नहीं है।"

सत्यवती पुनः चिन्तित हो उठी, "रोग गम्भीर है?"

"असाध्य!"

"ऐसा कौन-सा रोग है गान्धारी को, जो तुम्हारे लिए भी असाध्य है कृष्ण!" सत्यवती बोली, "मैं तो यही समझती हूँ, तुम वैद्यों के भी राजवैद्य हो।"

"मुझे औषधियों का कुछ ज्ञान है। इसलिए कुछ लोग मुझे भी वैद्य मान लेते हैं।" व्यास मुस्कुराये, "किन्तु वैद्य के लिए सारे ही रोग असाध्य होते हैं माँ! वह तो मात्र औषध ही दे सकता है। रोगों को साधना तो रोगी का ही कार्य है।..."

सत्यवती ने पलट कर कुछ इस प्रकार व्यास को देखा, जैसे या तो वह व्यास का कहा गया, एक भी शब्द समझ न पायी हो, या फिर व्यास ने कोई बहुत ही तर्कशून्य बात कह दी हो, "रोगी ही रोग को साध सके, तो फिर औषध की आवश्यकता ही क्या है रे?"

व्यास पुनः मुस्कुराये, "ठीक कहती हो माँ! रोगी अपने रोग को साध नहीं सकता, किन्तु उसे साधने की क्षमता उसके अपने भीतर ही होती है। औषध, उस क्षमता को प्रेरित और पुष्ट करती है। किन्तु यदि रोगी में वह क्षमता ही न हो, तो औषध भी अपनी मृत्यु आप ही मर जाती है।"

सत्यवती या तो अपने असमंजस के कारण चुप रही या हताशा के कारण। पर वह अधिक देर तक चुप रह नहीं पायी, "तो उसके रोग का उपचार नहीं होगा? वह मृत्यु को प्राप्त होगी क्या?"

इस बार व्यास मुस्कुरा भी नहीं पाये। गम्भीर स्वर में बोले, "मृत्यु को तो प्रत्येक जीव प्राप्त होता है माता! वह शोक का कारण नहीं है। काल के पाश से कहीं भी, कोई भी मुक्त नहीं है। किन्तु गान्धारी के रोग के लक्षण भयंकर है। यह रोग संक्रमणशील है। और यदि उसका संक्रमण रोका न गया, तो वह समस्त कौरववंश का नाश कर देगा...।"

सत्यवती की आँखें, जैसे फटने को हो आयीं।

भीष्म अब तक कुछ और ही सोच रहे थे, किन्तु व्यास का अन्तिम वाक्य, उनके चिन्तन की दिशा बदल गया। निश्चित् रूप से व्यास, वह नहीं कह रहे थे, जो माता सत्यवती समझ रही थीं।

"द्वैपायन!" भीष्म बोले, "ऐसी अनर्थकारी वाणी मत बोलो। हमारी मान्यता है कि तुम्हारी वाणी भावी घटनाओं को जन्म देती है। जो कुछ तुम कह दोगे, वह सम्भव हो कर रहेगा।..."

व्यास कुछ नहीं बोले। उन्होंने अपनी आँखें उठा कर, जैसे आकाश पर से कुछ पढ़ा।

इस बार भीष्म सत्यवती से सम्बोधित हुए, "कृष्ण वह नहीं कह रहा है माता! जो आप समझ रही हैं। आप शान्त हों। गान्धारी स्वस्थ है। उसका गर्भस्थ शिशु स्वस्थ है। समय पा कर उसका प्रसव होगा।"

"तो यह क्या कह रहा है? गान्धारी के रोग और वंश नाश का क्या सम्बन्ध है? गान्धारी सन्तान को जन्म नहीं भी देगी, तो कौरवों के वंश का नाश नहीं होगा। युधिष्ठिर है, और...और...युधिष्ठिर के और भाई भी जन्म लेंगे।" सत्यवती के शब्दों में उसके हृदय की पीड़ा, उसकी शंकाएँ, आशंकाओं के विरुद्ध चलता हुआ उसका संघर्ष...और जाने क्या-क्या था।

"स्पष्ट कहो द्वैपायन!" भीष्म जैसे सायास बहुत कोमल स्वर में बोल रहे थे, "गान्धारी के रोग से जिस अनिष्ट की आशंका हमें थी, तुम उससे भी बहुत बड़े अनिष्ट की घोषणा कर रहे हो।"

"शारीरिक रोग तो एक छोटी, अस्थाई और व्यक्तिगत आशंका का ही कारण हो सकता है गांगेय!" व्यास बोले, "किन्तु अस्वस्थ प्रवृत्तियाँ...।"

"स्पष्ट कहो!" भीष्म का असंयम उनके आनन पर दिखायी पड़ने लगा था।

"गान्धारी का रक्त-स्राव किसी शारीरिक अस्वस्थता अथवा किसी आन्तरिक उत्पात से नहीं हुआ था...।"

"तो?"

"गर्भ पर बाहर से किसी भारी और कठोर वस्तु से आघात किया गया था...।"

"क्यों?" भीष्म जैसे ऐसी असम्भावित कल्पना नहीं कर पा रहे थे।

"ताकि वह गर्भ नष्ट हो जाये।"

"यह तो हत्या है।" सत्यवती के स्वर में चीत्कार था, "किसने किया है यह अपराध? कौन है कौरवों का ऐसा भयानक शत्रु?"

"द्वेष!"

"द्वेष तो शत्रु है ही; किन्तु प्रहार किसने किया?" सत्यवती जैसे अपराधी को खोज, उसे दण्डित करने के लिए प्रचण्ड हो रही थी!

"प्रहार स्वयं गान्धारी ने किया था माता!" व्यास का स्वर शान्त था।

"गान्धारी ने?" सत्यवती विश्वास नहीं कर पा रही थी, "कोई अपने ही गर्भ को नष्ट क्यों करेगा?"

"कोई व्यक्ति आत्महत्या क्यों करता है माता?"

"क्योंकि वह अत्यन्त दुंखी होता है; उसके दुख का कोई निवारण नहीं होता।"

"नहीं!" व्यास बोले, "दुख का कोई अस्तित्व नहीं है। भौतिक परिस्थितियों में केवल सुविधा और असुविधा है। भौतिक असुविधाओं की अति भी हो जाये, तो व्यक्ति आत्महत्या नहीं करता। मनुष्य भूखा रह कर जीता है, अपमानित हो कर भी जीवित रहता है, शोषित, पीड़ित, रोगी और दास हो कर भी जीवन से निराश नहीं होता।"

"क्या कहना चाहते हो पुत्र?"

"दुख का अस्तित्व व्यक्ति के मानसिक रोग के रूप में होता है। वह अपने उस रोग के दैत्य के आकार को जब चाहे, जितना चाहे बढ़ा लेता है। स्वयं-पोषित उस दैत्य को असाध्य मान कर, उसके सम्मुख मस्तक टेक भी देता है।"

"गान्धारी से इसका क्या सम्बन्ध है?" सत्यवती अधीर हो कर बोली।

"जिस प्रकार रोगी व्यक्ति आत्मघात करता है, उसी प्रकार वह अपने गर्भ का घात भी करता है।" व्यास बोले, "गान्धारी को जब युधिष्ठिर के जन्म की सूचना मिली, तो उसके मन में एक ही बात आयी कि अब उसका पुत्र वय में युधिष्ठिर से छोटा होगा, अतः वह कौरव-साम्राज्य का युवराज नहीं होगा। अर्थात अब गान्धारी राजमाता नहीं बन पायेगी...।"

भीष्म के मस्तिष्क में जैसे वाष्प उठा और उसने उनके कान बन्द कर दिये। व्यास ने और क्या कहा, वे सुन नहीं सके; किन्तु व्यास की बात वे समझ गये थे।...

कितनी बड़ी साध पाल रखी थी गान्धारी ने; और युधिष्ठिर के जन्म ने उसका नाश कर दिया था। इतनी हताश हो गयी गान्धारी कि उसने आवेश में अपने ही गर्भस्थ शिशु का नाश कर देना चाहा...धृतराष्ट्र और गान्धारी आज तक इस तथ्य को स्वीकार नहीं कर पाये हैं कि हस्तिनापुर का राज्य, उनका नहीं पाण्डु का है। वे यह मान कर चल रहे हैं कि यदि राज्य धृतराष्ट्र को नहीं मिला, तो धृतराष्ट्र के पुत्र को मिलेगा...

ठीक कहते हैं व्यास कि गान्धारी 'द्वेष' के रोग से ग्रस्त है। और यह रोग संक्रमणशील है। यह माता से पुत्र को मिलेगा। द्वेष, द्वेष को जन्म देगा और अन्ततः नाश होगा, महानाश! कौरव-वंश के लिए यह स्थिति सुखकर नहीं होगी...

कहाँ भीष्म ने सोचा था कि युधिष्ठिर के जन्म के साथ कौरवों के लिए आशा का नया सूर्य उदय हुआ है; और कहाँ...

28

तभी भीष्म का रथ रुका और वे उसमें से उतरे।

पिछले दस वर्षों में, उनमें बहुत अन्तर नहीं आया था। फिर भी इस समय कुछ थके-से लग रहे थे। उन्होंने हाथ का सहारा दे कर, माता सत्यवती को रथ से उतारा। वे अत्यन्त वृद्धा लग रही थीं; और थके होने का नहीं, टूटे होने का आभास दे रही थीं; जैसे यहाँ तक आते-आते भी बहुत रो चुकी हों और जीवन का सत्त्व निचुड़ कर उनके शरीर से निकल गया हो।

सत्यवती जितने वेग से भाग सकती थी, उतने वेग से सीधी कुन्ती की ओर भागी।

कुन्ती का मन भर आया। उसके अपने घाव तो छिले ही, इस वृद्धा राजमाता के लिए भी उसके मन में करुणा जागी।

"विधाता ने यह क्या कर दिया पुत्री?" सत्यवती फफक-फफक कर रो पड़ी, "उससे मेरा कोई सुख नहीं देखा जाता। जो मेरा सहारा बनता है, वही चला जाता है। हस्तिनापुर का यह सिंहासन बड़ा हत्यारा है रे! इस पर जो सम्राट बैठता है, वही यमलोक चला जाता है।"

कुन्ती के गले से लग, सत्यवती रोती भी गयी और बोलती भी गयी। उसके सारे उद्‌गारों में कुन्ती का दुख कहीं नहीं था : वह सारा सत्यवती का अपना ही दुख था। उसका पौत्र नहीं रहा था, हस्तिनापुर का सम्राट नहीं रहा था; कुरुकुल की क्षति हुई थी...किन्तु कुन्ती का पति नहीं रहा था, उसकी भी कोई क्षति हुई थी, इसके लिए सत्यवती की उक्तियों में एक भी शब्द नहीं था।....सत्यवती रो-रो कर निढाल होती जा रही थी...कभी रोने लगती, कभी चिल्लाने लगती, कभी विधाता से लड़ने लगती, और कभी अपना वक्ष और माथा पीटने लगती...

कुन्ती अपना दुख भूल, माता सत्यवती के इस विक्षिप्त क्षोभ और दुख को शान्त करने का प्रयत्न करती रही...

शोक के बारह दिनों तक नगर के बाहर निवास कर, तेरहवें दिन राजपरिवार और प्रमुख नागरिकों ने नगर में प्रवेश किया।

वेदव्यास विदा लेने के लिए माता सत्यवती के पास गये। इस बार के हस्तिनापुर आगमन में वे पहली बार माता से एकान्त में मिल रहे थे।

"यह सब क्या है पुत्र?" सत्यवती की आँखों से अश्रु बह रहे थे, और स्वर

जैसे कण्ठ में फँस रहा था, "मेरे ही साथ ऐसा क्यों होता है कि जिस पर मैं अपने जीवन की आशाएँ टिकाती हूँ, वही आधार, शून्य में विलीन हो जाता है।"

"आशाएँ नहीं माता!" व्यास बोले, "आकांक्षाएँ कहिए।"

"आकांक्षा ही सही! क्या दोष है आकांक्षाओं में? आकांक्षा, पाप है क्या?"

"नहीं माँ! आकांक्षा पाप नहीं है : आकांक्षा दुख और सुख का संगम है, अशान्ति का पर्याय है।" व्यास का स्वर गम्भीर था, "आकांक्षा और शान्ति, दोनों की कामना एक साथ नहीं की जा सकती। प्रकृति के नियम इसकी अनुमति नहीं देते।"

"तो क्या व्यक्ति आकांक्षा न करे?"

"करे। किन्तु तब न सुख से डरे, न दुख से। शान्ति की कामना न करे। शान्ति न सुख में है, न दुख में। शान्ति तो इन दोनों से निरपेक्ष होने में है।"

"मेरी समझ में यह सब कुछ नहीं आता।" सत्यवती अपने लड़खड़ाते स्वर में बोली, "मैंने तो एक साधारण मनुष्य के समान अपने सुख के लिए, सन्तान की कामना की थी; और तब मैं अपनी सन्तान के सुख के लिए, उनके जीवन और समृद्धि की कामना करती रही हूँ। क्या तुम्हारी प्रकृति की दृष्टि में यह पाप है, जो वह बार-बार मेरी सन्तान छीन लेती है?"

"नहीं! यह पाप नहीं है," व्यास बोले, "किन्तु सुख का अस्तित्व ही दुख से निरपेक्ष नहीं है। दुख नहीं चाहती हो, तो सुख भी मत चाहो।"

पर सत्यवती जैसे व्यास की उक्तियों का कोई प्रभाव ही ग्रहण नहीं कर रही थी। वह बिलखती जा रही थी, "चित्रांगद गया, विचित्रवीर्य गया, अब पाण्डु गया। माँ होकर मैंने पुत्रों की मृत्यु देखी, पौत्र की मृत्यु देखी...और क्या-क्या देखना बदा है, मेरे भाग्य में। इससे तो अच्छा था कि विधाता मुझे ही उठा लेता...।"

"माँ!" व्यास ने आगे बढ़कर सत्यवती के कंधे पर सान्त्वना का हाथ रखा, "तुम अपनी पिछली कामनाओं से बँधी दुख पा रही हो; और आज एक और कामना कर रही हो। यह बद्धावस्था है; और बद्ध जीव कभी सुखी नहीं होता। स्वयं को इन बन्धनों से मुक्त करो। तुम्हारी अवस्था अब बँधने की नहीं, मुक्ति के प्रयास की है माँ।"

सहसा सत्यवती के अश्रु सूख गये। उसका पुराना तेज जागा, "तेरे मन में कभी कोई कामना जन्म नहीं लेती? तू क्या कभी दुखी नहीं होता, तू क्या पूर्णतः मुक्त हो चुका है?...बोल! यदि ऐसा है, तो मैं विधाता को छोड़ तेरी शरण में आ जाऊँ। तुझ पर निर्भर रहूँ। तेरे चरणों में पड़ी रहूँ।..."

व्यास ने अपनी आँखें मूँद लीं, जैसे सायास स्वयं को शान्त करने का प्रयत्न कर रहे हों, या सत्यवती के आवेश की लहर को अपने ऊपर से बह जाने की अवधि तक स्वयं को सायास शान्त रखना चाहते हों।

"मेरी शरण में मत आओ माँ! मेरे आश्रम में आओ।" व्यास बोले, "इस रजोगुणी वातावरण से बाहर निकलो। रजोगुण का बोझ सहने, उसके सुख-दुख के झकोरे सहने का सामर्थ्य अब न तुम्हारे मन में है, न शरीर में।...आओ! मेरे साथ रहो। मेरी जीवन-पद्धति को देखो कि मुझमें कामना है या नहीं! और है, तो उसका स्वरूप क्या है।...माँ! प्रकृति चाहती है कि मनुष्य पहले अपने मन और शरीर का विकास करे, फिर जीवन के सुख-भोग की कामना करे, उसका अर्जन करे, उसका भोग करे...और इससे पूर्व कि प्रकृति उसे दी गयी भोग की क्षमताएँ उससे छीनकर उसे अक्षम बना दे, व्यक्ति स्वयं ही भोग की कामना त्यागने लगे। ताकि संसार त्यागते हुए, सांसारिक सुखों में उसका मोह न रह जाये। तुम्हारा समय अब जीवन से निरस्त होने का है माँ! अपने मन को संसार से अनिर्लिप्त करो। मेरे साथ मेरे आश्रम में चलो।"

"कुरुकुल की व्यवस्था किये बिना?" सत्यवती बोली, "तू समझता है कि मैं मरनेवाली हूँ। मैं तुझे बता रही हूँ कि मुझे कुछ नहीं होने जा रहा।"

व्यास चकित-से खड़े अपनी माँ को देख रहे थे : उनकी माँ कैसी स्त्री है। किसी और ने इस प्रकार अपने पति, पुत्रों और पौत्र की मृत्यु का दुख झेला होता, तो संसार के सारे सुख-वैभव से उसे वितृष्णा हो गयी होती। और यह है कि अभी कुरुकुल की व्यवस्था की बात सोच रही है। इसके रजोगुण में तनिक भी ह्रास नहीं हुआ है। प्रत्येक सम्राट की मृत्यु से जैसे राजसत्ता इसके हाथों में लौट आती है, इसके रजोगुण में वृद्धि होती है और इसे फिर से राजमद चढ़ जाता है...

"जब काल किसी का आह्वान करता है, तो व्यवस्था का समय नहीं देता। जो पीछे रह जाते हैं, वे व्यवस्था करते रहते हैं।" व्यास का स्वर शान्त किन्तु अत्यन्त क्रूर था।

"तू काल है क्या?" सत्यवती जैसे उसे नोच खाना चाहती थी।

"नहीं माँ! मैं काल नहीं हूँ। मैं तो काल-सत्य का शब्द हूँ। काल, सत्य का पर्याय है। शब्द भी वही है। इसलिए मैं सत्य के साथ-साथ शब्द का भी साधक हूँ।" व्यास बोले, "अपनी मुट्ठियाँ खोल दो और जीवन को उसमें से रीत जाने दो। अपने संवाद तुम बोल चुकीं, अब मंच से हट जाओ। आगंतुकों को स्थान दो। हस्तिनापुर में बने रहना, तुम्हारे लिए अब सुखद होगा क्या? धृतराष्ट्र पर भी तुम्हारा कोई विशेष नियन्त्रण नहीं है, उसके पुत्र तुम्हारे नियन्त्रण में रहेंगे क्या?...नहीं रहेंगे। परिवार में तुम अपनी सत्ता को छिन्न-भिन्न होते देखोगी। नियन्त्रण स्थापित करने का प्रयत्न करोगी; और इस प्रयत्न में अपने नियन्त्रण, अधिकार और सत्ता के चीथड़े होते देखोगी; और दिन-प्रतिदिन और अधिक पीड़ा पाओगी। मेरे आश्रम में चलो माँ। तुम

यहाँ रहीं तो विक्षिप्त हो जाओगी।"

सत्यवती ने अत्यन्त कठोर दृष्टि से व्यास को देखा, "तू समझता है कि मैं उन्मत्त हो रही हूँ। ऐसी कोमल होती तो लोगों ने कब से मुझे नोच खाया होता।"

"तो भी चलो माँ!" व्यास बोले, "मैं भी तो तुम्हारा पुत्र हूँ। कभी मेरे पास भी रहो।"

"और हस्तिनापुर?"

"भीष्म हैं न!"

"भीष्म बहुत धूर्त्त है।" सत्यवती की आँखों में सचमुच की विक्षिप्तता चमकी, "वह जानता है कि हस्तिनापुर का राजसिंहासन हत्यारा है। इसलिए वह स्वयं उस पर नहीं बैठता। जिसे अपना शत्रु समझता है, उसे उस पर बैठा देता है; और वह काल-कवलित हो जाता है...।"

माँ की स्थिति देखकर व्यास विचलित हो उठे, "मेरे साथ चलो माँ। मैं तुम्हें कुछ मन्त्र दूँगा। उनसे अपना मन स्थिर कर, साधना करना कि हस्तिनापुर का सिंहासन हत्यारा न रहे।"

"सच कहता है पुत्र तू?"

"हाँ माँ!"

"और अम्बिका तथा अम्बालिका? उन्हें छोड़ दूँ? वे मेरी पुत्र-वधुएँ हैं। मेरे जाने के पश्चात् कोई उनका अपहरण कर ले तो?"

"उनसे पूछ लो। वे हस्तिनापुर में रहना चाहें तो रहें; मैं यहीं उनकी सुरक्षा का प्रबन्ध कर दूँगा। किन्तु उनके लिए भी श्रेयस्कर यही है कि वे भी हमारे साथ चलें। आश्रम कहीं अधिक सुरक्षित है।"

तभी कक्ष में भीष्म ने प्रवेश किया। सत्यवती उसकी ओर मुड़ी, "द्वैपायन मुझे अपने साथ ले जाना चाहता है। मैं जाऊँ पुत्र?"

"माँ!" भीष्म के कुछ कहने से पहले ही व्यास बोले, "पुत्र यह तो कह सकता है; कि मेरे साथ आओ; यह कैसे कहेगा कि मुझसे दूर जाओ।...मुझे ही कहने दो। भीष्म से कुछ मत कहलवाओ।"

सत्यवती ने पुनः भीष्म की ओर देखा : वे अब तक मौन ही खड़े थे। उनकी मुखाकृति पर असमंजस था। कुछ कह नहीं रहे थे, किन्तु बहुत कुछ कहते भी जा रहे थे।

"तुम बहुत मौन रहे हो भीष्म!" अन्ततः सत्यवती ही बोली, "तुमने अपना बहुत दमन किया है पुत्र!...और उसका सबसे बड़ा कारण मैं ही रही हूँ...।"

व्यास चकित थे; अभी कुछ क्षण पहले माता भीष्म को धूर्त कह रही थीं...

"माँ!" भीष्म ने कुछ कहना चाहा।

"आज तक मैं ही कहती आयी हूँ, और तुम सुनते ही आये हो पुत्र! आज भी मुझे ही कहने दो।" सत्यवती का ध्यान 'माँ' के सम्बोधन पर अटका। भीष्म ने सदा 'माता' कहकर ही सम्बोधित किया था। 'माँ' तो केवल द्वैपायन ही कहा करता है, किन्तु आज भीष्म भी 'माँ' ही कह रहा है। "मैंने तुम्हारा बहुत दमन किया है, तुम्हें सदा वंचित किया है। तुमने मेरे ही कारण ऐसी भीषण प्रतिज्ञाएँ की थीं।...मैंने जो कुछ चाहा, तुमने वही किया। फिर भी मेरी कुछ इच्छाएँ पूरी हुईं, कुछ नहीं हुईं। मैं जानती हूँ कि तुम्हारे पिता ने तुम्हें उसी दिन उन प्रतिज्ञाओं से मुक्त कर दिया था, जिस दिन तुम हस्तिनापुर पहुँचे थे। फिर भी तुम उन प्रतिज्ञाओं से बँधे रहे...।"

"हाँ माता! क्योंकि ये प्रतिज्ञाएँ मेरी थीं।"

"ठीक है पुत्र! प्रतिज्ञाएँ तुम्हारी ही थीं; फिर भी बाँधनेवाली मैं थी। आज मैं तुम्हारा बन्धन खोल रही हूँ।...मैं तुम्हें तुम्हारी दोनों प्रतिज्ञाओं से मुक्त करती हूँ। मैं द्वैपायन के साथ उसके आश्रम में जा रही हूँ। द्वैपायन कहता है कि यह मुझे सुख और दुख के बन्धन से मुक्त कर देगा। जब मैं मुक्ति की ओर जा रही हूँ, तो तुम्हें क्यों बाँधें रखूँ। तुम मुक्त हो पुत्र! किन्तु मैं जा रही हूँ। चाहती हूँ कि अम्बिका और अम्बालिका भी मेरे साथ ही चलें। तुम्हें हस्तिनापुर में छोड़कर जा रही हूँ—पीछे की व्यवस्था देखने के लिए।...चाहो तो युधिष्ठिर के वयस्क होने तक तुम सिंहासन पर आसीन हो जाओ।"

व्यास खिलखिलाकर हँस पड़े, "तुम भीष्म को मुक्त कर रही हो माँ! या उन्हें फिर से एक बार बाँध रही हो?"

व्यास अपनी माँ को समझ नहीं पा रहे थे : सचमुच इस समय माँ का उदात्त भाव जागा था और वह अपनी भूल का अनुभव कर, पश्चात्ताप स्वरूप भीष्म को मुक्त कर रही थी...या...वह हस्तिनापुर के सिंहासन को वस्तुतः हत्यारा मानकर, उस पर भीष्म को बैठा उनके प्राण लेना चाहती थी...

"अरे पीछे रहेगा, तो व्यवस्था नहीं देखेगा क्या? बेचारा धृतराष्ट्र देख नहीं सकता। विदुर ही कौन बहुत सांसारिक जीव है, कि वह कुछ कर लेगा। पोथीमित्र है, वह तो। पोथियों में घिरा बैठा रहेगा। तो फिर धृतराष्ट्र और पाण्डु के बच्चों को कौन देखेगा?"

"मैं देखूँगा माता! आप चिन्ता न करें!" भीष्म की आँखों के सम्मुख आठ वर्षों के असहाय और हताश युवराज युधिष्ठिर का चित्र जागा।

"मैं जानती हूँ कि तुम्हें हस्तिनापुर से ऐसा कोई मोह नहीं है। तुम्हारा वश

चले तो तुम भी वन जाना चाहोगे। किन्तु, यह द्वैपायन मुझे बलात् अपने साथ ले जा रहा है। मैं जा रही हूँ; तुम इन बच्चों का पालन-पोषण करना। तुम धार्तराष्ट्रों और पाण्डवों के, कुरुओं की इस नयी पीढ़ी के अभिभावक हो। कुरुकुल के रक्षक हो। जैसे भी सम्भव हो, कुरुकुल की रक्षा करना। मेरे सुख के लिए ऐसा करोगे?"

"करूँगा माता!"

"तो मैं जा रही हूँ। आवश्यक होने पर मुझे बुला लेना।"

भीष्म मौन खड़े रहे।

"सुखी रहो पुत्र!"

अम्बिका ने सत्यवती के साथ वन जाने का प्रस्ताव सुना तो अपने निर्णय में एक क्षण भी नहीं लगाया। उसने स्वीकृति में सिर हिलाया और उसकी आँखों में अश्रु आ गये।

"तुम रो रही हो?" सत्यवती ने पूछा, "हस्तिनापुर छोड़ने का दुख है? दुख तो मुझे भी है पुत्रि! किन्तु द्वैपायन चाहता है कि मैं उसके साथ चलूँ।"

"नहीं माता! रोना कैसा! आजकल तो सुख की आशंका से भी मेरी आँखों में अश्रु भर आते हैं।" वह बोली, "मोह तो मेरे मन में है, किन्तु मैं उसे अपने पैरों तले कुचलकर, उस पर खड़ी हूँ। पर चलने से पहले विदुर से मिल आऊँ।"

"विदुर से?"

"हाँ माता।"

"धृतराष्ट्र और गान्धारी से नहीं?"

"नहीं!"

"जाओ! मिल आओ!"

विदुर को आशीर्वाद देकर अम्बिका बैठ गयी, "मैं माता सत्यवती के साथ वनवास के लिए जा रही हूँ पुत्र!" वह बोली, "तुम्हारी माता की मैं अत्यन्त कृतज्ञ हूँ। उसने बड़े कठिन समय में मेरी रक्षा की थी। अब मैं तुमसे याचना करने आयी हूँ : मेरी अनुपस्थिति में मेरे पुत्र की रक्षा करना।"

"आप निश्चिंत रहें राजमाता।" विदुर बोला।

"राजमाता नहीं, माता कहो।" अम्बिका बोली, "माता के रूप में मैं तुम्हें आदेश दे रही हूँ कि तुम अपने अन्तिम समय तक, अपनी क्षमता भर धृतराष्ट्र की रक्षा करोगे। कैसी भी कठिन स्थिति आये, वह कितना ही कटु बोले, तुम्हारा तिरस्कार करे, किन्तु तुम उसका त्याग नहीं करोगे।"

विदुर मौन रहा, जैसे कुछ सोच रहा हो।

"करोगे?" अम्बिका ने पूछा।

"करूँगा!"

"वचन देते हो?"

"वचन देता हूँ।"

"तुम शस्त्रधारी नहीं हो। उसकी रक्षा कैसे करोगे?"

"मैं यथाक्षमता उसे नीति और न्याय का परामर्श दूँगा। न्याय, धर्म का दूसरा नाम है माता! वह न्याय की रक्षा करेगा, तो न्याय उसकी रक्षा कर लेगा।"

"मैं सन्तुष्ट हुई पुत्र!" अम्बिका बोली, "कभी उसका अनुचित समर्थन मत करना। वह कितना भी विरोध करे, किन्तु उसे नीति से डिगने मत देना। वह तुम्हें अपना शत्रु समझे, तो भी उसकी इच्छापूर्ति के लिए अनुचित का समर्थन मत करना।..."

"ऐसा ही होगा माता!"

रात पर्याप्त बीत चुकी थी, जब भीष्म वेदव्यास से मिलने आये।

"आप! इस समय!" व्यास को आश्चर्य हुआ।

"एकान्त इसी समय मिल सकता था द्वैपायन!"

"एकान्त क्यों चाहिए था कुरुश्रेष्ठ?"

"कुरुश्रेष्ठ नहीं! भाई कहो!" भीष्म बोले, "यह दो भाइयों की चिन्ता है—अपनी माता के विषय में।"

व्यास कुछ नहीं बोले। धैर्यपूर्वक भीष्म की ओर देखते रहे।

"मुझे लगता है, तुम माता को उनकी इच्छा के विरुद्ध बलात् अपने साथ ले जा रहे हो।"

"हाँ?"

"क्यों?"

"इस स्वार्थपूर्ण रजोगुणी वातावरण में वे प्रायः विक्षिप्त हो चुकी हैं। यदि और अधिक यहाँ रहीं, तो पूर्णतः उन्मत्त हो जायेंगी।" व्यास बोले, "उन्होंने सम्पत्ति और सत्ता के साथ अपने प्राणों का तादात्म्य कर लिया है। प्रत्येक सम्राट् की मृत्यु उनके मस्तक पर आशंका रूपी शिला का आघात करती है। उन्हें लगता है कि अब सम्पत्ति और सत्ता उनसे छिन जायेगी...और उनके प्राण निकल जायेंगे। ऐसे व्यक्ति का सत्ता के केन्द्र के पास रहना न उसके अपने लिए अच्छा है, न शासन के लिए।"

"वहाँ उन्हें शान्ति मिलेगी?"

"प्रयत्न तो यही है!"

"उनके लौटने की सम्भावना...?"

"रोगी को रोग के कारणों की ओर नहीं लौटना चाहिए।"

"तुम मुझसे अधिक समझते हो द्वैपायन!" भीष्म उठ खड़े हुए।

अगले दिन प्रातः हस्तिनापुर का सम्पूर्ण राजपरिवार नगर के मुख्य द्वार तक आया। उनके साथ अश्वारोही सैनिक भी थे; रथ भी थे; किन्तु यह शोभा-यात्रा नहीं थी। सबसे आगेवाले रथ पर स्वयं भीष्म थे, उनके साथ व्यास थे और थीं राजमाता सत्यवती। उनका रथ रुका तो पीछे आनेवाले सारे रथ और अश्व रुक गये।

भीष्म के पश्चात् व्यास रथ से उतरे। उन्होंने माता सत्यवती को बाँह का अवलम्ब देकर रथ से उतारा।

पीछे के रथों में से अम्बिका, अम्बालिका, धृतराष्ट्र, गान्धारी, कुन्ती, सुयोधन, सुशासन, युधिष्ठिर और भीम उतरे।

द्वार के सम्मुख इतने लोग एकत्रित थे; किन्तु सब मौन थे। सब जैसे किंकर्तव्यविमूढ़ थे। किसी अनजाने भय से ग्रस्त कि कहीं उनसे कुछ अशोभनीय, कुछ अनुचित न कहा जाये।

व्यास आगे बढ़े। वे भीष्म से आलिंगनबद्ध हुए। धृतराष्ट्र, गान्धारी, कुन्ती और बच्चों को उन्होंने आशीर्वाद दिया और बोले, "तुम सबका कल्याण हो; अब तुम सब यहाँ से नगर में लौट जाओ। आगे हम सब पदाति ही जायेंगे। वनवास के लिए जाते हुए, रथों में यात्रा उचित नहीं है।" और वे सत्यवती की ओर मुड़े, "चलो माता!"

शब्दों के अनुकरण में जैसे सत्यवती के पग उठे, किन्तु हृदय उमड़कर पीछे आया। वह लौटी। धृतराष्ट्र, गान्धारी और कुन्ती को प्यार किया। यथासम्भव सारे बच्चों को भी अपने साथ लिपटाया, उनके केशों पर हाथ फेरा, उनका मुख चूमा... "मैं ज़ल्दी लौटूँगी।"

भीष्म देख रहे थे।

व्यास ने आगे बढ़कर सत्यवती की बाँह पकड़ी, "चलो माता!"

सत्यवती मुड़ी और चली; किन्तु वह चलना, चलना था या घिसटना। कितना वह अपनी इच्छा से चल रही थी; और कितना उसे व्यास चला रहे थे? वह हस्तिनापुर छोड़ रही थी, पर क्या हस्तिनापुर उससे छूट रहा था?

भीष्म स्वयं समझ नहीं पाये कि उनके मन में सत्यवती के लिए करुणा थी या ईर्ष्या! कैसी बद्ध जीव थीं, माता सत्यवती। क्या नहीं सहा उन्होंने, क्या नहीं झेला; किन्तु प्रकृति के इतने कशाघात भी क्या उन्हें कुछ समझा पाये। कैसी है मनुष्य की

बुद्धि; दुख झेलता है, तड़पता है, उससे मुक्ति चाहता है...किन्तु उसके कारणों से स्वयं को मुक्त कर नहीं पाता...

और सत्यवती की अपनी इच्छा के विरुद्ध, व्यास बलात् उन्हें, बाँह थामकर कल्याण के मार्ग पर लिये जा रहे हैं।...

सत्यवती भीष्म के सम्मुख आयी। रुकी। एक बार डबडबायी आँखों से उसने देखा और सिर झुका लिया, "कुरुकुल की रक्षा करना।"

उसके घिसटते पग आगे बढ़ गये।

भीष्म का मन जैसे चीत्कार कर रहा था : 'जब मैं इसी प्रकार मुक्ति के पथ पर बढ़ा था, तो मुझे क्यों रोक लिया था माँ! और आज भी मेरे पग वन की ओर उठना चाहते हैं और मेरे पगों को तुम निगड़बद्ध कर रही हो।...तुम्हारे पग उठते नहीं हैं, फिर भी तुम हस्तिनापुर के इस इन्द्रजाल से मुक्त होती जा रही हो...'

उनके मन में आया कि वेग से जायें; व्यास के सम्मुख खड़े होकर उसे रोक लें और उससे पूछें, 'तुम इसी प्रकार मेरी बाँह थामकर, मुझे हस्तिनापुर से निकाल क्यों नहीं ले जाते?'

पर उनके पग आगे बढ़ने के स्थान पर पीछे की ओर मुड़े : उनके सम्मुख अंधा धृतराष्ट्र खड़ा था, आँखों पर पट्टी बाँधे गान्धारी खड़ी थी, अपने असहाय-से बच्चों के साथ आशंकित-सी कुन्ती खड़ी थी।

वे स्थिर पगों से आकर कुरुओं की नयी पीढ़ी के बीच खड़े हो गये। उनका एक हाथ युधिष्ठिर के कंधे पर था, दूसरा सुयोधन के...उनके तृषित नेत्र, दूर जाती हुई सत्यवती, अम्बिका और अम्बालिका को ऐसे देख रहे थे, जैसे यात्रा के आरम्भिक स्थान पर खड़ा पथिक, अपनी यात्रा पूर्ण कर गन्तव्य तक पहुँचे हुए व्यक्ति को देखता है...या कोई बन्दी अपने संगी बन्दी को मुक्त होकर, कारागार से बाहर जाते हुए देखता है।...

□□